汽车运用与维修专业技能型紧缺人才培养培训教材
中等职业学校汽车运用与维修专业新课程教学用书

Qiche Fadongji Jixie Weixiu Gongzuoye

汽车发动机机械维修工作页
（第二版）

刘建平　段　群　主编

人民交通出版社
China Communications Press

内 容 提 要

本书是汽车运用与维修专业技能型紧缺人才培养培训教材，旨在培养汽车运用与维修专业学生胜任汽车售后服务企业中汽车发动机机械维护、小修和大修作业的工作能力。本书由 10 个任务组成，即发动机维护、发动机传动带的检查与更换、发动机正时带的检查与更换、发动机冷却系统的检测与修理、发动机润滑系统的检测与维修、发动机总成的拆卸与安装、发动机配气机构的检测与修理、发动机汽缸盖与汽缸体的检测与修理、曲柄连杆机构的检测与修理、发动机动力不足的机械故障诊断。

本书既可作为职业院校汽车运用与维修专业学生的教学用书，也可以作为职业技能培训和其他从事相关专业人员的参考书。

图书在版编目（CIP）数据

汽车发动机机械维修工作页 / 刘建平，段群主编.—2 版
—北京：人民交通出版社，2013. 8
ISBN 978-7-114-10699-6

Ⅰ. ①汽… Ⅱ. ①刘…②段… Ⅲ. ①汽车-发动机
-车辆修理-中等职业教育-教材 Ⅳ. ①U472. 43

中国版本图书馆 CIP 数据核字（2013）第 121671 号

书　　名： 汽车发动机机械维修工作页（第二版）
著 作 者： 刘建平　段　群
责任编辑： 曹延鹏
出版发行： 人民交通出版社股份有限公司
地　　址： （100011）北京市朝阳区安定门外外馆斜街 3 号
网　　址： http://www.ccpress.com.cn
销售电话： （010） 59757973
总 经 销： 人民交通出版社股份有限公司发行部
经　　销： 各地新华书店
印　　刷： 北京市密东印刷有限公司
开　　本： 880×1230　1/16
印　　张： 12
字　　数： 285 千
版　　次： 2007 年 9 月　第 1 版　2013 年 8 月　第 2 版
印　　次： 2018 年 8 月　第 4 次印刷　总计第 12 次印刷
书　　号： ISBN 978-7-114-10699-6
定　　价： 25. 00 元
（有印刷、装订质量问题的图书由本社负责调换）

中等职业学校汽车运用与维修专业新课程教学用书

主　　编　刘建平　辜东莲

顾　　问　赵志群

编　委　会

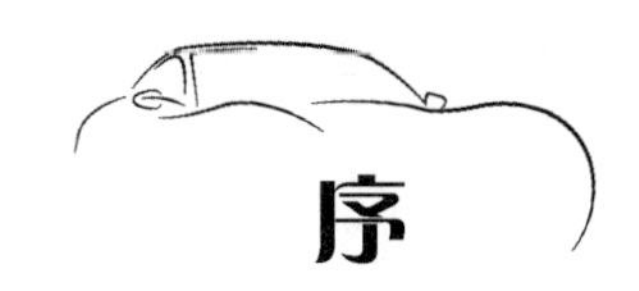

序

看过人民交通出版社发给我的由刘建平和辜东莲两位老师主编的《中等职业学校汽车运用与维修专业新课程教学用书》系列教材样稿后，不禁感慨万千。汽车维修专业课程改革在我国已经开展多年了，如何打破传统的“基础课、专业基础课、专业课”的三段式模式，以及改变以“教师、教室、教材”为核心的三中心特征，一直以来备受关注。虽然有许多学校都在尝试着改革，也取得了许多可喜的成果，但真正意义上的突破还是不多。这套教材的出现真正让我有了一种“久旱逢甘雨”的感觉。记得2004年6月应广州市交通运输职业学校之邀，我参加了该校模块化教学改革研讨会，参观学校模块化教学实训中心，并与老师们一起讨论模块化教材编写，那次接触让我看到了这所学校在汽车维修专业改革中“敢为人先”的闯劲。现在看到教材样稿果然不同凡响，再次让我感受到广州市交通运输职业学校在汽车维修专业改革上的不断创新精神。

汽车维修中职教育首先有着明确的培养目标，那就是培养当代汽车维修技术工人。怎样把学生培养成合格的人才是汽车维修中职教育的关键所在，而在教学过程中理论与实践结合应该采取何种形式又是问题的要点所在。汽车维修教学中理论与实践结合往往容易出现重视形式上的结合，忽视实质上结合的问题，例如：将汽车构造教材与汽车维修教材简单地合编成“理实”结合在一起的教材，还有将教室直接搬到实训中心内的形式上的“理实”结合等。真正的“理实”结合应该是根据培养对象和培养目标来确定的有着实际内涵的“理实”结合。这套教材以汽车维修实际工作任务为核心，将专业能力与关键能力培养、学习过程与工作过程融为一体以此展开相关联部分的系统结构、系统原理、维修工艺、检验工艺、工具量具使用、技术资料查阅以及安全生产等内容的“理实”一体化教学。这种方式首先以动手解决具体问题为目标，这样可以极大地调动学生的学习兴趣，学生在学习技能的同时，将必要的理论知识结合在实践过程中一起学习，让学生不仅掌握怎么做的要领，还教给学生为什么这样做的道理。在这种模式中，学生是为了更好地理解所要完成的学习任务才去学习相关理论知识的，这就调动了学生学习理论知识的主动性。学生在学习并完成了实用的汽车维修工作任务后，激发出来的职业成就感，必然会使学生重建因学会工作的内容而久违了的自信心，这正是我们职业教育最应该达到的教学效果。

我为这套教材所呈现的课程模式感到由衷的高兴，并对付出辛勤劳动撰写这套教材的每一位老师表示由衷的感谢。我真诚地希望这套教材能够为我国汽车维修专业改革送上一股不断创新的强劲东风，为创造出更加适合我国国情的汽车维修专业课程模式投石问路，为汽车维修职业教育的发展锦上添花。

朱　军

再版前言

“中等职业学校汽车运用与维修专业新课程教学用书”共包括本专业11门核心课程的教材。本套教材自2007年9月首次出版以来，获得社会各界的一致好评，并多次重印。2012年，本套教材申报教育部“中等职业教育改革创新示范教材”，有多种教材入选，这也证明了本套教材不论在教学理论、教学内容，还是教学组织形式上，都具有较强的改革创新特性，值得向全国广大的职业院校推广。

本套教材的第一版出版后，编写组在教学中不断总结经验和加强研究的同时，认真听取全国各地职业院校对本套教材的宝贵意见，以求更深入地掌握在工学结合的模式下提高职业教育教学质量的方法。经过6年的教学实践，教材编写组决定对本套教材进行修订，使教材在结构和内容上与教学要求更加吻合，使行动导向教学法获得进一步体现。历经深入的企业调研、与技术专家共同研讨，综合全国各地职业院校和出版社的反馈意见后，第二版“中等职业学校汽车运用与维修专业新课程教学用书”得以与社会各界见面。

与第一版教材相比，第二版“中等职业学校汽车运用与维修专业新课程教学用书”作了如下改进：

1. 部分学习内容进行了更新。随着汽车工业的快速发展，汽车维修技术含量不断提高，教材编写组依据企业调研结果和毕业生对工作页修订的反馈意见，删减了第一版中已逐渐淘汰的汽车技术，新增了近几年新出现的工艺及技术内容。

2. 进一步凸显工学一体化特色。编撰第一版教材时，编者对工学结合课程理论的理解仍停留在表象，并未融会贯通，因此原教材中部分内容理论与实操界限明显，脱节现象较为严重。本次修订时对此加以改善，在内容设计上尽可能实现学生做中学，且教学过程中尽量采用归纳式的学习方法。

3. 更加注重遵循学生认知规律。修订版遵循“简单到复杂，外围到核心，形象到抽象”的认知规律，将部分起点过高的学习任务进行了系统化处理。在遵循工作过程主线的原则下，第二版教材各学习任务的学习内容设计由简至繁，更利于学生的学习和掌握。

4. 增强了评价反馈的可操作性。第二版教材的“评价反馈”内容与教学内容之间的联系更为紧密，新增并量化了针对学习任务完成情况的指标，并贯穿于整个学习任务实施过程中，增强了评价反馈环节的可操作性。

本书由广州市交通运输职业学校刘建平、段群主编，冯明杰、林夏武和鞠海鸥参编。其中段群编写学习任务2、学习任务3、学习任务9、学习任务10，冯明杰编写学习任务1、学习任务6，林夏武编写学习任务4、学习任务5，鞠海鸥编写学习任务7、学习任务8。全书由刘建平、段群统稿。广州龙的丰田汽车销售服务有限公司廖远东、广州迎宾丰田汽车销售服务有限公司黄达、广州丰田特约维修有限公司林灿雄、广州中升雷克萨斯汽车销售服务有限公司何展其、广州南菱别克汽车销售服务有限公司赖巧准、广州瑞华粤通汽车销售服务有限公司吴宝锋等企业专家对本书的编写给予了技术支持。

由于教材编写组的编写工作是在不断的实践和理论学习过程中进行的，还处于不断的学习与更新过程中，难免有不妥之处，恳请使用本书的广大师生不吝批评指正。

编　者

2013年8月

第一版前言

现代汽车机械技术与电子技术高度的一体化，汽车维修技术的不断更新，以及为适应市场要求汽车维修企业组织所进行的不断调整，都对汽车维修技术人员提出了更高的要求。先理论后实践的传统教学模式，已不能适应技术和社会发展的要求，而使学生在学习性的工作中发现问题，再从理论中寻找答案，即理论与实践一体化的学习，越来越受到学生们的欢迎，企业的认可，并得到职业院校的高度重视。

这套《中等职业学校汽车运用与维修专业新课程教学用书》是按照人的职业成长规律编写的，为职业院校设计理论实践一体化的学习情境，即引领学生完成一个职业的典型工作任务，经历完整的工作过程，促进学生综合职业能力的发展，从而使汽车维修的初学者迅速成长为技术能手。

一、新课程教学用书的实践基础

从2001年开始，广州市所属中等职业学校在构建工作过程系统化课程、实施理论实践一体化教学和优化课堂教学等方面进行改革试验。广州市交通运输职业学校通过校企合作组建“通用班”、“丰田班”和“东风雪铁龙班”等方式，在汽车运用与维修专业的课程与教学改革中取得了丰硕的成果，如在全国中等职业学校“丰田杯”汽车运用与维修技能大赛中该校学生蝉联两届团体项目冠军，在首届全国汽车教师说课比赛中该校两位教师获一等奖。

该校所试验的一体化教学模式，一方面适应了现代汽车维修行业发展对汽车维修技术人员素质能力的新要求，另一方面体现了广州职业教育主动适应区域经济发展、按照职业教育规律改革办学模式，探索建立工学结合的现代职业教育课程体系和实现现代职业教育学习方式的思路。这些成功的课程改革和创新，符合当前职业教育发展的需要，为本教材编写奠定了扎实的实践基础。

二、新课程教学用书的编写思想

近年来的大量调查研究表明，确定职业教育的课程目标首先要体现职业能力导向的要求，反映企业的典型工作实践；其次要体现学生职业生涯发展的要求，通过在校课程的学习，使学生具备综合职业能力；再次要建立起学习与工作的直接联系，提高学习的有效性。

期望本套用书的编写能够达到两个目标：一是借鉴国际当代职业教育发展的最新理论与方法技术，反映汽车维修技术领域的专业要求和发展水平；二是结合职业院校学生的特点，全面落实“以就业为导向、以全面素质为基础、以能力为本位”的职业教育办学指导思想，着力提高学生的综合职业能力。

编写本教材的指导思想是：

1. 综合职业能力的人才培养目标

综合职业能力是人们从事一个或若干个相近职业所必备的本领，是个体在职业工作、社会和私人情境中科学的思维、对个人和社会负责任行事的热情和能力，是科学的工作和学习方法的基础。新课程的人才培养目标是：在真实的工作情境中整体化地解决综合性专业问题的能力和技术思维方式。

2. 设计导向的职业教育思想

新课程强调把人视为价值的根源，本着对社会、经济和环境负责的态度，职业教育所培养的人不仅仅是作为“工具”的技术工人，更是在各个社会领域里有参与技术和工作设计的潜在能力者，综合发展的人；他们不但是具有技术适应能力的人，而且是有参与促进社会向着积极方向发展和变革进程能力的人。

3. 学习领域的课程模式

不同于学科系统化的课程模式，本学习领域的课程模式是工作过程系统化的，其基本特征是根据具有重要职业功能的典型工作任务，确定理论与实践一体化的学习任务，按照工作过程组织学习过程，依据人的职业成长规律进行课程顺序排列，强调“学习的内容是工作，通过工作实现学习”，从而达到“学会工作”的目的。

4. 工作过程系统化的教学原则

新课程中，学生的学习要遵循工作过程系统化的教学原则，即在结构完整的工作过程中，学生经历从明确任务、制定计划、实施计划、检查控制到评价反馈的整个过程，获得工作过程知识(包括理论与实践知识)并掌握操作技能，学习掌握包括工作对象、工具、工作方法、劳动组织方式和工作要求等各种要素及其相互关系。

5. 行动导向的教学方法

新课程中，教师是学生学习过程的组织者和专业对话伙伴，应采用行动导向的教学方法并通过有一定实际价值的行动产品来引导教学组织过程。学生学习方式多以强调合作与交流的小组形式进行，具有尝试新活动方式的实践空间。学生通过主动和全面的学习，可以达到脑力劳动和体力劳动相统一的效果。

三、新课程教学用书的教学特色

通过让学生完成典型工作任务，新课程工作页强调学生的自主学习，突出学习的主动性和有效性，从而达到使学生学会工作的目的。在处理学生与教师的关系、学习目标、课程内容、学习过程和学业评价等方面，新课程工作页具有如下特点：

1. 学生有学习的空间

首先，学习之初所明确的具体学习目标和学习内容可使学生随时监控自己的学习效果，自我评价和他人评价的结合为实现个性化的学习创造了条件；其次，体系化的引导问题强化了学生的主体地位，给学生留下充分思考、实践与合作交流的时间和空间，使学生亲身经历观察、操作、交流和反思等活动；再次，工作页中并不全部直接给出学习内容，而是需要学生通过开放性的引导问题和拓展性学习内容去主动获取，旨在培养学生的自主学习能力，从而使学生能够进一步理解技术知识并提高解决问题的能力；最后，尽量营造接近现实的工作环境，从栏目设置、文字表达、插图到学习内容的安排，都鼓励学生去主动获得学习和工作的体验。

2. 教师角色的多元化

新课程在明确学习目标的情况下，通过引导问题来提供与完成学习任务联系十分紧密的知识，为教学组织与实施留下许多的创造空间。需要教师转换角色，从一名技术知识的传授者，转化为提高学生综合职业能力的促进者、学习任务的策划者、学习行动的组织动员者、学习资源的提供者、制订计划与实施计划的咨询者、学习过程的监督者以及学习绩效的评估和改善者，即教师的多元化角色。因此，建议在教学实施中，由教师团队共同负责同一部分学习内容的教学。

3. 学习目标的工作化

新课程的学习目标就是工作目标，既体现职业教育的能力要求，又具有鲜明的工作特征。这里的能力不仅仅强调“操作性”与“可测量性”，是具有专业内容的综合职业能力，包括专业能力和关键能力，既有显性的、可测量和可观察的工作标准要求，也含有隐性的、不可测量的能力和经验成分。与此同时，学习目标不但具有适度开放的空间，既不拘泥于当前学校或企业的状况，还能充分体现出职业生涯成长的综合要求。

4. 课程内容的综合化

课程内容的综合化体现在：一方面，每个学习任务的内容都具有综合性的特征，既有技能操作，也有知识学习，是工作要求、工作对象、工具、方法和劳动组织方式的有机整体，反映了工作与技术、社会和生活等的密切联系；另一方面，反映典型工作任务的学习任务也具有综合性的特征，要求每个学习任务的内容虽相互独立但又具有内在的联系。

5. 学习过程的行动化

行动化的学习过程首先体现在行动的过程性，让学生亲身经历实践学习和解决问题的全过程，在实践行动中学习，而非以往那种完成理论学习后再进行实践的学习过程；其次是行动的整体性，无论学习任务的大小和复杂程度如何，每个学习任务都要学生完成从明确任务、制定计划、实施计划、检查控制到评价反馈这一完整的工作过程；再次，有尝试新行动的实践空间，尽量创造条件让学生探索解决其未遇到过的实际问题，包括独立获取信息、处理信息，整体化思维和系统化思考。

6. 评价反馈的过程化

过程化首先体现在评价反馈是完整学习过程的一部分，是对工作过程和结果的整体性评价，是学习的延伸和拓展；其次在计划与实施环节中，工作的"质量控制与评价"贯穿于整个过程。过程化的学习评价可帮助学生获得初步的总结、反思及自我反馈的能力，为提高其综合职业能力提供必要的基础。

新课程教学用书由广州市中等职业教育地方教材建设委员会组织编写，广州市教育局教学研究室和广州市交通运输职业学校共同主持实施，并得到了人民交通出版社的具体指导。主编为广州市交通运输职业学校刘建平和广州市教育局教学研究室辜东莲，特邀北京师范大学技术与职业教育研究所所长赵志群为课程设计顾问。

本书由广州市交通运输职业学校刘建平主编，何媛嫦和段群参编。其中，刘建平编写学习任务1 发动机传动带的检查与更换、学习任务2 发动机正时带的检查与更换、学习任务8 汽车发动机总成的更换、学习任务9 汽车发动机动力不足的机械故障诊断，何媛嫦编写学习任务3 发动机配气机构的检查与修理、学习任务4 发动机汽缸与汽缸体的检测与修理、学习任务5 曲柄连杆机构的检测与修理，段群编写学习任务6 发动机冷却系统的检测与修理、学习任务7 发动机润滑系统的检测与维修，全书由刘建平统稿，广州丰田汽车特约维修有限公司阮少宁教授级高级工程师审稿。

由于编者的水平有限，书中难免有不妥之处，欢迎使用本书的教师和学生批评指正。

编　者

2007 年 8 月

致 同 学

亲爱的同学，你好！

欢迎你就读汽车运用与维修专业！

在我国，汽车产品、技术日新月异，汽车快速普及，汽车行业迅速发展，汽车维修技术人员已成为技能型紧缺人才。作为未来的汽车维修技术能手，你将如何迎接这一挑战？在此，希望我们的新课程工作页能够为你的职业成长提供帮助，为你职业生涯打下坚实的基础。

与你过去使用的教材相比，你手里的工作页是一套全新的教学材料，它能帮助你了解未来的工作，学习如何完成汽车维修中重要的典型工作任务，按照职业成长规律，促进你的综合职业能力发展，使你快速成为令人羡慕的汽车维修技术能手！

为了让你的学习更有效，希望你能够做到以下几点：

一、主动学习

要知道，你是学习的主体。工作能力主要是靠你自己亲自实践获得的，而不仅仅是依靠教师在课堂上讲授。教师只能为你的学习提供帮助。比如说，教师可以给你解释汽车发生的故障，向你讲授汽车维修的技术，教你使用汽车维修的工具，为你提供维修手册，对你进行学习方法的指导。但在学习中，这些都是外因，你的主动学习才是内因，外因只能通过内因起作用。职业成长需要主动学习，需要你自己积极地参与实践。只有在行动中主动和全面地学习，才能很好地获得职业能力，因此，你自己才是实现有效学习的关键所在。

二、用好工作页

首先，你要了解学习任务的每一个学习目标，利用这些目标指导自己的学习并评价自己的学习效果；其次你要明确学习内容的结构，在引导问题的帮助下，尽量独立地去学习并完成包括填写工作页内容等的整个学习任务；再次，你可以在教师和同学的帮助下，通过查阅维修手册等资料，学习重要的工作过程知识；最后，你应当积极参与小组讨论，去尝试解决复杂和综合性的问题，进行工作质量的自检和小组互检，并注意规范操作和安全要求，在多种技术实践活动中形成自己的技术思维方式。

三、把握好学习过程、学习内容和学习资源

学习过程是由学习准备、计划与实施和评价反馈所组成的完整过程。你要养成理论与实践紧密结合的习惯，教师引导、同学交流、学习中的观察、动手操作和评价反思都是专业技术学习的重要环节。

本课程的学习内容以丰田汽车发动机和大众汽车发动机机械维修为主线，兼顾大多数汽油发动机机械维修的技术要求。你要学会使用相关的维修手册及依据维修手册进行规范操作。

学习资源可参阅人民交通出版社的《汽车发动机构造与维修》(汤定国，2005）、中国劳动社会保障出版社的《汽车发动机理论与维修》(詹姆斯·D·霍尔德曼，小蔡斯·D·米切尔，2006)。此外，还要经常浏览汽车维修方面的网页，学习最新的技术和实际维修的技术通报，拓展你的学习范围。

你在职业院校的核心任务是在学习中学会工作，这要通过在工作中学会学习来实现，学会工作是我对你的期待。同时，也希望把你的学习感受反馈给我们，以便我们能更好地为你服务。

预祝你学习取得成功，早日实现汽车维修技术能手之梦！

编　者

2013 年 8 月

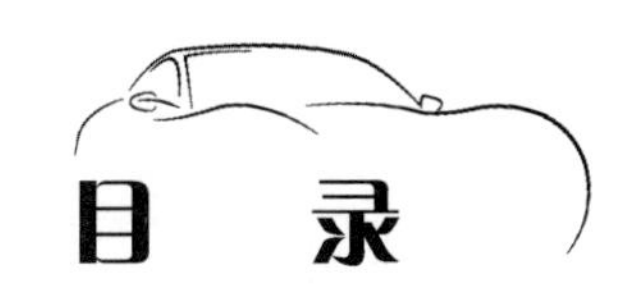

目　录

汽车发动机机械维修学习任务结构图

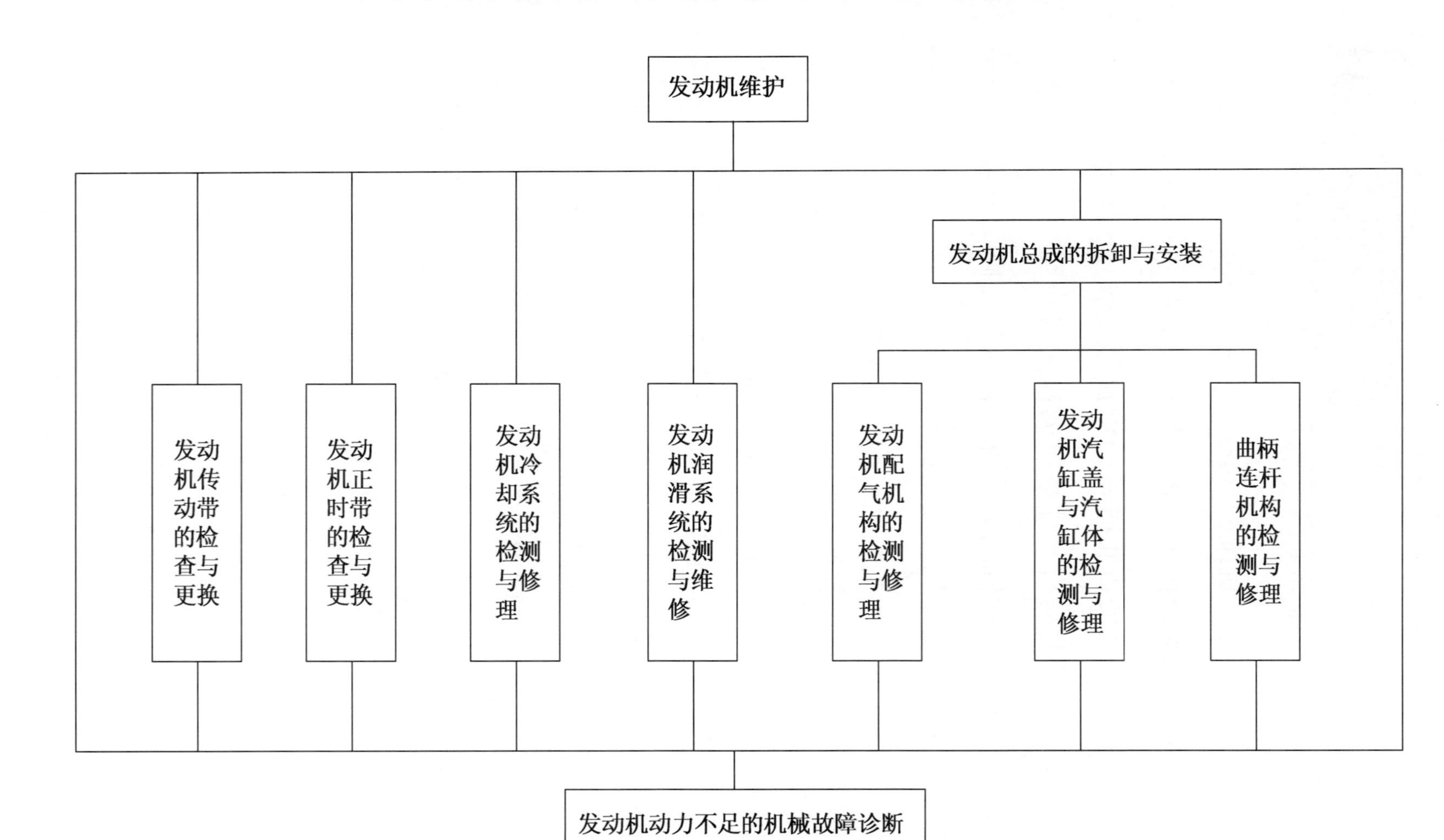

学习任务1　发动机维护

学习目标

完成本学习任务后,你应当能:

1. 叙述发动机维护作业的项目和内容;
2. 叙述发动机定期维护的目的;
3. 借助维修手册,安全规范地进行发动机维护作业。

建议完成本学习任务为 8 学时

学习内容的结构

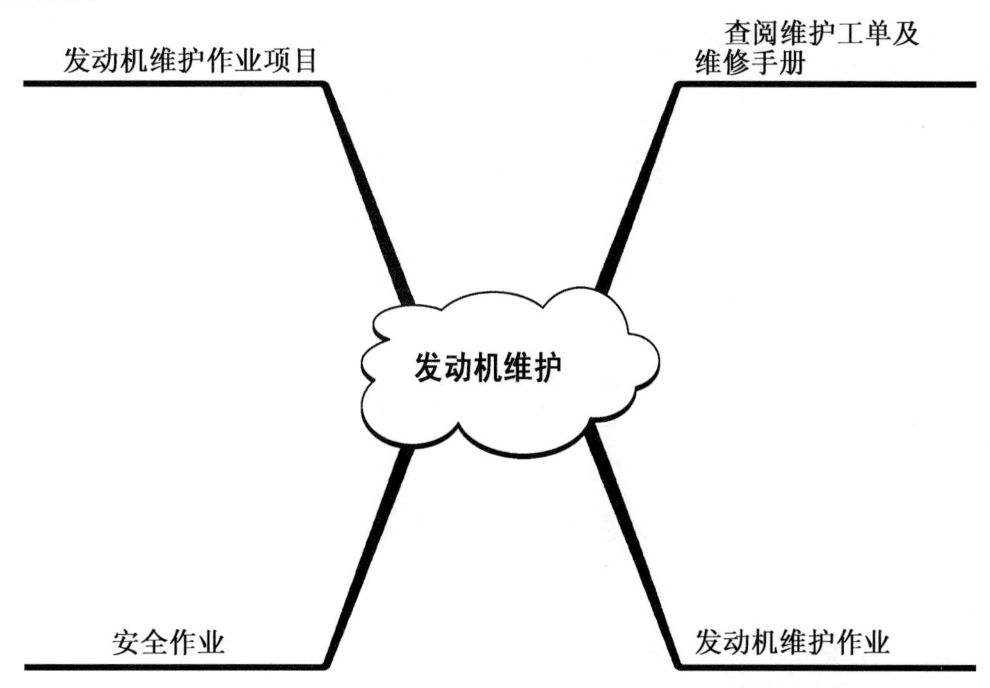

学习任务描述

某客户将汽车驶入维修店进行维护,需要维修人员按照维护要求对汽车进行维护作业。如发现有损坏或安全隐患,需及时联系客户确认修理或更换。

汽车维护是指根据车辆各部位不同材料所需的维护条件,采用不同性质的专用护理材料和产品,对汽车进行全新的护理的工艺过程。主要包括对发动机系统、变速器系统、空调系统、动力转向系统等的维护。发动机维护作业是整车维护的主要项目,其目的是保证车辆正常工作。

发动机维护作业包括对发动机机油、冷却液、燃油、线路等内容,而这些维护是保证发动机正常工作的前提条件,将直接影响发动机的正常工作。

一、学习准备

*1. 发动机维护作业是为了让客户获得安全和经济的汽车使用体验,具体有哪些项目?

发动机维护的目的是防止发动机在使用过程中发生重大故障,使发动机的各项性能符合规定要求。同时延长发动机的使用寿命,让客户获得安全和经济的汽车使用体验,具体操作项目见表1-1。

发动机维护项目　　表1-1

编号	1	2	3	4	5
顶起位置	1	2	3	4	5
检查	安装车内车外防护装置	发动机机油(排放)	发动机机油(加注)	复查检查	收拾车内车外防护装置
	安装支撑垫块	燃油管路	发动机冷却液		清洁车身
	预检项目	排气管和安装件	散热器盖		
		发动机机油滤清器	传动带		
		发动机机油排放塞	火花塞		
		发动机冷却液排放塞	蓄电池		
			空气滤清器		
			炭罐		
			PCV系统		
			发动机冷却液		
			空调		
			发动机机油		
			气门间隙		
			燃油滤清器		

*2. 为了保障发动机维护作业的有序开展,应注意哪些事项?

1)安全作业

在工作中应始终保证安全工作,并防止伤害发生。如果你在工作中受到伤害,这将不仅仅影响你,而且也会对你的家庭、同学、老师和学校造成严重影响。

请在图1-1中用红颜色的笔对正确的操作打"√",错误的操作打"×"。

2)5S管理

5S是通过规范现场、现物,营造一目了然的工作环境,培养员工良好的工作习惯。其最终目的是提升人的品质,养成良好的工作习惯,从而提高企业的工作效率、工作安全。

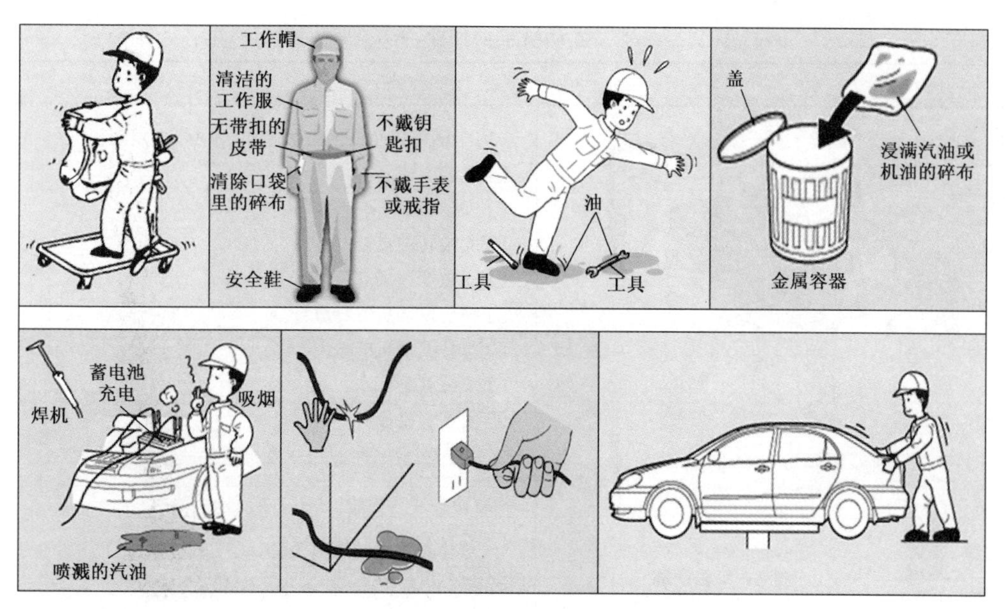

图 1-1　作业安全须知

二、计划与实施

＊3. 为了保障发动机的正常工作，应如何进行发动机维护作业？

1）查阅维护工单及维修手册

请按照发动机维护作业要求填写表 1-2。

车辆识别及相关维修数据　　　　表 1-2

车牌号码		汽车型号	丰田卡罗拉
VIN 编号		发动机型号	
生产年份		行驶里程	
发动机机油量	L	发动机机油排放塞拧紧力矩	N · m
机油滤清器力矩	N · m	传动带张紧力	N
火花塞间隙	mm	气门间隙	mm

小词典

VIN 是 Vehicle Identification Number 的简写，是 17 位汽车识别代码，从 VIN 中可以识别汽车的生产国别、制造公司或生产厂家、车的类型、品牌名称、车型系列、车身形式、发动机型号、车型年款、安全防护装置型号、检验数字、装配工厂名称和出厂顺序号码等。

小提示

由于车辆涉及举升和起动发动机，因此必须做好安全防护工作。操作过程中请严格按照检查流程进行，并在作业前进行举升设备的使用培训。

2）发动机维护作业步骤

请按照表 1-3 发动机维护作业步骤进行操作，并在图表相应位置打“√”。

发动机维护作业 表 1-3

顶起位置 1——预检工作

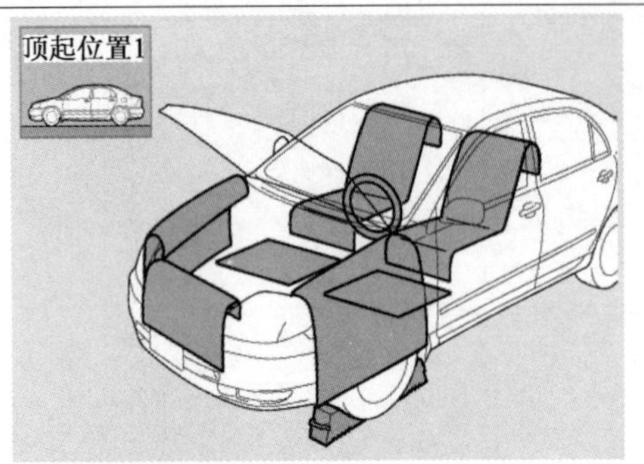

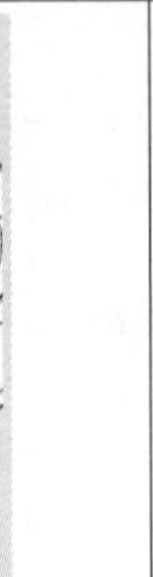

图 1-2 车辆停置及安全防护操作

(1)车辆停置及安全防护操作,如图 1-2 所示。

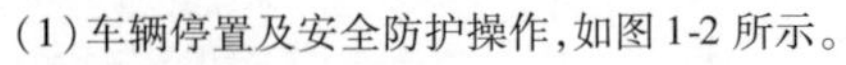

□ 安装座椅套。
□ 安装地板垫。
□ 安装转向盘套。
□ 安装变速杆套。
□ 拉起发动机罩释放杆。
□ 打开发动机舱盖。
□ 安装翼子板布。
□ 安装前格栅布。
安装车轮挡块(可以用举升机顶起部分车辆质量)。

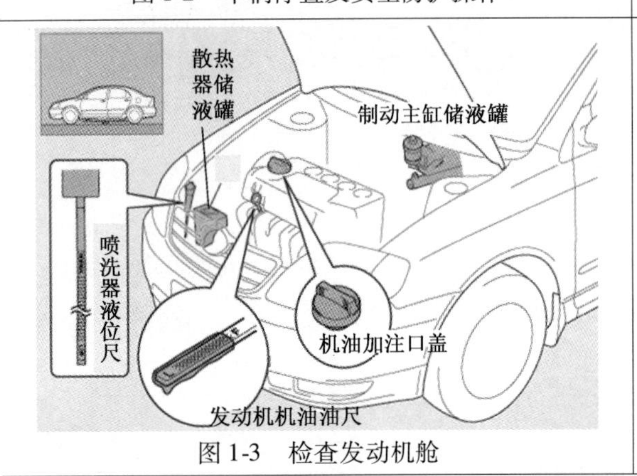

图 1-3 检查发动机舱

(2)检查发动机舱,如图 1-3 所示。
□ 检查发动机冷却液液位。
□ 检查发动机机油。
□ 检查制动液液位。

顶起位置 2

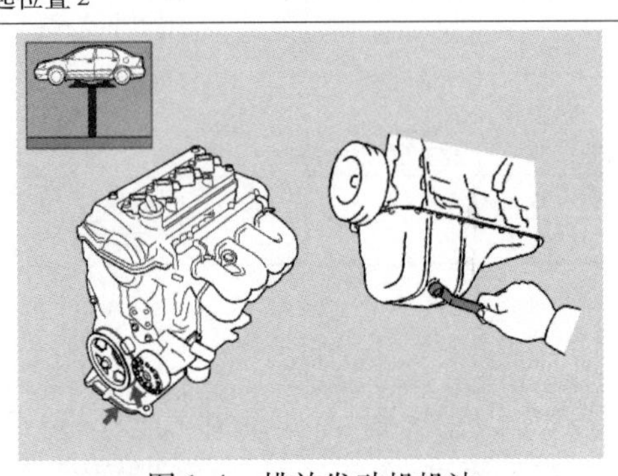

图 1-4 排放发动机机油

(3)排放发动机机油,如图 1-4 所示。
□ 检查发动机各部位的配合表面是否漏油。
□ 检查油封是否漏油。
□ 检查排放塞是否漏油。
□ 排放发动机机油。

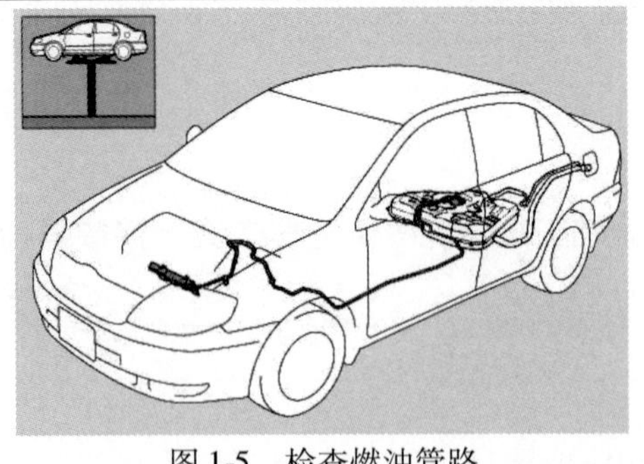

图 1-5 检查燃油管路

(4)检查燃油管路,如图 1-5 所示。
□ 检查燃油是否泄漏。
□ 检查燃油管路是否损坏。

续上表

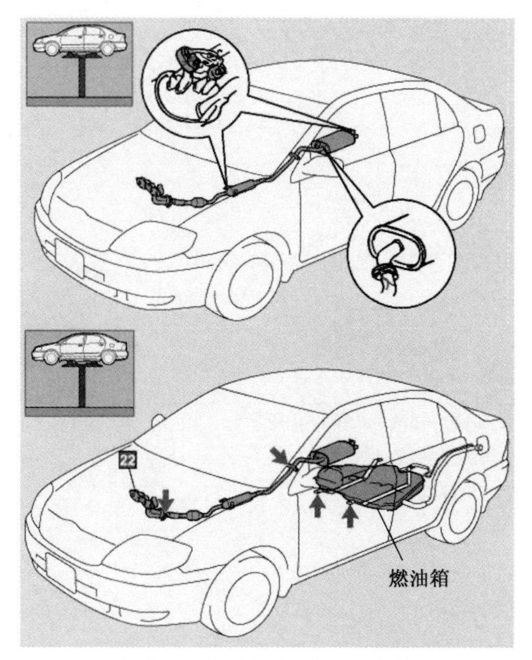 图 1-6　检查排气管和安装件	(5)检查排气管和安装件,如图 1-6 所示。 □ 检查排气管是否损坏。 □ 检查消声器是否损坏。 □ 检查排气安装件的 O 形密封圈是否损坏或脱落。 □ 检查密封垫片是否损坏。 □ 检查排气管是否泄漏。 □ 检查排气管螺栓。 □ 检查燃油箱螺栓。
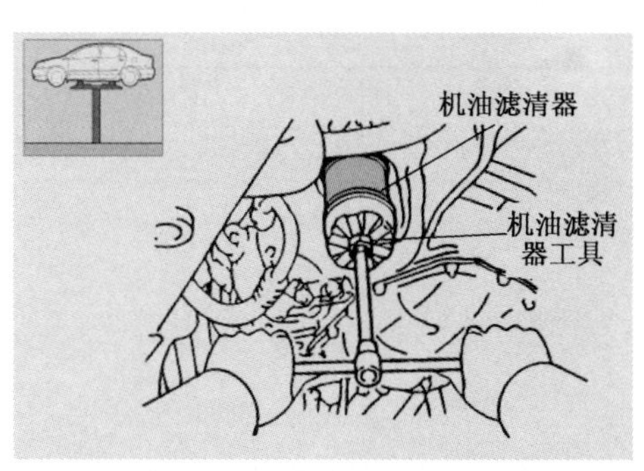 图 1-7　更换发动机机油滤清器	(6)更换发动机油滤清器,如图 1-7 所示。 □ 更换发动机机油滤清器。
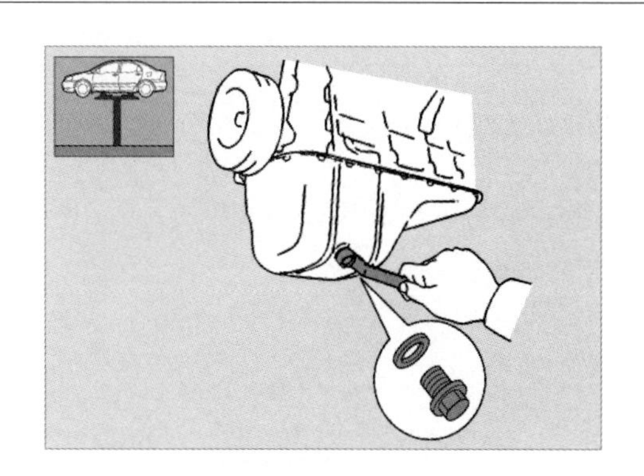 图 1-8　安装发动机机油排放塞	(7)安装发动机机油排放塞,如图 1-8 所示。 □ 安装排放塞。 □ 更换排放垫片。

续上表

顶起位置3 发动机起动前	
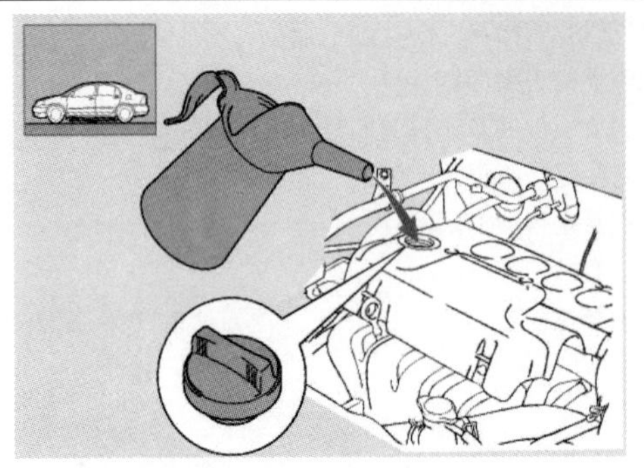 图1-9 加注发动机机油	(8)加注发动机机油,如图1-9所示。 □ 加注发动机机油(定量添加,如丰田卡罗拉为3.7L)。
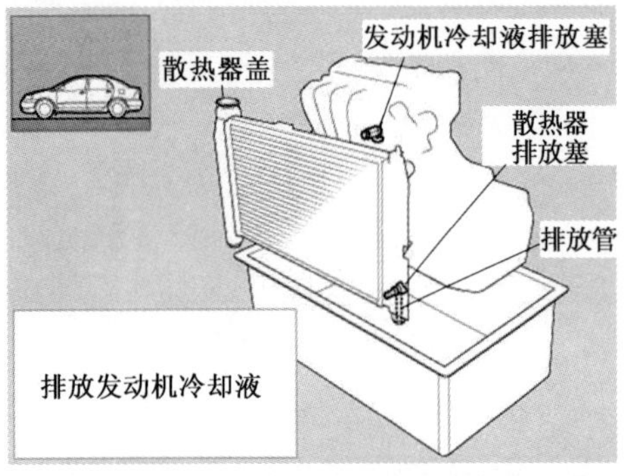 图1-10 更换发动机冷却液	(9)更换发动机冷却液,如图1-10所示。 □ 排放发动机冷却液。 □ 加注发动机冷却液。
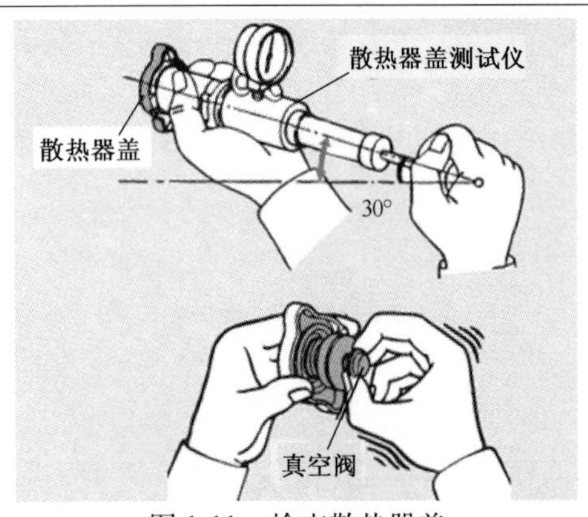 图1-11 检查散热器盖	(10)检查散热器盖,如图1-11所示。 □ 测量阀门开启压力。 □ 检查真空阀工作情况。 □ 检查橡胶密封件裂纹和其他损坏。
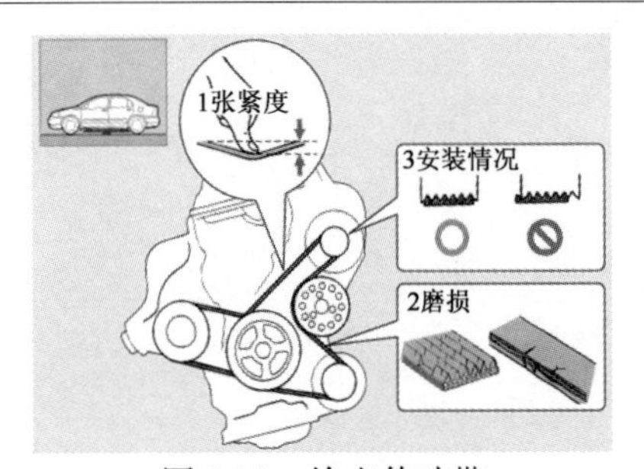 图1-12 检查传动带	(11)检查传动带,如图1-12所示。 □ 检查是否变形。 □ 检查是否损坏(磨损、裂纹、脱层或其他损坏)。 □ 检查安装状况。

续上表

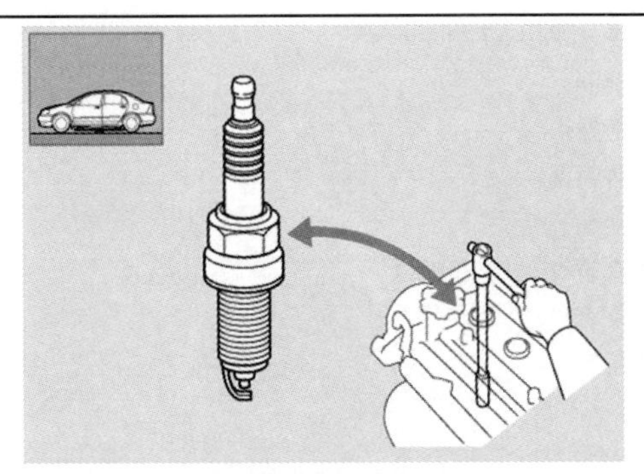 图 1-13　更换火花塞	(12)更换火花塞,如图 1-13 所示。 □ 火花塞外观检查。 □ 火花塞间隙检查。 □ 更换火花塞。
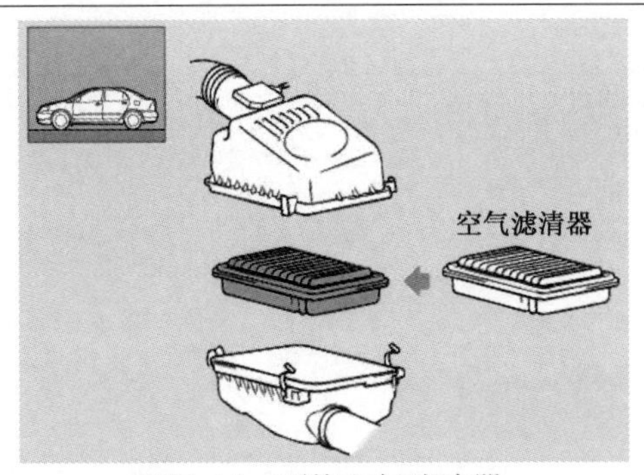 图 1-14　更换空气滤清器	(13)更换空气滤清器,如图 1-14 所示。 □ 更换空气滤清器。 □ 安装后再检查外观。
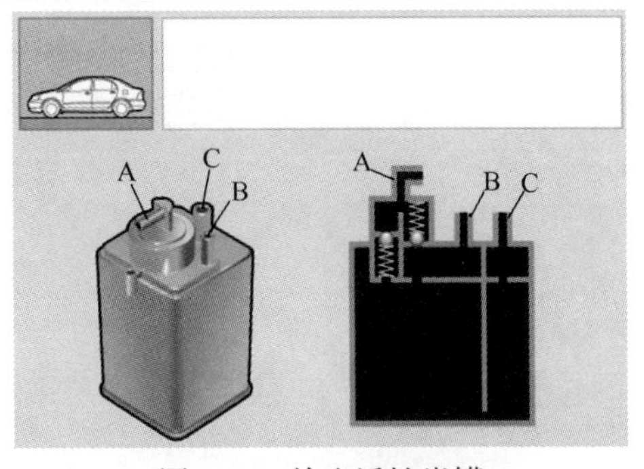 图 1-15　检查活性炭罐	(14)检查活性炭罐,如图 1-15 所示。 □ 检查活性炭罐是否损坏。 □ 检查止回阀的工作情况。
顶起位置 3　起动发动机和发动机暖机期间 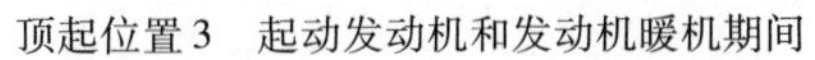	
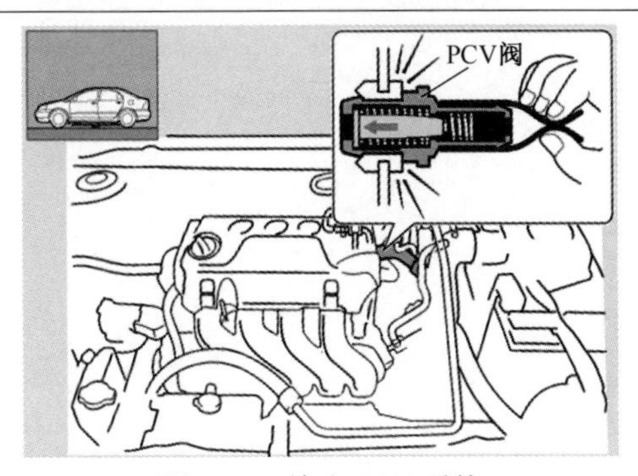 图 1-16　检查 PCV 系统	(15)检查 PCV 系统,如图 1-16 所示。 □ 检查 PCV 阀的工作情况。 □ 检查软管是否损坏。

续上表

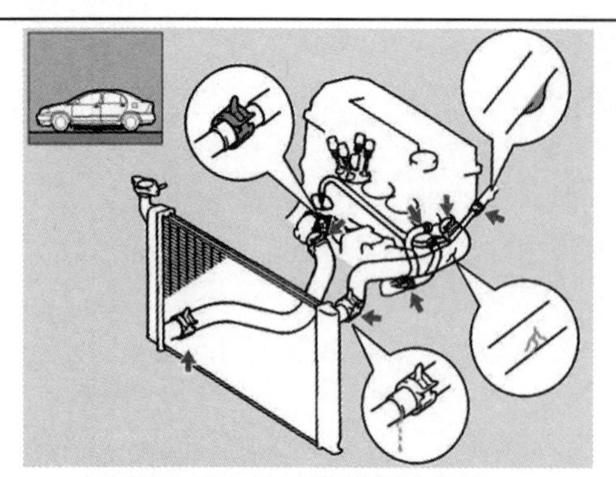 图 1-17　检查发动机冷却液	(16)检查发动机冷却液,如图 1-17 所示。 □ 检查是否从散热器泄漏。 □ 检查橡胶软管是否泄漏。 □ 检查软管夹周围是否泄漏。 □ 检查散热器盖是否泄漏。 □ 检查橡胶软管是否有裂纹、凸起和硬化。 □ 检查橡胶软管连接是否松动。 □ 检查夹箍安装是否松动。
顶起位置 3　发动机停机后	
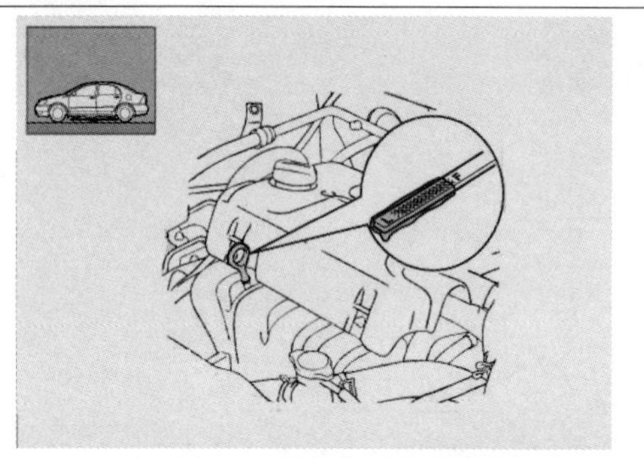 图 1-18　检查发动机机油	(17)检查发动机机油,如图 1-18 所示。 □ 检查发动机机油液位。 □ 检查发动机机油品质。
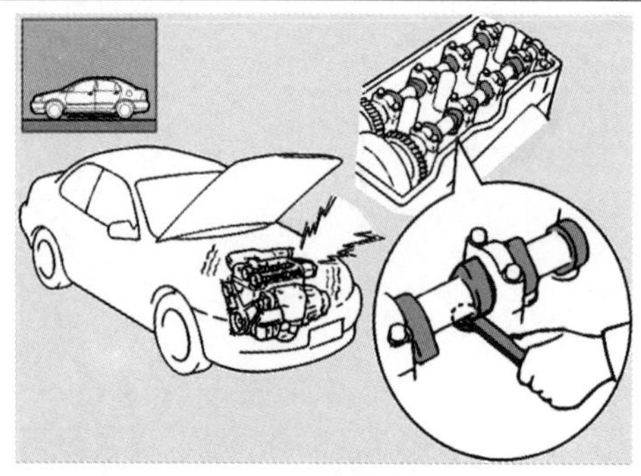 图 1-19　调整气门间隙	(18)调整气门间隙,如图 1-19 所示。 □ 调整气门间隙。 □ 调整后再检查气门间隙。
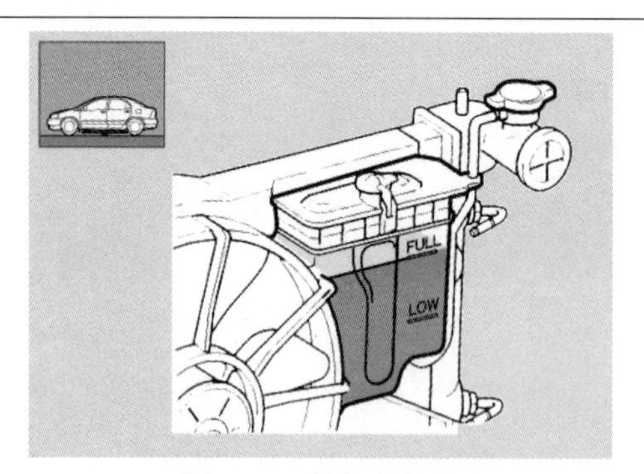 图 1-20　检查冷却液	(19)检查冷却液,如图 1-20 所示。 □ 检查冷却液液位(散热器)。 □ 检查冷却液液位(储液罐)。

续上表

顶起位置 4	
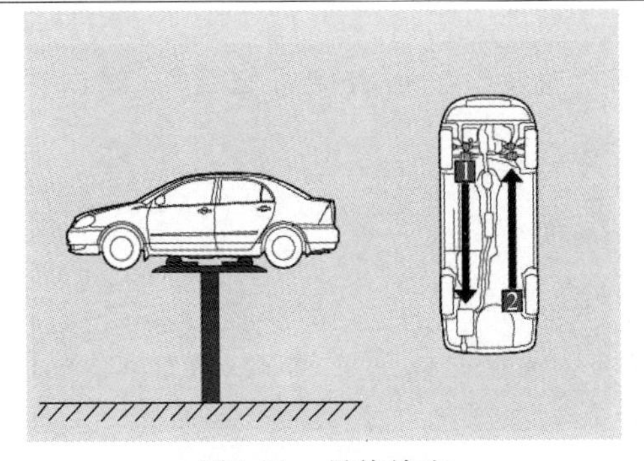 图 1-21　最终检查	(20)最终检查,如图 1-21 所示。 □ 发动机机油是否泄漏。 □ 更换零件等的安装状况。
顶起位置 5	
 图 1-22　清洁作业	(21)清洁作业,如图 1-22 所示。 □ 拆卸翼子板布和前格栅布。 □ 清洁车身、车身内部等。

3)总结

请归纳作业检查中发现的问题,提出维修意见,并完成表 1-4。

归纳问题并提出维修意见　　表 1-4

序　号	问题部位或损坏部件	维 修 意 见
1		
2		
3		
4		
例如:传动带有裂纹,维修意见为"更换传动带"。		

三、评价反馈

1. 学习自测题

(1)下面哪一项不属于 5S 的工作范畴?(　　)

A. 整理　B. 干净　C. 整顿　D. 清洁

(2)汽车维护主要包括哪些系统的维护?(　　)

A. 发动机系统　B. 变速器系统　C. 空调系统　D. 动力转向系统

(3)发动机维护作业包括对发动机哪些项目进行维护?(　　)

A. 机油　B. 冷却液　C. 燃油　D. 线路

(4)汽车的 VIN 码是(　　)。

A. 汽车品牌名称　B. 汽车类型代码　C. 汽车识别代码　D. 汽车出厂顺序号码

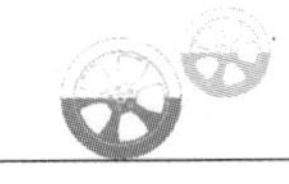

(5)更换发动机机油时不需要更换发动机机油滤清器。(　　)

A. 正确　　B. 错误

2. 维修信息获取练习

(1)通过对发动机维护作业,你了解到发动机有哪些部件需要维护?通过查阅维修手册,确认它们的安装位置。

(2)你认为在发动机维护中哪些方面你做得比较好,哪些方面还需要改进?

3. 学习目标达成度的自我检查(表1-5)

自我检查表　　表1-5

序　号	学习目标	达成情况(在相应的选项后打“√”)		
		能	不能	如果不能,是什么原因
1	叙述发动机维护作业的项目和内容			
2	叙述发动机定期维护的目的			
3	严格遵循工作安排与5S要求			
4	安全规范地进行发动机维护作业			

4. 日常表现性评价(由小组长或者组内成员评价)

(1)工作页填写情况。(　　)

A. 填写完整　　B. 缺失0~20%　　C. 缺失20%~40%　　D. 缺失40%以上

(2)工作着装是否规范?(　　)

A. 穿着校服(工作服),佩戴胸卡　　B. 校服或胸卡缺失一项

C. 偶尔会既不穿校服又不戴胸卡　　D. 始终未穿校服、佩戴胸卡

(3)能否主动参与工作现场5S工作?(　　)

A. 积极主动参与5S工作　　B. 在组长的要求下能参与5S工作

C. 在组长的要求下能参与5S工作,但效果差　　D. 不愿意参与5S工作

(4)升降汽车举升器时,有无进行安全检查并警示其他同学?(　　)

A. 有安全检查和警示　　B. 无安全检查,有警示

C. 有安全检查无警示　　D. 无安全检查,无警示

(5)学习该任务是否达到全勤?(　　)

A. 全勤　　B. 缺勤0~20%(有请假)

C. 缺勤0~20%(旷课)　　D. 缺勤20%以上

(6)总体评价该同学。(　　)

A. 非常优秀　　B. 比较优秀　　C. 有待改进　　D. 急需改进

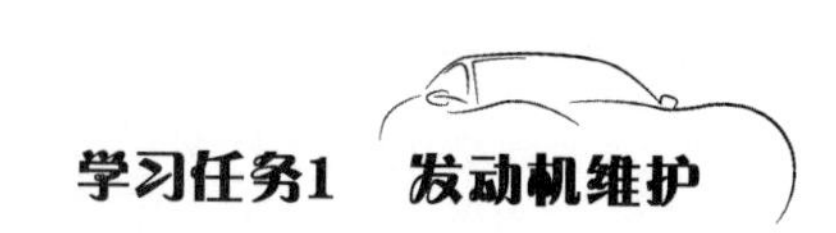

(7)其他建议:

小组长签名:____________________　　______年______月______日

5. 教师总体评价

(1)对该同学所在小组整体印象评价。

A. 组长负责,组内学习气氛好

B. 组长能组织组员按要求完成学习任务,个别组员不能达到学习目标

C. 组内有30%以上的学员不能达到学习目标

D. 组内大部分学员不能达到学习目标

(2)对该同学整体印象评价:

教师签名:____________________　　______年______月______日

学习任务2　发动机传动带的检查与更换

学习目标

完成本学习任务后,你应当能:

1. 叙述发动机传动带的检查周期;
2. 述说发动机传动带张紧度对其他系统的影响;
3. 检查和调整发动机传动带的张紧度;
4. 借助维修手册,安全规范地更换发动机传动带。

建议完成本学习任务为6学时

学习内容的结构

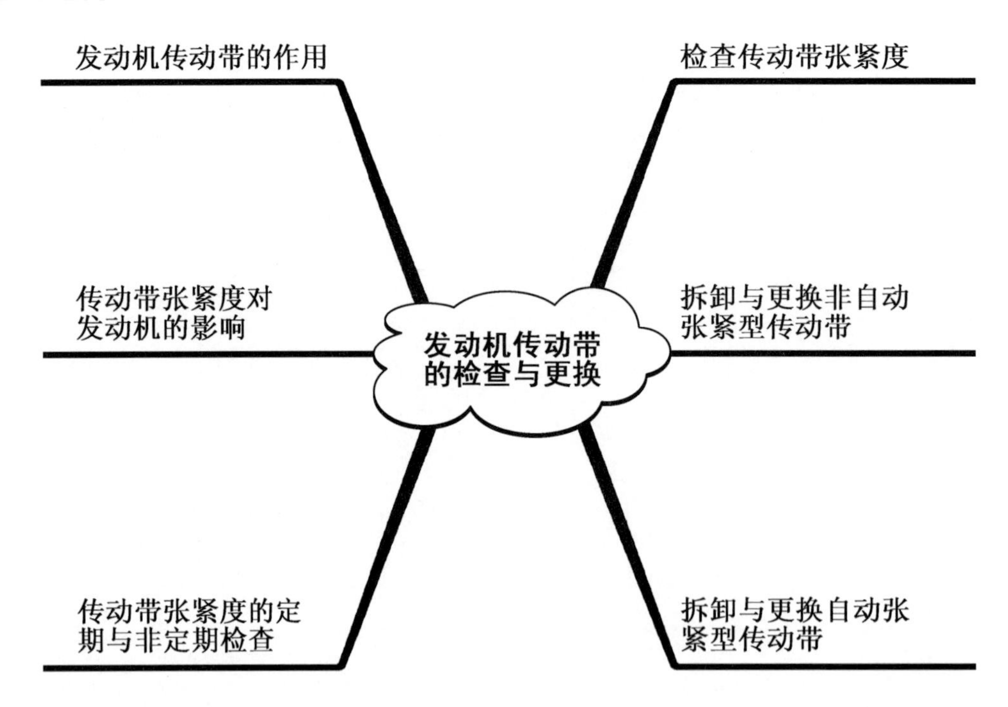

学习任务描述

某客户反映其汽车发动机传动带有异常噪声，需要汽车维修人员检查发动机传动带并调节其张紧度，如有必要更换传动带或张紧器。

传动带由于其工作在温度较高、转速突变、外露在发动机舱等不良环境下，容易受到损坏或张紧度不当，进而产生异响并影响相关系统的性能，因此，要求对发动机传动带予以定期检查并按需更换。

一、学习准备

*1. 发动机传动带有什么作用?

大多数发动机传动带用来驱动发电机、水泵、空调压缩机、液压助力泵和空气压缩机等发动机附件，如图 2-1 所示。传动带包括平带和 V 形带、圆形带和齿形带(包括多楔带)。多楔带因具有传动效率高、传动紧凑、散热快、运转平稳、耐热、耐油、耐磨、使用寿命长等特点因而在汽车上广泛使用。

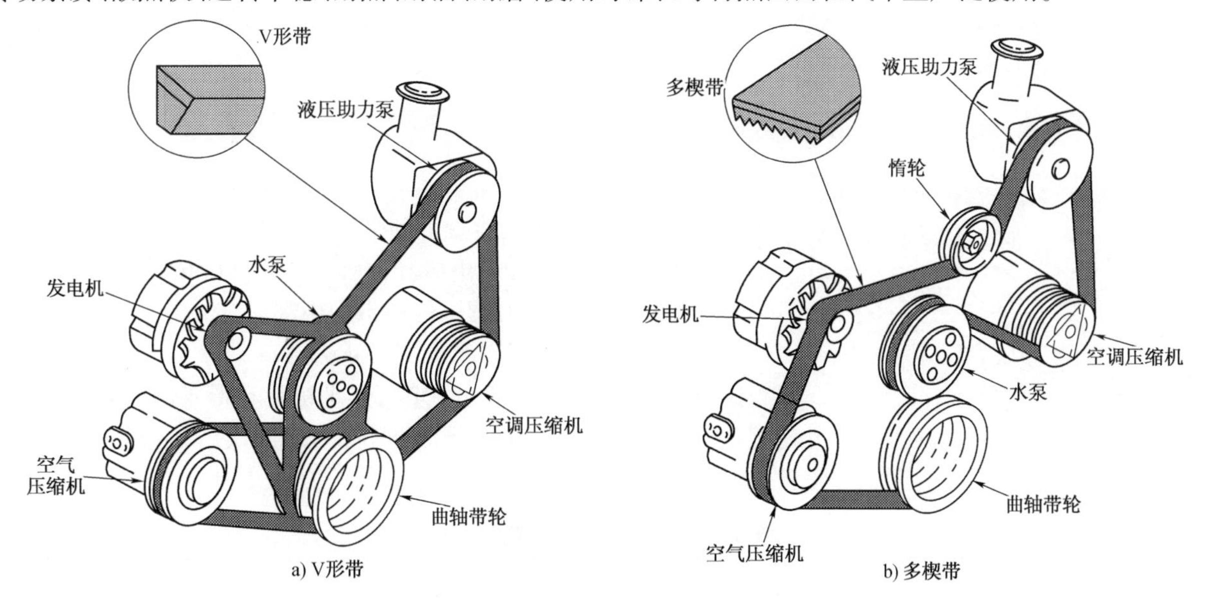

图 2-1　发动机传动带

小词典

多楔带是指以平带为基体、内表面排布有等间距纵向 40°梯形楔的环形橡胶传动带，其工作面为楔的侧面。

二、计划与实施

*2. 发动机传动带过松或过紧对发动机有什么影响?

1)故障设置 1

调整发动机传动带的张紧度至过松状态,起动发动机。

观察故障现象,并记录。

故障现象:____。

2)故障设置2

调整发动机传动带的张紧度至过紧状态,起动发动机后再开启空调系统。

观察故障现象,并记录。

故障现象:____。

3)判断故障原因

你认为下列哪些故障现象是由于发动机传动带过松或过紧所导致的?

□ 传动带异响。

□ 发动机过热。

□ 空调系统制冷不足。

□ 发电机运转时有异响。

□ 蓄电池电压不足。

□ 带轮及轴承磨损加剧。

□ 发动机动力不足。

*3. 如何检查发动机传动带的张紧度?

1)指压法检查传动带的张紧度

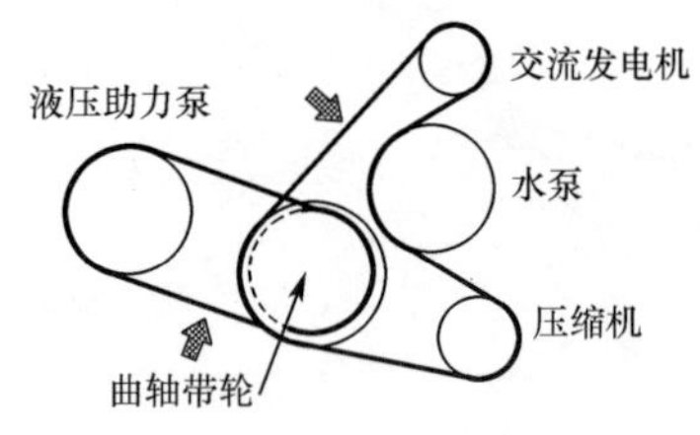

图2-2 指压法测量传动带张紧度

图2-2所示为用指压法检查传动带的张紧度,其检查步骤如下:

(1)将精密直尺靠放在发电机和曲轴带轮之间的传动带上。

(2)用98N(10kgf)的力推压传动带的中部。

(3)用直尺测量变形量。

查阅维修手册,请在表2-1中填写发动机传动带变形的规定数值,并将规定数值与直尺测量的变形量进行比较,确认传动带张紧度是否正常。

发动机传动带变形的规定数值 表2-1

发动机型号	安装新的传动带	安装旧的传动带或驱动时间超过5min的传动带	是否正常
1NZ-FE/2NZ-FE(交流发电机、制冷压缩机和水泵传动带)			
1NZ-FE/2NZ-FE(液压助力泵传动带)			

小提示

发动机型号不同,其传动带张紧力测量位置和测量值也不同,请参阅维修手册。

2)使用传动带张紧力计检查传动带的张紧度

图2-3所示为用传动带张紧力计检查传动带的张紧度,其检查步骤如下:

(1)旋转张紧力计上的重置杠杆来重置针阀。

(2)握紧张紧力计上的把手和手柄,将张紧力计安装到传动带上。

(3)将手松开后,指针指示值显示传动带张紧力的大小。

查阅维修手册,确认传动带张紧度是否正常。

3)检查花冠1ZZ-FE发动机传动带的偏移和张紧度

检查花冠1ZZ-FE发动机传动带偏移,如图2-4所示。向其施加98N(10kgf)的张紧力。查找维修手册,对比测量值与规定值,判断传动带张紧度是否正常,并将数据记录在表2-2中。

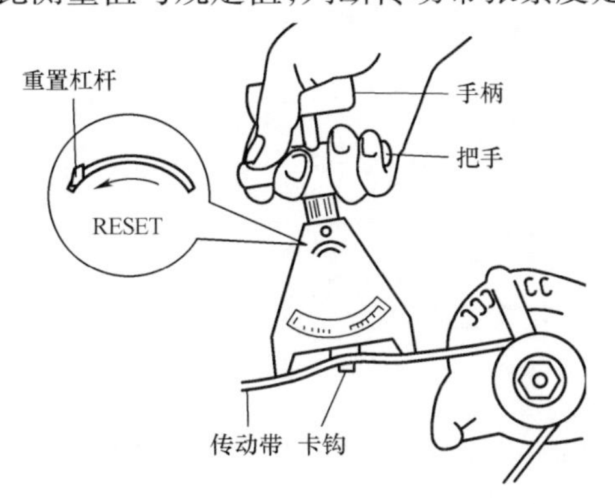

图2-3　用传动带张紧力计测量传动带张紧力

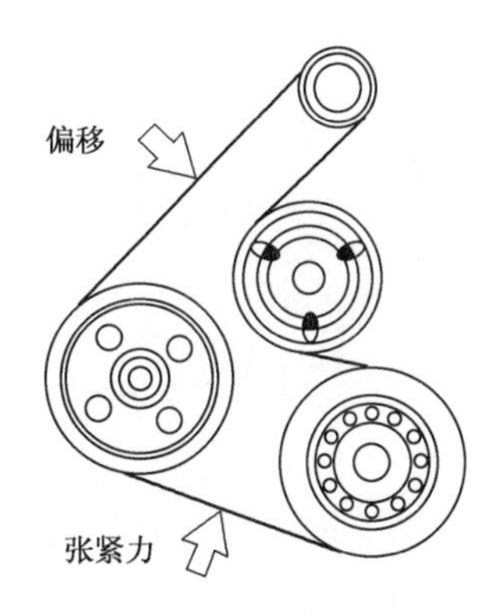

图2-4　检查花冠1ZZ-FE发动机传动带的张紧度

花冠1ZZ-FE发动机传动带张紧度和偏移量　　表2-2

检查项目	测量值	规定值	是否正常
传动带的偏移量			
传动带的张紧度			

小提示

传动带张紧力计可以在任意两个带轮之间测量张紧力,测量时确认传动带牢固地系在卡钩上且传动带张紧力计与传动带垂直。根据发动机型号的不同,张紧力的规定值也不同,请参阅维修手册。

*4. 在什么情况下需要检查发动机传动带?

发动机传动带驱动各种辅助机构运转,如空调器的压缩机、动力转向油泵、交流发电机等,如果传动带断裂或打滑,都将导致相关的辅助机构丧失功能或使其性能下降,从而影响汽车的正常使用。因此,传动带必须进行定期检查。

1)汽车发动机传动带的定期检查

汽车生产厂家都要求汽车在规定的行驶里程或时间间隔内(两者满足其一即可),需要维修人员对发动机传动带进行检查,如果有损坏则更换,如图2-5所示。

2)汽车发动机传动带的非定期检查

由发动机传动带驱动的发电机、空调压缩机和液压助力泵等维修时,也要对发动机传动带进行相应的检查。

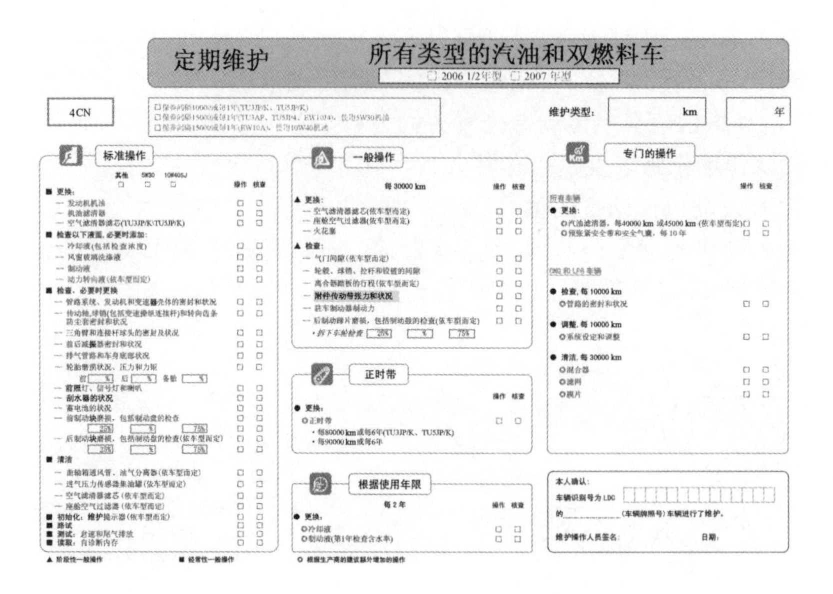
定期维护　所有类型的汽油和双燃料车
□ 2006 1/2年型　□ 2007 年型

4CN
□ 保养间隔10000或每1年(TU3JP/K、TU5JP/K)
□ 保养间隔15000或每1年(TU3AF、TU5JP4、EW10J4)，使用5W30机油
□ 保养间隔15000或每1年(EW10A)，使用10W40机油

维护类型：　km　年

标准操作

其他 □　5W30 □　10W40SJ □　　操作　核查

■ 更换：
— 发动机机油 □ □
— 机油滤清器 □ □
— 空气滤清器滤芯(TU3JP/K\TU5JP/K) □ □

■ 检查以下液面，必要时添加：
— 冷却液(包括检查浓度) □ □
— 风窗玻璃洗涤液 □ □
— 制动液 □ □
— 动力转向液(依车型而定) □ □

■ 检查，必要时更换
— 管路系统、发动机和变速器壳体的密封和状况 □ □
— 传动轴、绑销(包括变速操纵连接杆)和转向齿条防尘套密封和状况 □ □
— 三角臂和连接杆球头的密封及状况 □ □
— 前后减振器密封和状况 □ □
— 排气管路和车身底部状况 □ □
— 轮胎磨损状况、压力和力矩 □ □
前 %　后 %　备胎 %
— 前照灯、信号灯和喇叭 □ □
— 刮水器的状况 □ □
— 蓄电池的状况 □ □
— 前制动块磨损，包括制动盘的检查 □ □
25%　%　75% □ □
— 后制动块磨损，包括制动盘的检查(依车型而定) □ □
25%　%　75% □ □

■ 清洁
— 曲轴箱通风管、油气分离器(依车型而定) □ □
— 进气压力传感器集油罐(依车型而定) □ □
— 空气滤清器滤芯(依车型而定) □ □
— 座舱空气过滤器(依车型而定) □ □

■ 初始化：维护提示器(依车型而定) □ □
■ 路试 □ □
■ 测试：怠速和尾气排放 □ □
■ 读取：自诊断内存 □ □

一般操作

每 30000 km　　操作　核查

▲ 更换：
— 空气滤清器滤芯(依车型而定) □ □
— 座舱空气过滤器(依车型而定) □ □
— 火花塞 □ □

▲ 检查：
— 气门间隙(依车型而定) □ □
— 轮毂、球销、拉杆和铰链的间隙 □ □
— 离合器踏板的行程(依车型而定) □ □
— 附件传动带张力和状况 □ □
— 驻车制动器制动力 □ □
— 后制动蹄片磨损，包括制动鼓的检查(依车型而定) □ □
· 拆下车轮检查 25%　%　75%

正时带

操作　核查

● 更换：
○ 正时带 □ □
· 每80000 km或每6年(TU3JP/K、TU5JP/K)
· 每90000 km或每6年

根据使用年限

每 2 年　　操作　核查

● 更换：
○ 冷却液 □ □
○ 制动液(第1年检查含水率) □ □

专门的操作

操作　核查

所有车辆
● 更换：
○ 汽油滤清器，每40000 km 或45000 km (依车型而定) □ □
○ 预张紧安全带和安全气囊，每 10 年 □ □

CNG 和 LPG 车辆
● 检查，每 10000 km
○ 管路的密封和状况 □ □
● 调整，每 10000 km
○ 系统设定和调整 □ □
● 清洁，每 30000 km
○ 混合器 □ □
○ 滤网 □ □
○ 膜片 □ □

本人确认：
车辆识别号为 LDC □□□□□□□□□□□□□□
的＿＿＿＿＿＿(车辆牌照号)车辆进行了维护。
维护操作人员签名：　　日期：

▲ 阶段性一般操作　■ 经常性一般操作　○ 根据生产商的建议额外增加的操作

图 2-5　定期维护单

为了完成发动机传动带的检查及更换，要明确传动带的检查内容和更换条件，针对传动带张紧度调节类型及发动机型号，选择相应工具更换发动机传动带，对于需要人工调节张紧度的传动带，按要求检查并调节传动带张紧度。

3)传动带张紧度的调节类型

传动带张紧力调节方法有两类：非自动张紧装置调节和自动张紧装置调节。非自动张紧装置调节需要汽车维修人员通过改变带轮(一般为发电机带轮)或惰轮的位置来调节传动带的张紧度。自动张紧装置自动调节传动带的张紧度，不需人工定期对传动带的张紧度进行调节。

＊5. 如何拆卸与更换非自动张紧装置调节型发动机传动带?

工具和材料：

干净的抹布、常用工具、全新传动带、传动带张紧力计、汽车维修手册。

保护性衣物：

标准作业着装(安全鞋、工作服等)。

汽车的相关信息填写：

生产年份＿＿＿＿＿＿；车牌号码＿＿＿＿＿＿；车型及行驶里程＿＿＿＿＿＿；汽车识别码(VIN)＿＿＿＿＿＿；发动机型号和排量＿＿＿＿＿＿。

1)拆卸非自动张紧装置调节型发动机传动带

(1)读取并记录 ECU 储存的必要信息：发动机故障代码、收音机电台频率、带记忆功能的座椅位置和转向盘位置等。关闭点火开关并拔下钥匙，打开发动机舱盖，松开蓄电池负极电缆紧固螺母并将负极电缆拆下，以防止操作过程中造成短路。

小提示

如果先拆蓄电池正极电缆，拆卸工具有可能同时接触蓄电池正极和车身搭铁，极易造成蓄电池短路。

(2)判断是否需要移动或拆除其他部件才能更换发动机传动带,如果有需要请移动或拆除相关部件。如果拆下空气滤清器或冷却液管,要用干净的抹布堵住管道,防止异物进入发动机内部。

(3)拆卸传动带。

①有惰轮型传动带,如图 2-6 所示。旋松惰轮上的锁止螺母,逆时针旋转调节螺栓使惰轮向下移动,在传动带上标明其旋转方向并拆下传动带。

②无惰轮型传动带(带调节螺栓),如图 2-7 所示。旋松发电机上的调节锁定螺栓与调节螺栓,在传动带上标明其旋转方向并拆下传动带。

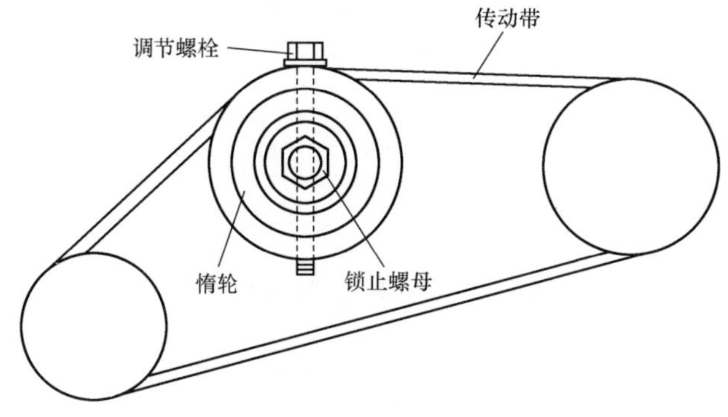

图 2-6　有惰轮型传动带

图 2-7　无惰轮型传动带(带调节螺栓)

③无惰轮型传动带(无调节螺栓),如图 2-8 所示。旋松发电机上的调节锁止螺栓和安装螺栓,逆时针旋转调节螺栓使发电机向发动机方向移动,拆下传动带。

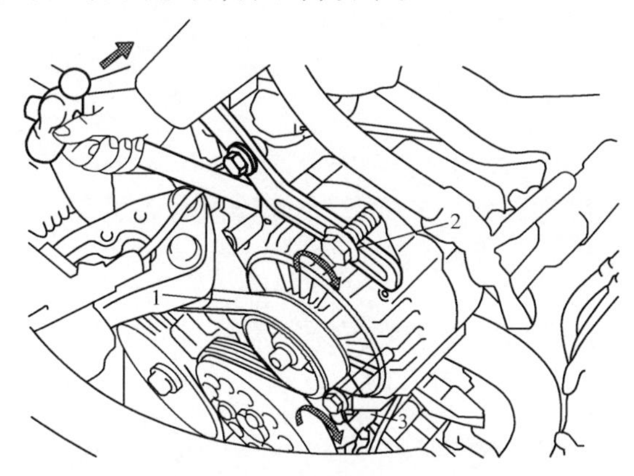

图 2-8　无惰轮型传动带(无调节螺栓)

1-传动带;2-安装螺栓

2)检查非自动张紧装置调节型发动机传动带

检查传动带是否有开裂、软化、侧面磨亮、表层剥落、起层、拉长、严重磨损、表面被油污染等现象,如有,则应更换。但应注意的是多楔带在有棱的一侧允许存在裂纹。

请将传动带的检查结果记录如下:

____

____

3)安装非自动张紧装置调节型发动机传动带

(1)将新传动带放置在所有带轮上或按原旋转方向将还可以继续使用的传动带放置在所有带轮上,检查传动带与各带轮轮槽的配合情况。

(2)旋紧调节螺栓或通过移动相关总成来改变传动带的张紧度。

(3)通过调整调节螺栓使发动机传动带张紧度达到规定值,如图 2-9 所示。

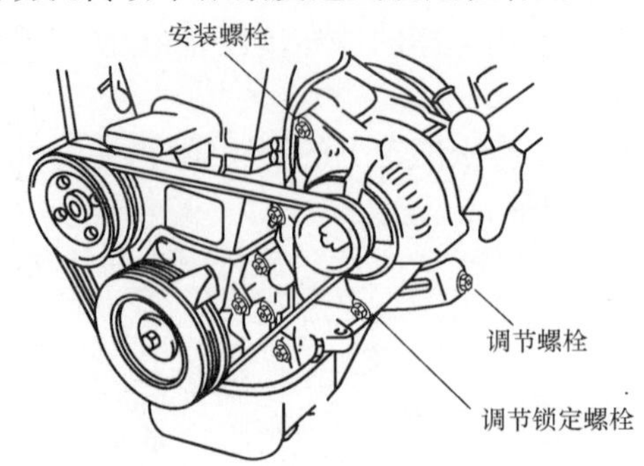

图 2-9 调节传动带张紧力

(4)安装蓄电池负极电缆,安装并恢复其他部件。

(5)起动发动机,检查传动带工作情况。

①发动机运转时,打开空调和前照灯并转动转向盘时传动带有无噪声和打滑等现象。

②发动机停止运转后再次检查传动带的张紧度。

(6)恢复收音机频道、时钟、带记忆功能的座椅位置和转向盘位置等。

*6. 如何拆卸与更换自动张紧装置调节型发动机传动带?

工具和材料:

干净的抹布,常用工具,全新传动带,汽车维修手册。

保护性衣物:

标准作业着装。

汽车的相关信息填写:

生产年份____________;车牌号码____________;车型及行驶里程____________;VIN ____________;发动机型号和排量____________。

(1)拆卸自动张紧装置调节型发动机传动带(花冠 1ZZ-FE 发动机)。

①读取并记录 ECU 储存的必要信息(图 2-10):发动机故障代码、收音机电台频率、带记忆功能的座

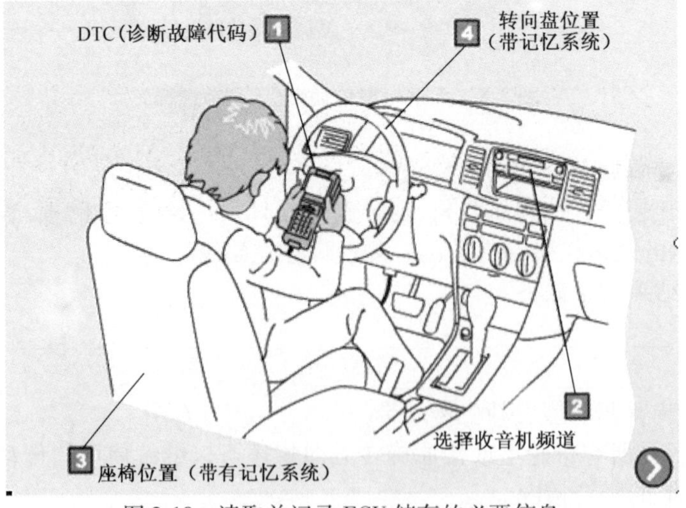

图 2-10 读取并记录 ECU 储存的必要信息

椅位置和转向盘位置等。关闭点火开关并拔下钥匙，打开发动机舱盖，松开连接蓄电池负极电缆紧固螺母并将负极电缆拆下。

为什么要先拆下蓄电池负极电缆?

图 2-11　旋松张紧装置

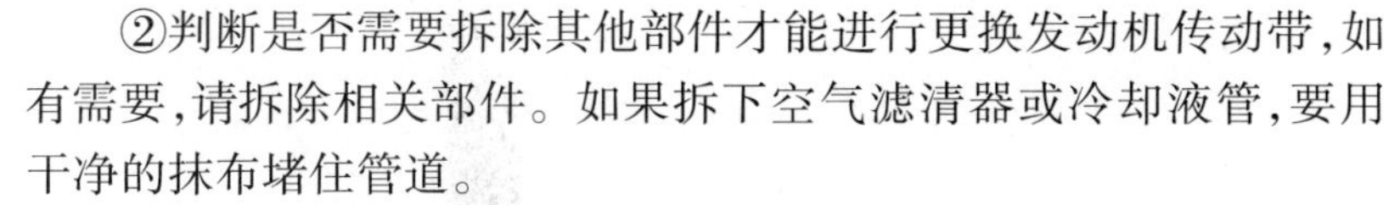

②判断是否需要拆除其他部件才能进行更换发动机传动带，如有需要，请拆除相关部件。如果拆下空气滤清器或冷却液管，要用干净的抹布堵住管道。

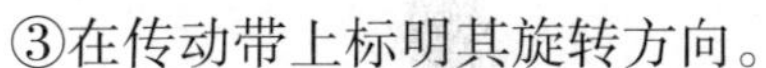

③在传动带上标明其旋转方向。

④用梅花扳手按图 2-11 所示箭头方向旋松张紧装置，取下传动带。

小提示

在拆下旧传动带之前，务必仔细查看其安装走向。许多汽车在发动机舱盖下等位置贴有传动带走向贴纸，如果需更换传动带的汽车没有这种贴纸，同时身边又无该车维修手册，在拆装前请标明其旋转方向。

(2)检查发动机传动带和张紧器。

①检查传动带，判断是否需要更换。目视检查传动带是否过度磨损、加强筋损坏等。如果发现任何损坏，需更换传动带。

提示：

a. 如果发现任何损坏，需更换传动带。

b. 传动带的带棱侧出现一些裂纹是可以接受的。如果传动带棱上有脱落，则更换传动带。

②检查张紧器，判断是否需要更换。传动带张紧器装有张紧弹簧，张紧弹簧使张紧轮压在传动带上，使传动带保持一定的张紧度。检查张紧器时应检查张紧弹簧是否正常，张紧轮转动时是否平顺。

记录传动带和张紧器的检查情况。

____

____。

③若传动带有损坏，检查各带轮有无变形，轴承是否正常。清除各带轮凹槽中的碎屑。

(3)安装。

①安装好传动带后，确认传动带正确安装在楔形槽中。并检查传动带与轮槽的配合情况，如图 2-12 所示。

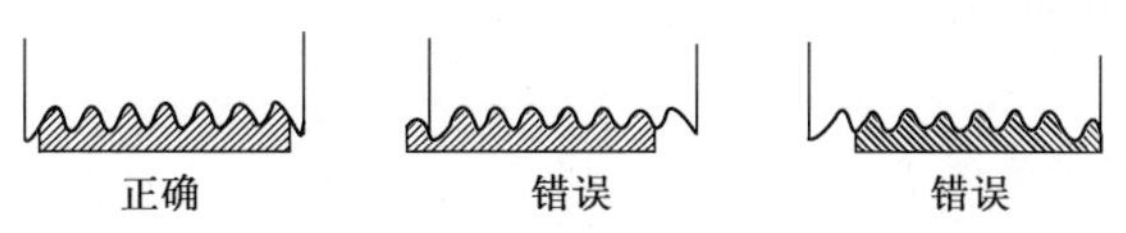

图 2-12　传动带与轮槽的配合

②用工具旋转张紧器带轮并使其位置移动，将传动带安装到最后一个带轮上，松开传动带的张紧装置，如图 2-13 所示。

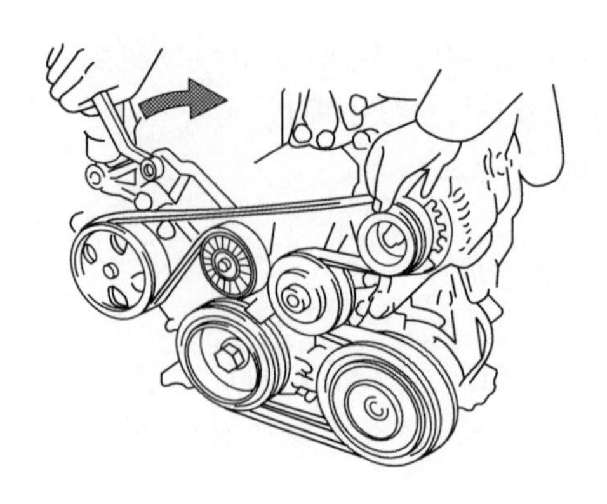

图 2-13　安装传动带

(4)安装发动机后部右侧底罩。

(5)安装散热器上空气导流板。

(6)连接蓄电池负极电缆,起动发动机后打开空调和前照灯并转动转向盘时,判断传动带有无噪声和打滑等不正常现象。

(7)停止发动机运转,检查张紧器指示器标识的位置是否在规定的范围内,如图 2-14 和图 2-15 所示。超出规定值则更换发动机传动带。

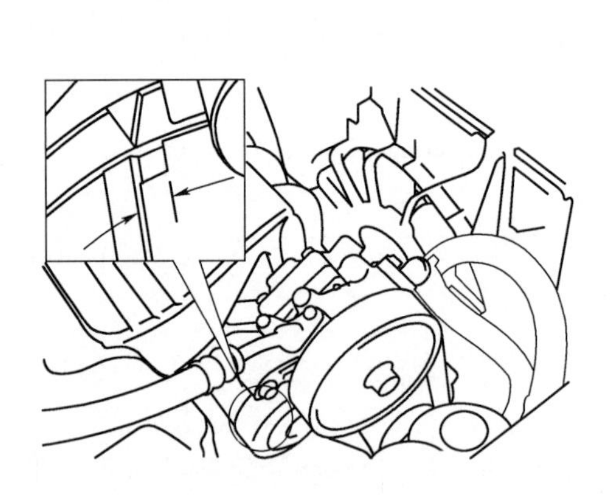

图 2-14　传动带张紧器标识

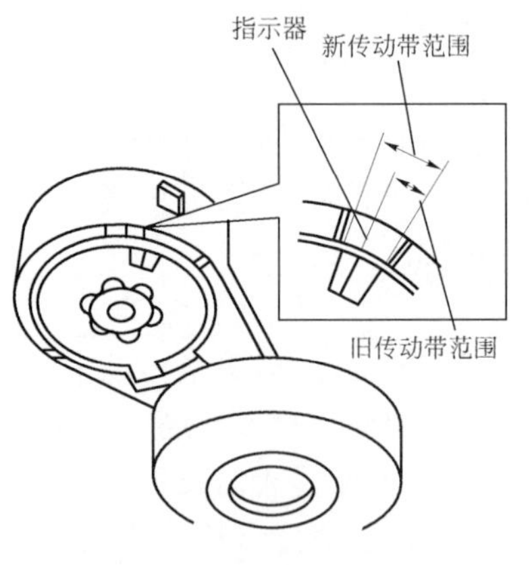

图 2-15　传动带张紧器标识

(8)恢复时钟、收音机频道、带记忆功能的座椅位置和转向盘等部件位置。

三、评价反馈

1. 学习自测题

(1)发动机传动带用来驱动哪些发动机附件?(　　)

A. 发电机　　B. 水泵　　C. 空调压缩机　　D. 液压助力泵

(2)多楔带属于哪种类型的传动带?(　　)

A. 圆形带　　B. V 形带　　C. 齿形带　　D. 平带

(3)检查发动机传动带张紧度的方法有哪些?(　　)

A. 用指压法测量　　B. 用百分表测量

C. 用千分尺测量　　D. 用传动带张紧力计测量

(4)常见传动带张紧力的调节方法有自动张紧装置调节与(　　)两大类。

A. 人工调节　　B. 非自动张紧装置调节

C. 机械装置调节　　D. 螺栓调节

(5)拆卸发动机传动带时不需要读取储存在ECU的相关信息,直接关闭点火开关并拔下钥匙,松开连接蓄电池负极电缆紧固螺母并将负极电缆拆下。(　　)

A. 正确　　B. 错误

2. 维修信息获取练习

(1)观察其他类别的发动机,判断其传动带张紧度的调整类型,画出发动机传动带的驱动简图;查阅车主使用手册和维修手册确定其传动带的检查周期及检查内容。

(2)根据所学内容,请分析某汽车的发动机传动带同时驱动发电机和制冷系统压缩机,当打开空调时传动带有异常噪声且充电警告灯时亮时灭可能的故障原因。

3. 学习目标达成度的自我检查(表2-3)

自我检查表　　表2-3

序　号	学习目标	达成情况(在相应的选项后打"√")		
		能	不能	如果不能,是什么原因
1	叙述发动机传动带的检查周期			
2	述说发动机传动带张紧度对其他系统的影响			
3	检查和调整发动机传动带的张紧度			
4	安全规范地更换非自动张紧型发动机传动带			
5	安全规范地更换自动张紧型发动机传动带			

4. 日常表现性评价(由小组长或者组内成员评价)

(1)工作页填写情况。(　　)

A. 填写完整　　B. 缺失0~20%　　C. 缺失20%~40%　　D. 缺失40%以上

(2)工作着装是否规范?(　　)

A. 穿着校服(工作服),佩戴胸卡　　B. 校服或胸卡缺失一项

C. 偶尔会既不穿校服又不戴胸卡　　D. 始终未穿校服和佩戴胸卡

(3)能否主动参与工作现场5S工作?(　　)

A. 积极主动参与5S工作　　B. 在组长的要求下能参与5S工作

C. 在组长的要求下能参与5S工作,但效果差　　D. 不愿意参与5S工作

(4)拆卸蓄电池时,是否按照正确的方法进行操作。(　　)

A. 严格按照规范操作　　B. 没有按照规范操作

(5)学习该任务是否达到全勤?(　　)

A. 全勤　　B. 缺勤0~20%(有请假)

C. 缺勤0~20%(旷课)　　D. 缺勤20%以上

(6)总体评价该同学。(　　)

A. 非常优秀　　B. 比较优秀　　C. 有待改进　　D. 急需改进

(7)其他建议:

小组长签名:________　　____年____月____日

5. 教师总体评价

(1)对该同学所在小组整体印象评价。

A. 组长负责,组内学习气氛好

B. 组长能组织组员按要求完成学习任务,个别组员不能达到学习目标

C. 组内有30%以上的学员不能达到学习目标

D. 组内大部分学员不能达到学习目标

(2)对该同学整体印象评价:

教师签名:________　　____年____月____日

学习任务3　发动机正时带的检查与更换

学习目标

完成本学习任务后，你应当能：

1. 明确发动机正时带的检查和更换周期；
2. 述说发动机运转时正时带断裂对发动机的影响；
3. 分析发动机正时带安装不正确对点火正时的影响；
4. 借助维修手册，安全规范地更换发动机正时带。

建议完成本学习任务为8学时

学习内容的结构

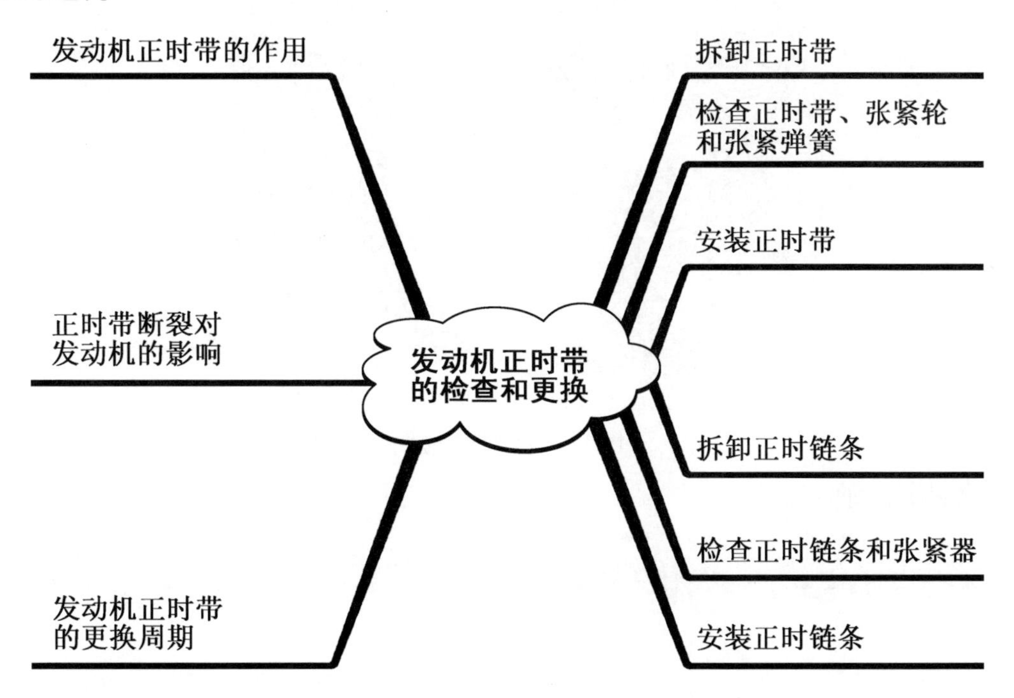

学习任务描述

某客户的汽车在做定期维护,其发动机正时带已达到规定的更换周期,需要更换发动机正时带。检查张紧器,如有必要需进行修理或更换。

正时带是由橡胶和纤维材料制成的,并用玻璃纤维等材料进行强化,具有较高的使用寿命。但在使用过程中会发生老化和损伤,因此在使用过程中应经常检查和维护,避免发生滑齿、折断等现象。大部分汽车制造厂家要求在规定的维护间隔(一般为100000km左右)内必须更换发动机正时带。

一、学习准备

*1. 发动机正时带的作用是什么?

正时带是发动机配气系统的重要组成部分,如图3-1所示。通过与曲轴的连接并配合一定的传动比来保证曲轴、凸轮轴之间的位置关系,使发动机的进、排气门在适当的时候开启或关闭,从而保证发动机的汽缸能够正常地吸气和排气以及保证点火顺序的准确。

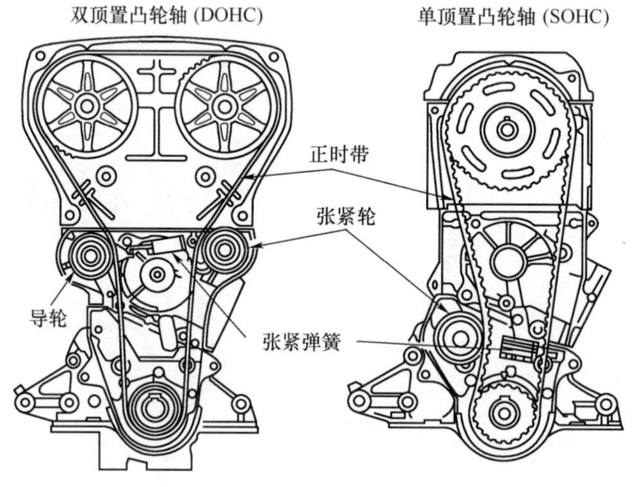

图3-1　发动机正时带

二、计划与实施

*2. 发动机正时带断裂对发动机有什么影响?

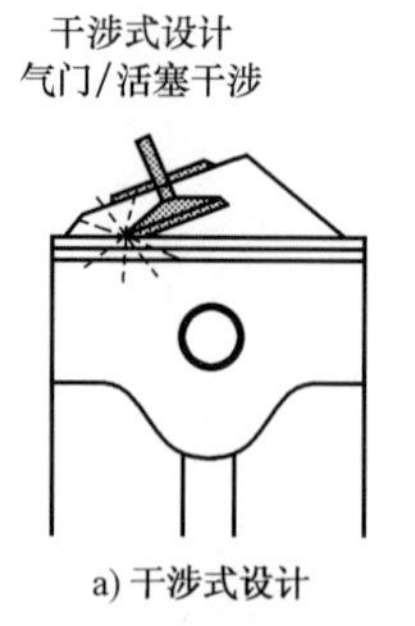

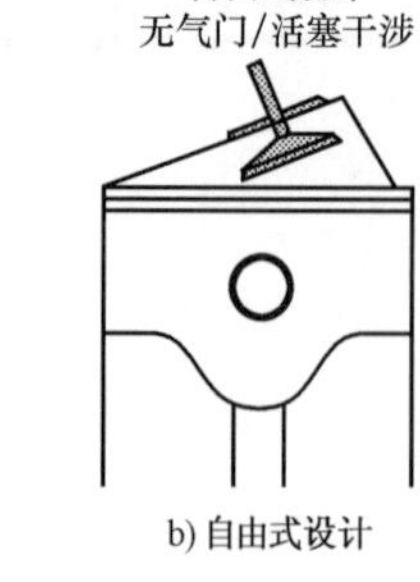

图3-2　干涉式和自由式设计

(1)气门和活塞的设计方式。有些汽车发动机为了使结构紧凑和适应大压缩比的要求,气门和活塞采用干涉式设计,如图3-2a)所示。如果正时带(或正时链条)断裂,则活塞在气门静止的情况下运动,气门与活塞会因相互撞击而损坏。而自由式设计的发动机即使正时带在发动机运转时断裂,气门与活塞也不会受到损坏,如图3-2b)所示。

小提示

近年来，汽车发动机的正时传动越来越广泛地采用了链传动系统，如图 3-3 所示。因其具有结构紧凑、传递功率大、可靠性与耐磨性高、设计形式多样、终身免维护等显著优点，克服了齿轮传动和带传动性能上的某些先天不足，并给汽车最终用户增添了新的使用价值。

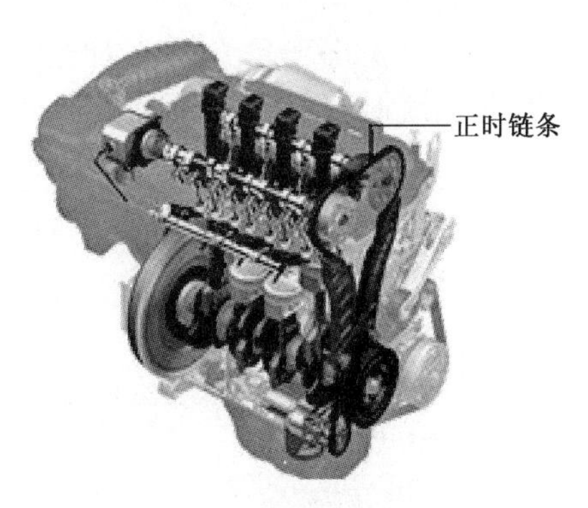

图 3-3　链传动发动机

(2)你认为下列哪些故障现象是发动机正时带(或正时链条)断裂所导致的？

□ 活塞与气门相撞。

□ 气门摇臂损坏。

□ 凸轮轴损坏。

□ 汽缸盖损坏。

□ 发动机熄火、无法起动。

*3. 在什么情况下需要检查发动机正时带？

1)汽车发动机正时带的定期更换

汽车生产厂家都规定汽车在一定的使用周期内需要对发动机正时带进行检查或更换，如图 3-4 所示。

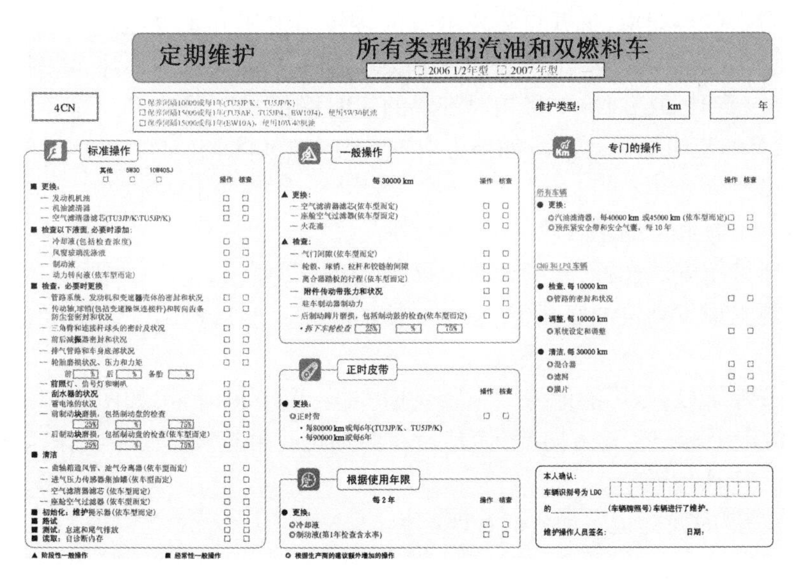

定期维护　所有类型的汽油和双燃料车

□ 2006 1/2年型　□ 2007 年型

4CN

□ 保养间隔10000或每1年(TU3JP/K、TU5JP/K)
□ 保养间隔15000或每1年(TU3AF、TU5JP4、EW10J4)，使用5W30机油
□ 保养间隔15000或每1年(EW10A)，使用10W40机油

维护类型：　km　年

标准操作

其他 □　5W30 □　10W40SJ □　操作　核查

■ 更换：
— 发动机机油 □ □
— 机油滤清器 □ □
— 空气滤清器滤芯(TU3JP/K\TU5JP/K) □ □
■ 检查以下液面，必要时添加：
— 冷却液(包括检查浓度) □ □
— 风窗玻璃洗涤液 □ □
— 制动液 □ □
— 动力转向液(依车型而定) □ □
■ 检查，必要时更换
— 管路系统、发动机和变速器壳体的密封和状况 □ □
— 传动轴,球销(包括变速操纵连接杆)和转向齿条防尘套密封和状况 □ □
— 三角臂和连接杆球头的密封及状况 □ □
— 前后减振器密封和状况 □ □
— 排气管路和车身底部状况 □ □
— 轮胎磨损状况、压力和力矩 □ □
前 [%]　后 [%]　备胎 [%]
— 前照灯、信号灯和喇叭 □ □
— 刮水器的状况 □ □
— 蓄电池的状况 □ □
— 前制动块磨损，包括制动盘的检查 □ □
[25%]　[%]　[75%] □ □
— 后制动块磨损，包括制动盘的检查(依车型而定) □ □
[25%]　[%]　[75%] □ □
■ 清洁
— 曲轴箱通风管、油气分离器(依车型而定) □ □
— 进气压力传感器集油罐(依车型而定) □ □
— 空气滤清器滤芯(依车型而定) □ □
— 座舱空气过滤器(依车型而定) □ □
■ 初始化：维护提示器(依车型而定) □ □
■ 路试 □ □
■ 测试：怠速和尾气排放 □ □
■ 读取：自诊断内存 □ □

一般操作

每 30000 km　操作　核查

▲ 更换：
— 空气滤清器滤芯(依车型而定) □ □
— 座舱空气过滤器(依车型而定) □ □
— 火花塞 □ □
▲ 检查：
— 气门间隙(依车型而定) □ □
— 轮毂、球销、拉杆和铰链的间隙 □ □
— 离合器踏板的行程(依车型而定) □ □
— 附件传动带张力和状况 □ □
— 驻车制动器制动力 □ □
— 后制动蹄片磨损，包括制动鼓的检查(依车型而定) □ □
• 拆下车轮检查 [25%]　[%]　[75%]

正时皮带

操作　核查

● 更换：
◎正时带 □ □
• 每80000 km或每6年(TU3JP/K、TU5JP/K)
• 每90000 km或每6年

根据使用年限

每 2 年　操作　核查

● 更换：
◎冷却液 □ □
◎制动液(第1年检查含水率) □ □

专门的操作

操作　核查

所有车辆
● 更换：
◎汽油滤清器，每40000 km 或45000 km (依车型而定) □ □
◎预张紧安全带和安全气囊，每 10 年 □ □

CNG 和 LPG 车辆
● 检查，每 10000 km
◎管路的密封和状况 □ □
● 调整，每 10000 km
◎系统设定和调整 □ □
● 清洁，每 30000 km
◎混合器 □ □
◎滤网 □ □
◎膜片 □ □

本人确认：
车辆识别号为 LDC [ ]
的________(车辆牌照号)车辆进行了维护。
维护操作人员签名：　日期：

▲ 阶段性一般操作　■ 经常性一般操作　◎ 根据生产商的建议额外增加的操作

图 3-4　定期维护单

为了完成发动机正时带的定期更换，要针对具体发动机型号，明确正时带的更换步骤和保证发动机正时的措施，选择相应工具更换发动机正时带，对于需要人工调节张紧度的正时带，按要求检查并调整张紧度。

2)汽车发动机正时带的非定期检查

如发动机出现起动困难、加速无力、怠速不稳等现象,且点火系统、燃油供给系统都能正常工作,初步估计是由正时带打滑所造成,需要对正时带进行检查。

*4. 如何更换丰田威驰发动机正时带?

工具和材料:

干净的抹布,常用工具,曲轴带轮拆装专用工具,全新发动机正时带,密封填料和汽车维修手册。

保护性衣物:

标准作业着装。

汽车相关信息的填写:

生产年份____________;车牌号码____________;车型及行驶里程____________;汽车识别码(VIN)____________;发动机型号和排量____________。

1)就车拆卸正时带

熟悉正时带及相关零部件分解图,如图3-5所示。请按照下面的拆卸步骤依次拆卸。

(1)读取并记录ECU储存的必要信息:发动机故障代码、收音机电台频率等。关闭点火开关并拔下钥匙,打开发动机舱盖,松开连接蓄电池负极电缆紧固螺母并将蓄电池负极电缆拆下。

(2)拆下空气滤清器总成,用干净的布堵住发动机进气口;松开发电机安装螺栓和调节锁定螺栓,松开调节螺栓,在传动带上标示旋转方向后拆卸发动机传动带,如图3-6所示。

(3)拆下右前轮和右前轮挡泥罩。

(4)拆卸汽缸盖罩上的导线束,拆开交流发电机的接线与油压开关导线接头的卡箍,如图3-7所示。从汽缸盖罩上拆开2条曲轴箱通风软管,如图3-8所示。卸下汽缸盖罩与垫片,如图3-9所示。

(5)转动曲轴带轮,将其凹槽对准1号正时带罩的正时标记"0",检查凸轮轴正时带轮的"K"标记是否与2号凸轮轴轴承盖的正时标记对准。如果未对准,则应转动曲轴一周(360°),使1缸位置处于压缩行程上止点,如图3-10所示。

(6)使用专用维修工具卸下曲轴带轮,如图3-11所示。

(7)拆卸9个正时带罩安装螺栓,卸下正时带罩,如图3-12所示。

(8)用液压千斤顶支撑发动机油底壳(注意不要使油底壳变形),拆卸发动机舱右侧发动机安装支架与车身的连接螺栓。

(9)松开张紧轮安装螺栓,尽可能地将该张紧轮向左推,取下正时带,如图3-13所示。(如果正时带还要使用,则应在正时带上标记转动方向箭头)然后在曲轴正时带轮和正时带上作匹配标记,并拆卸张紧弹簧和张紧轮,如图3-14所示。

为什么使用原正时带时要标记转动方向和匹配标记?

____

____。

2)检查发动机正时带、张紧轮和张紧弹簧

(1)检查发动机正时带:检查正时带时应注意不要弯曲、扭转或外翻正时带;不要让正时带接触机油、水或蒸汽。

①如果正时带过早脱层,则应检查安装是否正确,正时带罩衬垫有无损坏、安装是否正确。

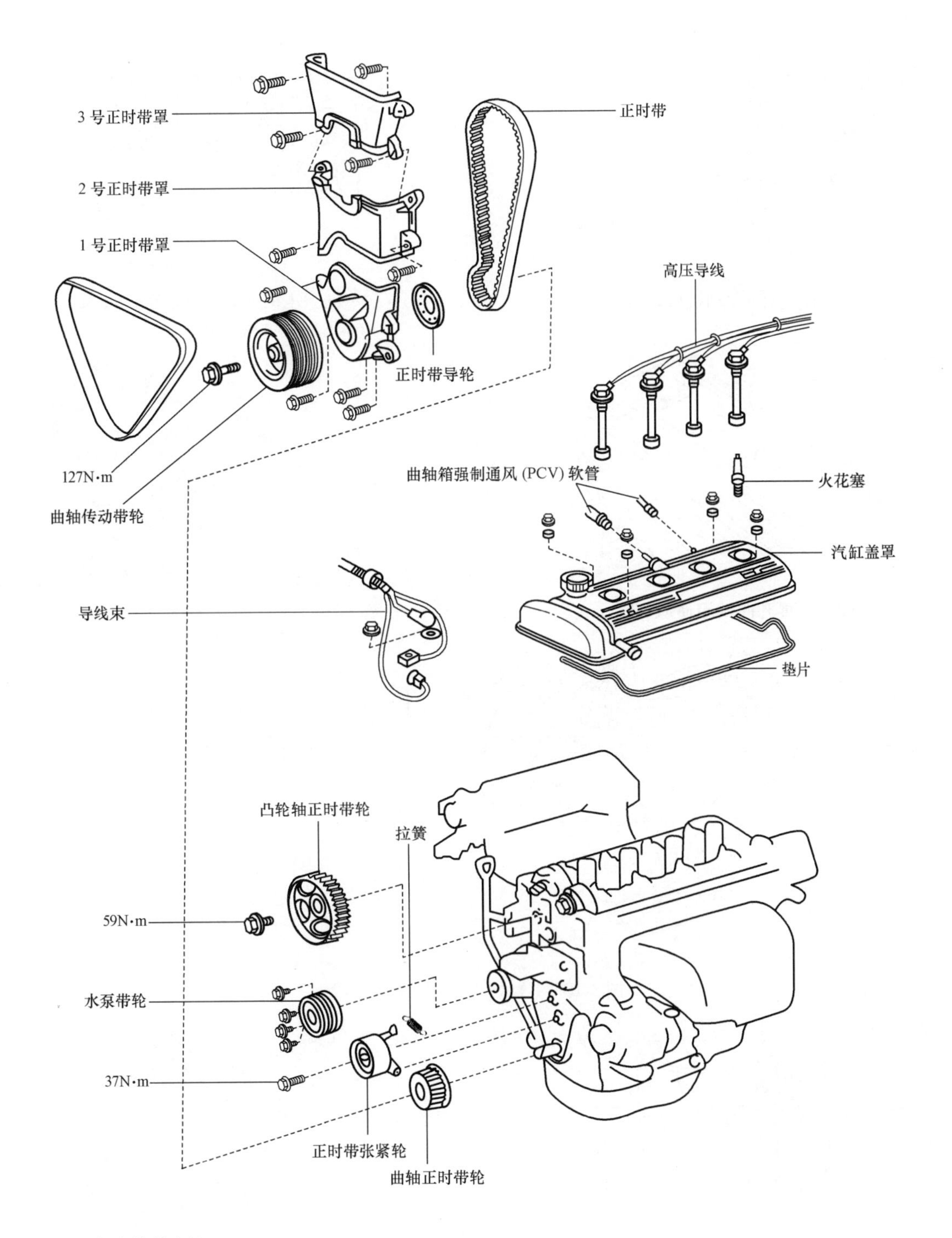

N · m：规定拧紧力矩

图 3-5　正时带等零部件分解图

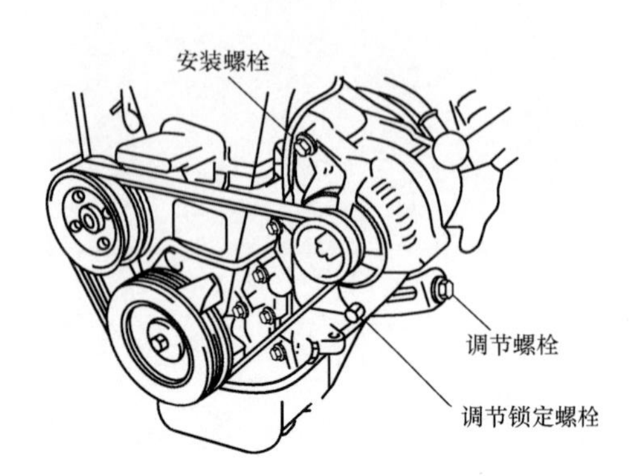

图 3-6 拆卸发动机传动带

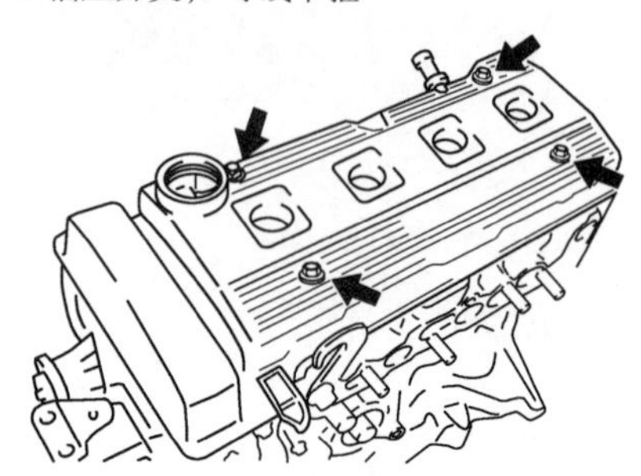

图 3-7 拆卸线束

1-交流发电机导线接头;2-交流发电机接线;3-油压开关;4-导线卡箍

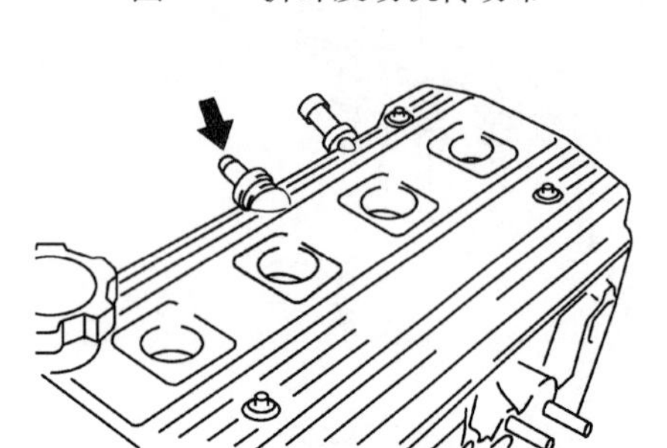

图 3-8 拆开曲轴箱通风软管

图 3-9 拆卸汽缸盖罩

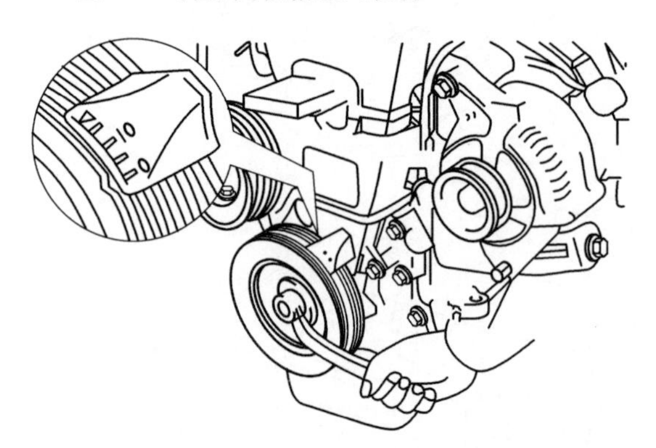

图 3-10 1缸处于压缩上止点位置

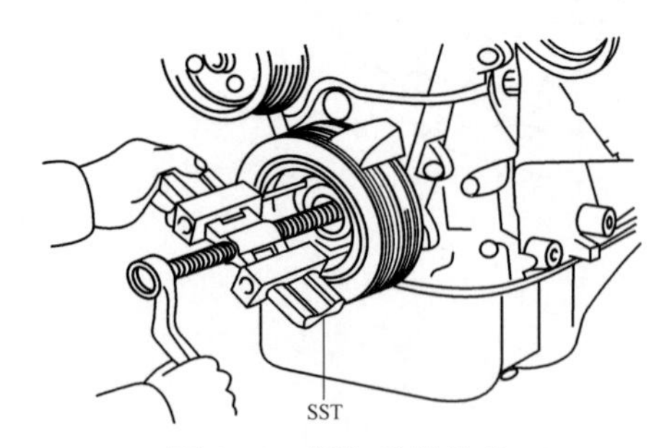

图 3-11 拆卸曲轴带轮

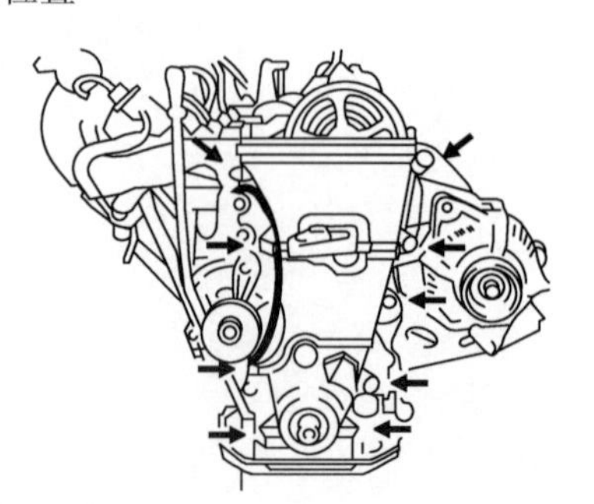

图 3-12 拆卸正时带罩

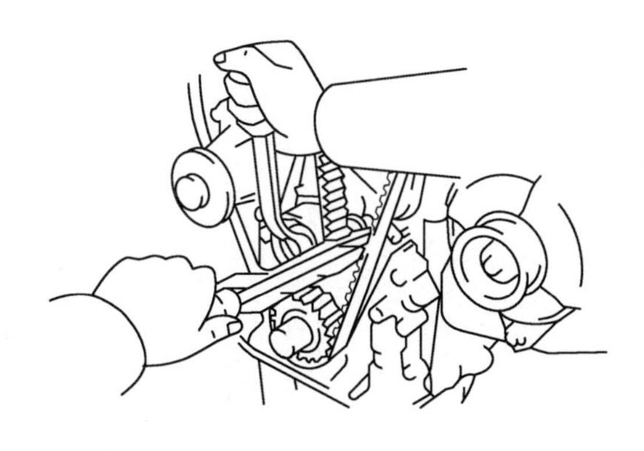

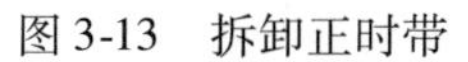
图3-13　拆卸正时带

图3-14　在带轮和正时带上作匹配标记

②如果正时带齿有开裂或损坏，则应查看凸轮轴或水泵是否卡住。

③如果正时带表面有明显的磨损或裂纹，则应查看正时带张紧轮锁销一侧有无裂缝。

④如果正时带仅在一侧有磨损或裂纹，则应检查正时带张紧轮和每个正时带轮的定位。

⑤如果正时带齿有明显的磨损，则应检查正时带罩有无损坏，垫片安装是否正确，正时带轮齿上有无异物。必要时，应更换正时带。

⑥检查正时带有无油污。如有则应检查泄漏处并修复，更换正时带。

(2)检查正时带张紧轮，如图3-15所示。检查正时带张紧轮转动是否平顺灵活。如有必要应更换正时带张紧轮。

(3)检查张紧弹簧。

①如图3-16所示，测量弹簧的自由长度值为________mm。弹簧的标准自由长度应为________mm，如果弹簧的自由长度与规定值不符，则应更换弹簧。

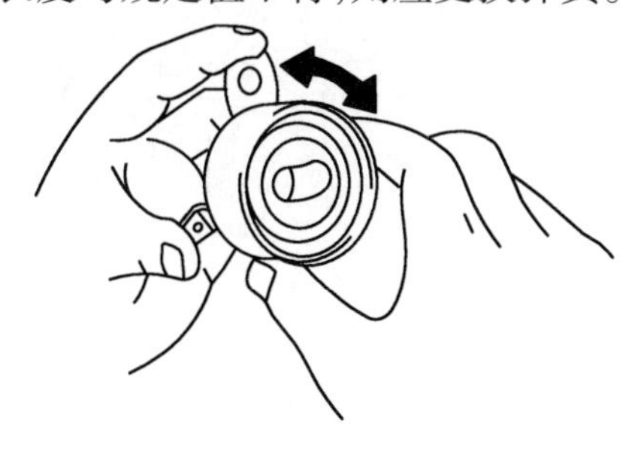

图3-15　检查张紧轮

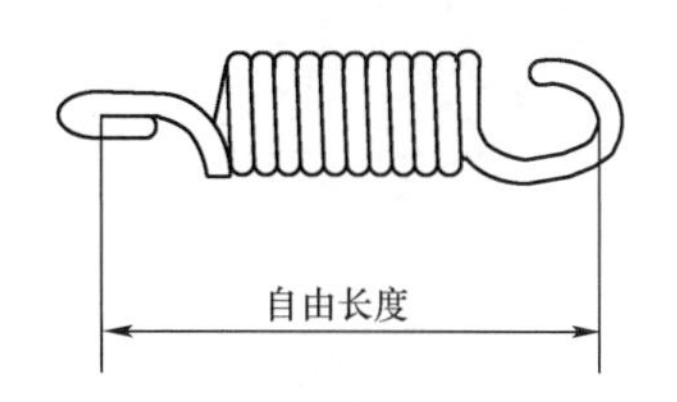

图3-16　检查张紧弹簧

②在规定的安装长度测量拉簧的张紧力。其安装长度为43.6mm时测得安装张力为________N。弹簧张力在安装长度为43.6mm时标准张力应为________N，若安装张力与规定值不符，则应更换拉簧。

3)就车安装发动机正时带

(1)用螺栓安装曲轴正时带张紧轮，但不要拧紧螺栓。安装张紧弹簧后将张紧轮尽量左推，然后拧紧螺栓，如图3-17所示。

(2)将1缸设置为压缩行程上止点。转动凸轮轴的六角头部分，使凸轮轴正时带轮的"K"标记对准凸轮轴轴承盖的

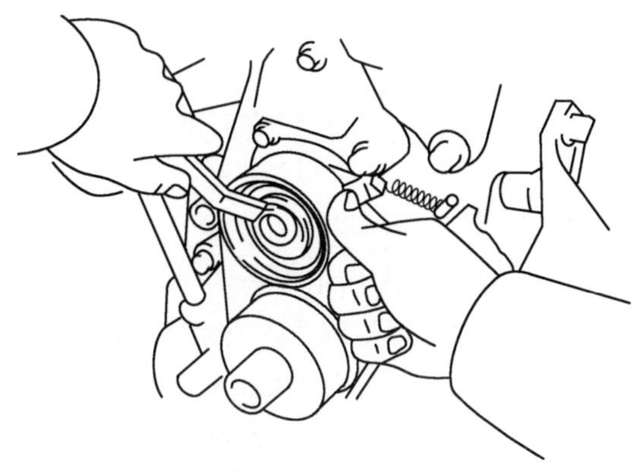

图3-17　安装曲轴正时带张紧轮与张紧弹簧

正时标记。转动曲轴,并使曲轴正时带轮的正时标记对准缸体上的正时标记,如图 3-18 所示。

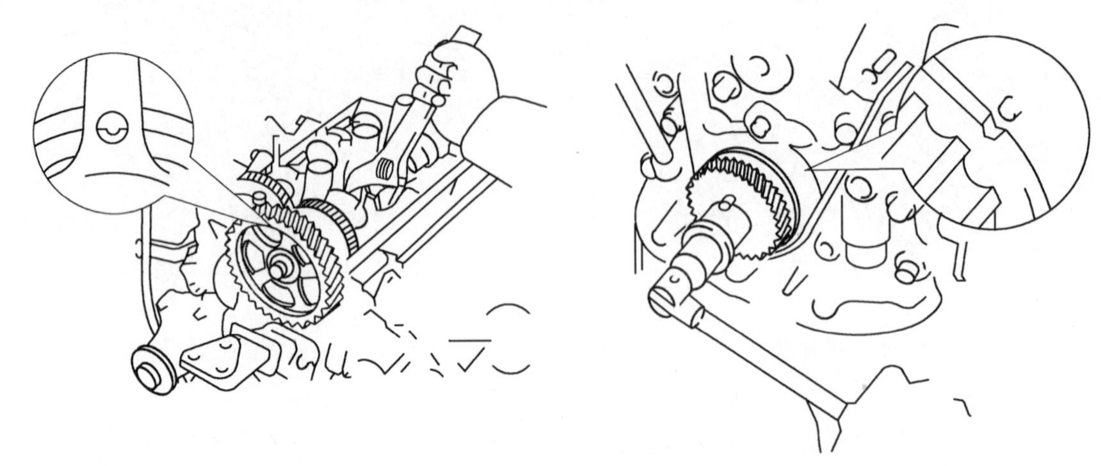

图 3-18 对准正时标记

(3)在发动机处于冷态时,安装正时带。如果要安装拆卸下来的正时带,则应将拆卸时的标记对准,安装正时带时正时带上的箭头应指向发动机转动方向。

(4)检查气门正时:松开正时带张紧轮螺栓,如图 3-19 所示,顺时针方向缓慢转动曲轴 2 圈,检查正时标记,如图 3-20 所示。如果没有对准正时标记,则应取下正时带并重新安装。

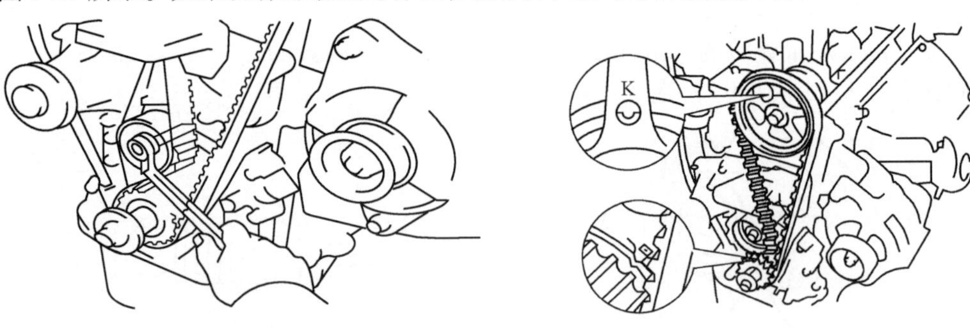

图 3-19 松开正时带张紧轮螺栓

图 3-20 检查正时

如果正时带安装后没有对准正时标记,能否保证发动机配气正时和点火正时,为什么?

如果正时带安装后没有对准正时标记,对发动机性能有何影响?

(5)如图 3-21 所示检查正时带张紧力。施加 20N 时正时带挠度应为 5 ~ 6mm。如果正时带挠度不符合规定,则应重新调节正时带张紧轮,如图 3-22 所示。

(6)安装正时带导轮,如图 3-23 所示。注意应将正时带导轮的外圈一侧朝外。

(7)安装 1 号正时带罩,如图 3-24 所示。拧紧力矩为 7. 4N · m。

(8)安装 2 号与 3 号正时带罩,如图 3-25、图 3-26 所示。拧紧力矩为 7. 4N · m。

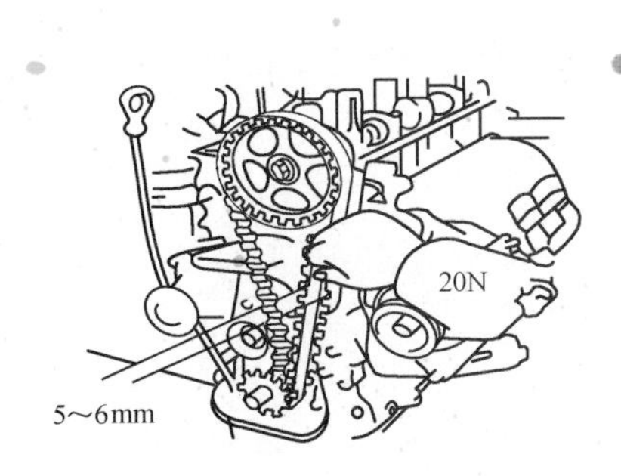

图 3-21　检查正时带挠度

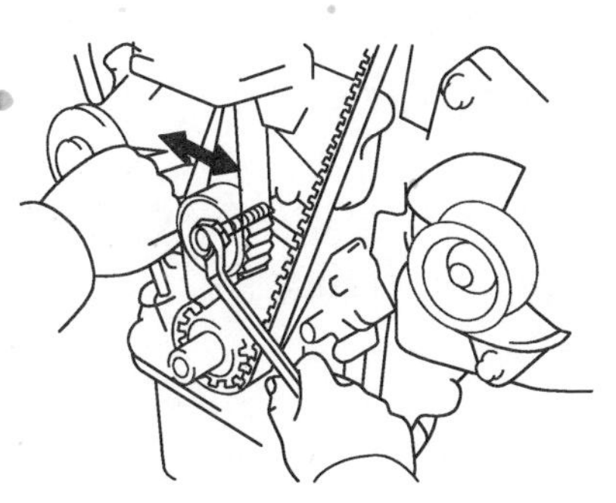

图 3-22　调节正时带张紧轮

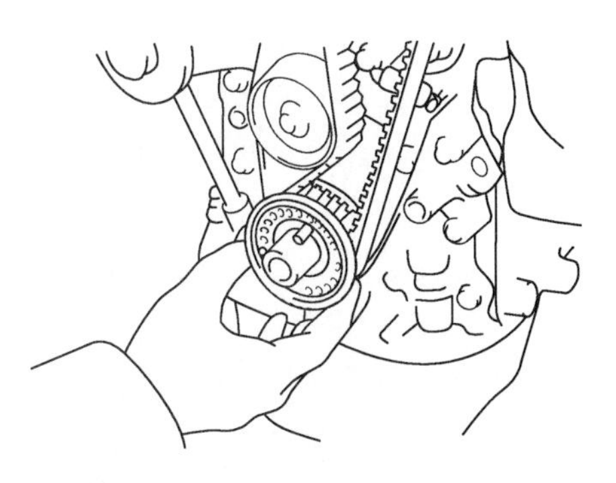

图 3-23　安装正时带导轮

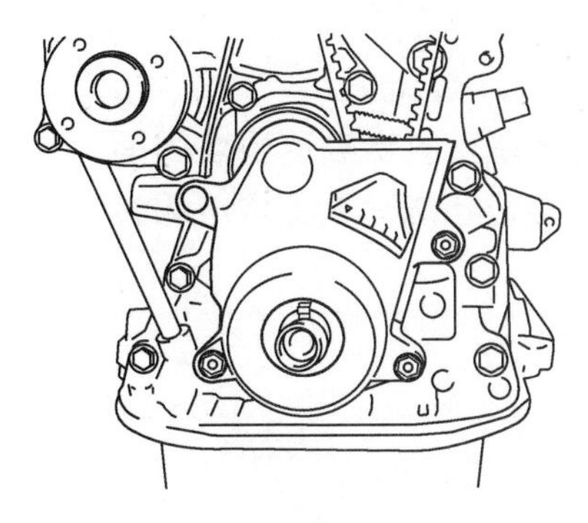

图 3-24　安装 1 号正时带罩

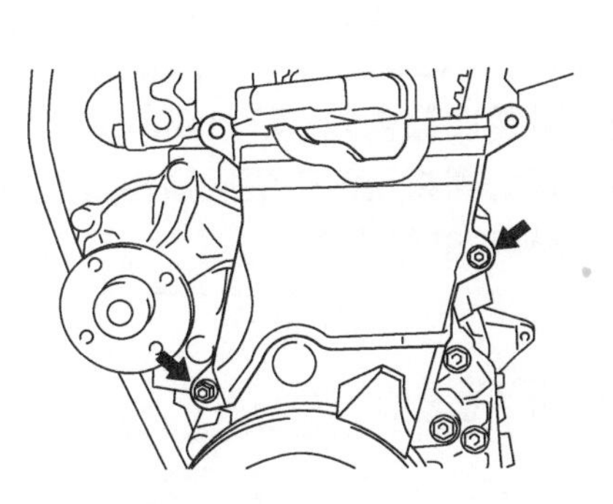

图 3-25　安装 2 号正时带罩

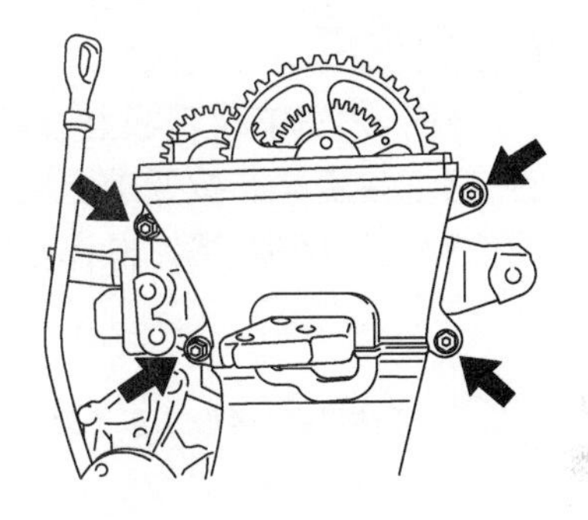

图 3-26　安装 3 号正时带罩

(9)将曲轴带轮上的键槽与曲轴上的传动带轮定位键对准,平滑地推入曲轴带轮。选择合适的专用工具固定曲轴带轮,按规定力矩(力矩为 127N·m)安装曲轴带轮螺栓。

(10)清除旧填料后在汽缸盖处涂抹密封填料,如图 3-27 所示。在全部表面均匀地涂抹一层密封填料,不要有任何间隙。密封填料的位置和数量(厚度)参照维修手册。安装汽缸盖罩垫片并安装汽缸盖罩(拧紧力矩为 10.8N·m)。

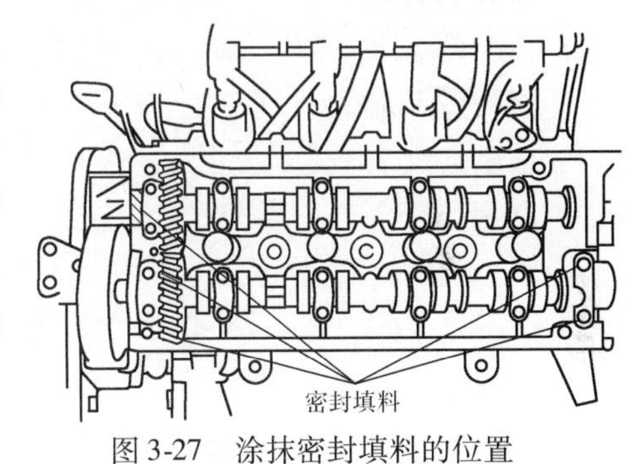

图 3-27　涂抹密封填料的位置

小提示

清洁过程中注意不要造成涂有密封剂的表面变形或损伤;在涂抹密封填料前,接合表面不能有任何油或异物,否则不利于密封并容易导致漏油。

小提示

一些密封填料在涂抹后立即硬化,所以要迅速安装该部件。安装新部件后,要等待一段时间后才能加油。如果零部件在黏上后需移动或分开,要把原有的密封填料全部清除并重新涂抹。如果密封填料的涂抹位置错误或太少将导致漏油。如果涂抹过多将堵塞油路和过滤器。

(11)将曲轴箱强制通风(PCV)软管接到汽缸盖罩上并用卡箍固定。

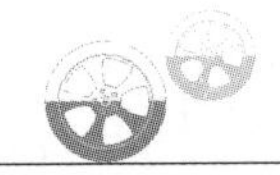

①清洁软管和连接件。

②对齐软管上的匹配标记并将软管装到连接端处,用工具将管夹放置在夹轨(原印痕)上。

(12)连接相应的导线连接器。

(13)安装发动机安装支架与车身的连接螺栓;安装右前轮挡泥罩和右前轮。

(14)安装水泵带轮与发动机传动带,调整传动带张紧度。

(15)连接相关线束,安装空气滤清器总成。

(16)安装蓄电池负极电缆。

(17)进行试车检查。

(18)恢复收音机电台频率和时钟。

小提示

部分汽车的仪表板上设有正时带更换警告灯(如"T-BELT"),当汽车正时带到达更换周期时,它就会变亮。按要求更换正时带后,需将正时带更换警告灯复位,复位方法有人工复位和专用仪器复位两种,具体操作步骤参阅相应的维修手册。

***5. 如何就车更换丰田1ZZ发动机的正时链条?**

工具和材料:

干净的抹布、常用工具、专用工具、全新发动机正时链和张紧器、维修手册。

保护性衣物:

标准作业着装。

汽车相关信息的填写:

生产年份______;车牌号码______;车型及行驶里程______;汽车识别码(VIN)______;发动机型号和排量______。

1)拆卸丰田1ZZ发动机正时链条

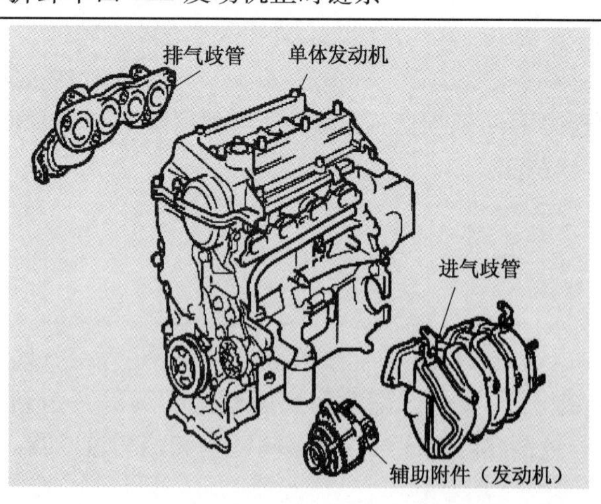 图3-28　拆下发动机辅助附件、进气歧管和排气歧管	(1)拆下发动机辅助附件、进气歧管和排气歧管,如图3-28所示。

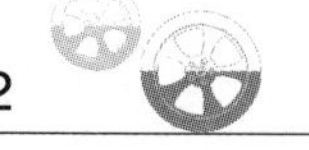

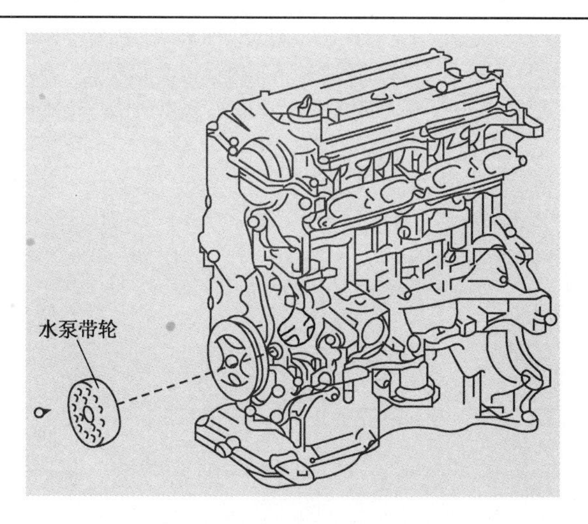 图3-29　拆卸水泵带轮	(2)拆卸水泵带轮,如图3-29所示。
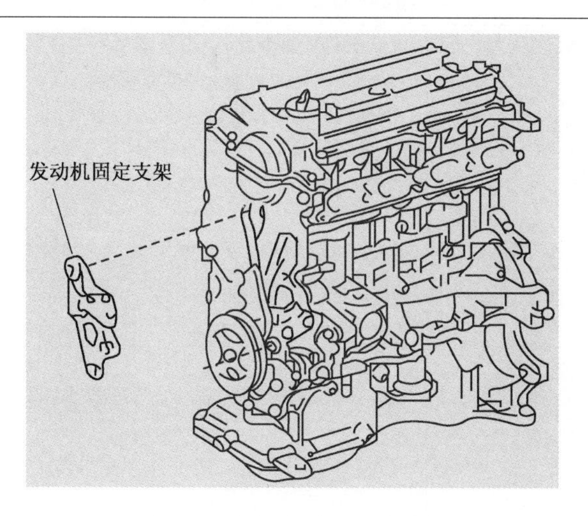 图3-30　拆卸发动机固定支架	(3)拆卸发动机固定支架,如图3-30所示。
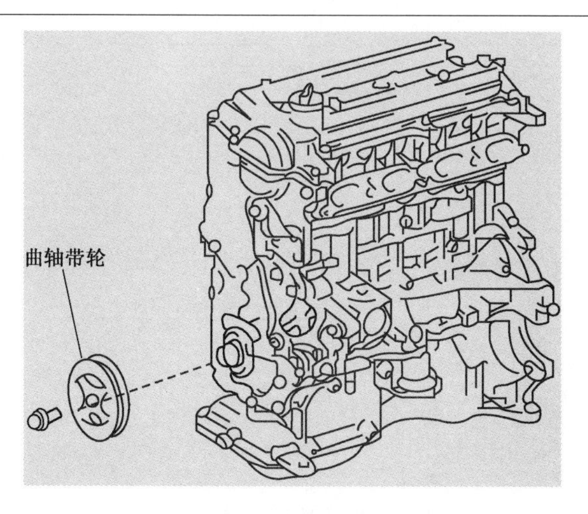 图3-31　拆卸曲轴带轮	(4)拆卸曲轴带轮,如图3-31所示。

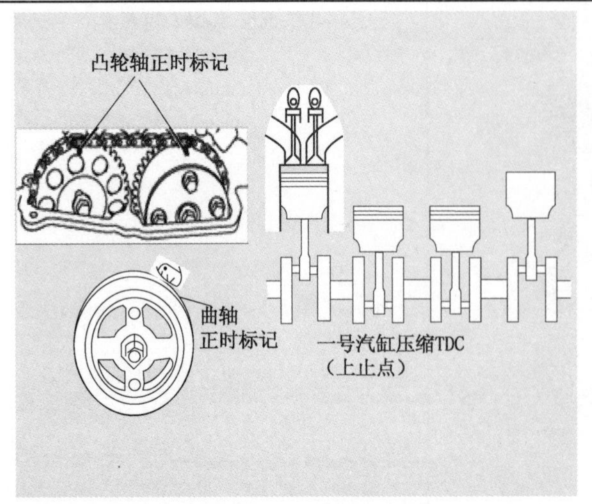

图 3-32　设定活塞位置

(5)设定活塞位置,如图 3-32 所示。

将曲轴带轮的正时标记设置为“0”,将一号汽缸设置为压缩 TDC(上止点),以便使凸轮轴和正时标记朝上。

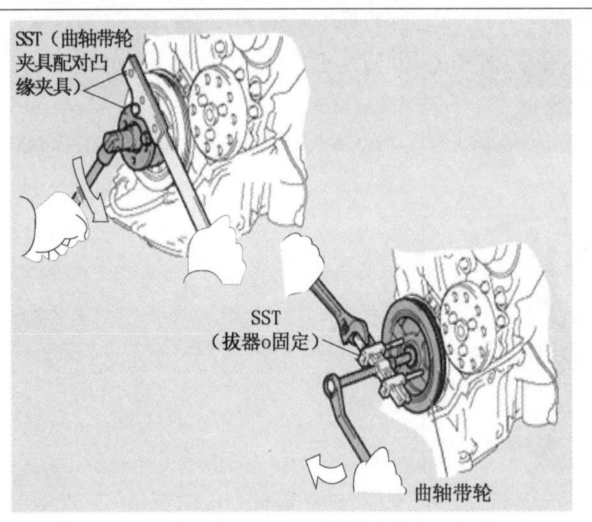

图 3-33　拆卸曲轴带轮

(6)拆卸曲轴带轮,如图 3-33 所示。

①SST,固定曲轴带轮并拆卸螺栓。

②SST,拆卸曲轴带轮。

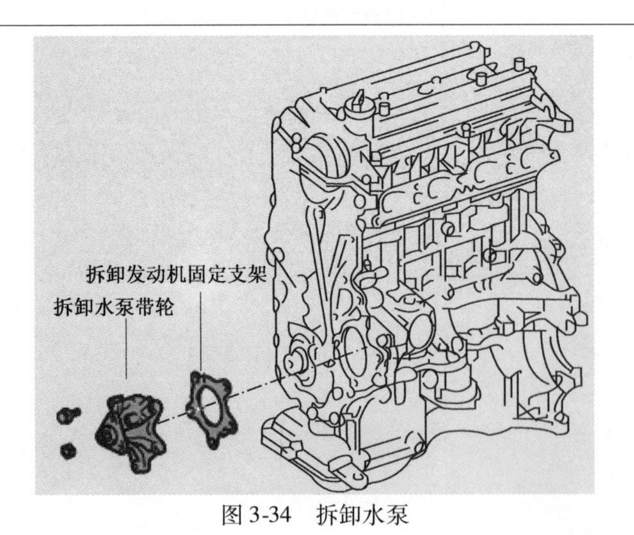

图 3-34　拆卸水泵

(7)拆卸水泵,如图 3-34 所示。

①水泵。

②衬垫。

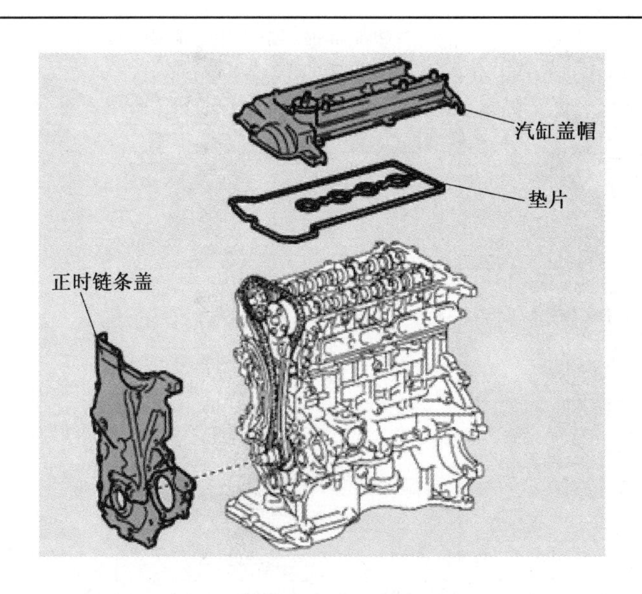

图 3-35 拆卸正时链条盖

(8)拆卸正时链条盖,如图 3-35 所示。

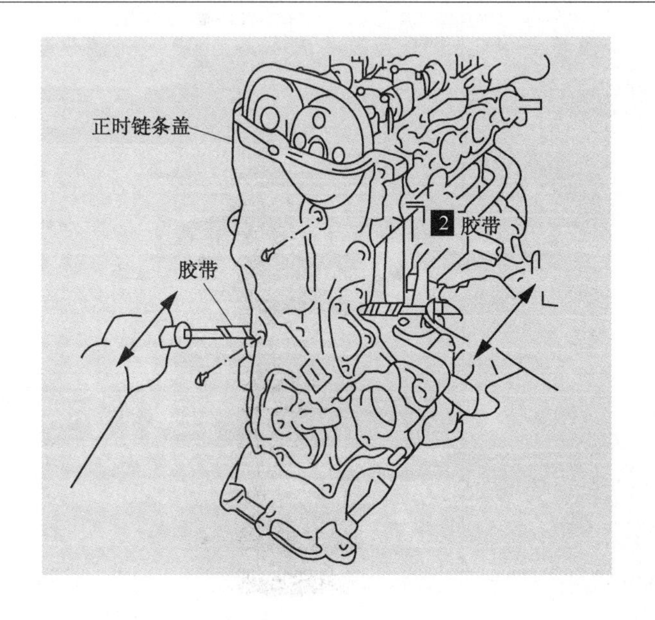

图 3-36 拆卸正时链条盖

(9)拆卸正时链条盖,如图 3-36 所示。

①拆卸所有的螺栓和螺母。

②在链条盖和汽缸及汽缸体之间插入一把一字螺丝刀。然后撬起链条盖。

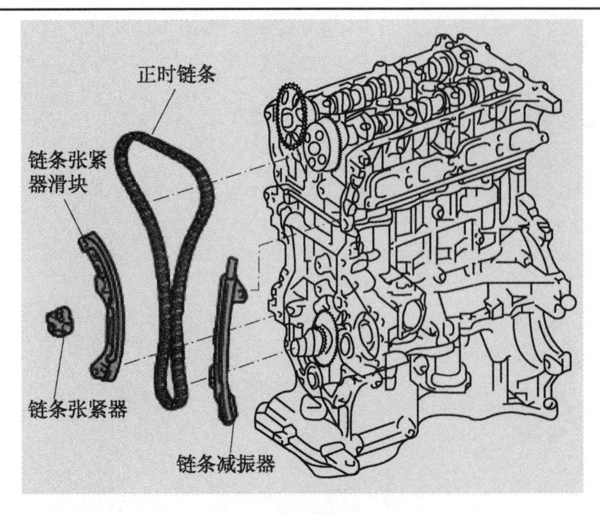

图 3-37　拆卸正时链条

(10)拆卸正时链条,如图 3-37 所示。

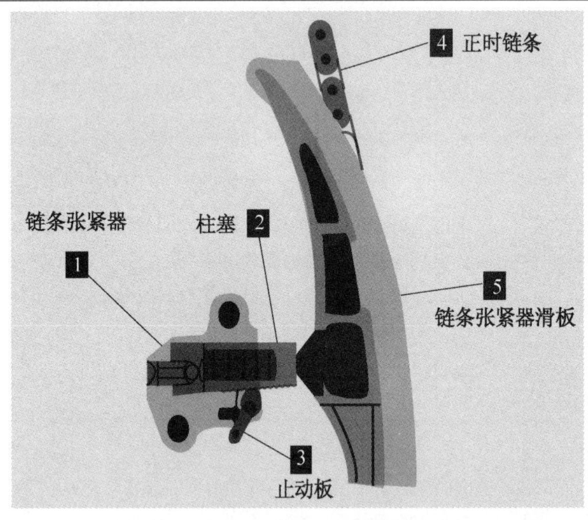

图 3-38　拆卸链条张紧器、链条张紧器滑板和链条减振器

(11)拆卸链条张紧器(自动张紧器);拆卸链条张紧器滑板;拆卸链条减振器,如图 3-38 所示。

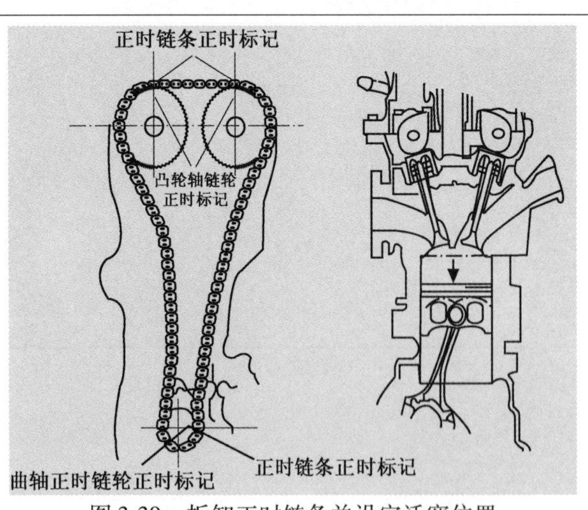

图 3-39　拆卸正时链条并设定活塞位置

(12)拆卸正时链条并设定活塞位置,如图 3-39 所示。

2)检查正时链条

(1)检查正时链的延伸度。如图3-40所示,将正时链条挂在墙上的卡钩上,然后通过弹簧秤施加一个恒力拉动链条。使用游标卡尺测量正时链条的长度。

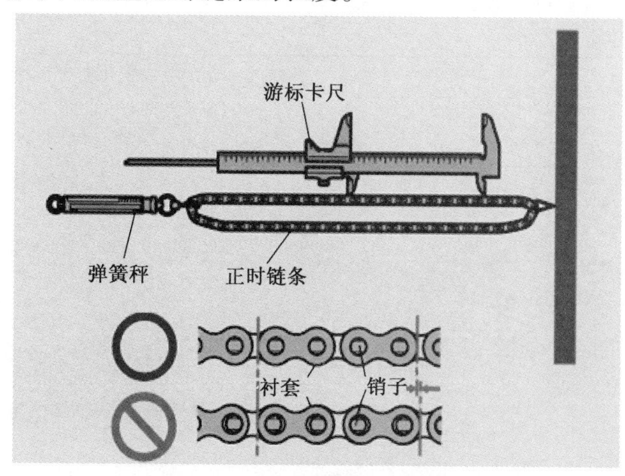

图3-40　检查正时链的延伸度

小提示

由于正时链条销和衬套的磨损,间隙将增加。这样会导致正时链条整体延长。因此,测量正时链条的长度,可以判断其是否可以再次使用。

(1)如果测量值超过规定的值,需更换链条。

(2)规定值请参阅相应的维修手册。

(2)检查正时链轮磨损。链轮磨损造成链条紧靠在链轮上,导致链条的外径减少,因此必须检查正时链轮磨损。如图3-41所示,将链条安装到链轮上,然后测量链条的外径并判断链轮是否磨损。

如果继续使用磨损的链轮可能会造成啮合消失或者链条打滑,从而可能导致气门机构损坏。

3)检查链条张紧器

如果链条张紧器有故障,导致张紧力不能施加到正时链条上,从而造成正时链条变松和打滑,进一步可能损坏气门机构。因此需要对链条张紧器进行检查,如图3-42所示,检查步骤如下:

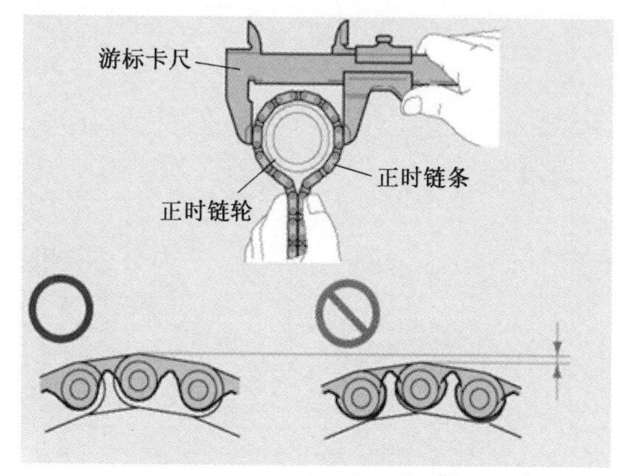

图3-41　检查正时链轮磨损

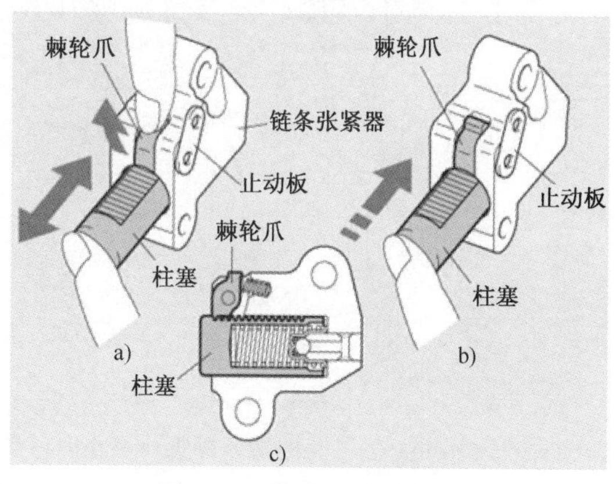

图3-42　检查链条张紧器

(1)升起棘轮爪时,检查柱塞能否通过手指移动。
(2)当将棘轮爪复位后,检查柱塞是否锁定。
张紧器柱塞应该能无阻力平滑地移动。如果张紧器发生故障,需要将其更换。
4)安装丰田1ZZ发动机正时链条

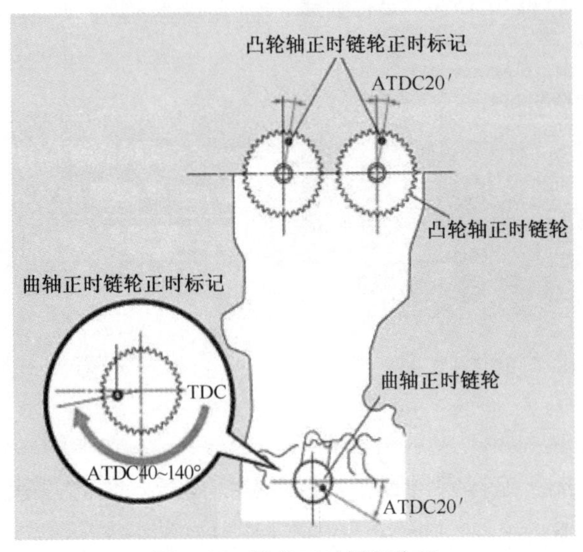

图3-43　设定正时标记位置

(1)设定正时标记位置,如图3-43所示。

①将正时曲轴设定于一号汽缸上止点压缩后40°~140°。

②将进气和排气正时链轮设定于一号汽缸上止点压缩后20°。

③重新将正时曲轴设定于一号汽缸上止点压缩后20°。

注意:

必须按上述步骤对准正时标记。否则,气门和活塞可能相互干扰。

小提示:

正时标记的位置因车型的不同而不同。参阅维修手册。

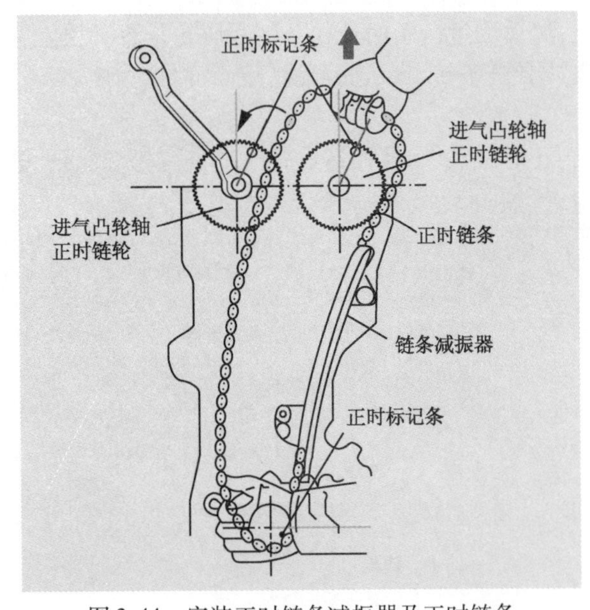

图3-44　安装正时链条减振器及正时链条

(2)安装正时链条减振器及正时链条,如图3-44所示。按照顺序将链条放在凸轮轴和曲轴链轮上。

小提示:

①为了防止排气凸轮轴弹回,使用扳手转动它并将之设定在链条的标记位置。

②如果链条和链轮轮齿有一点偏移,转动凸轮轴进行校正。

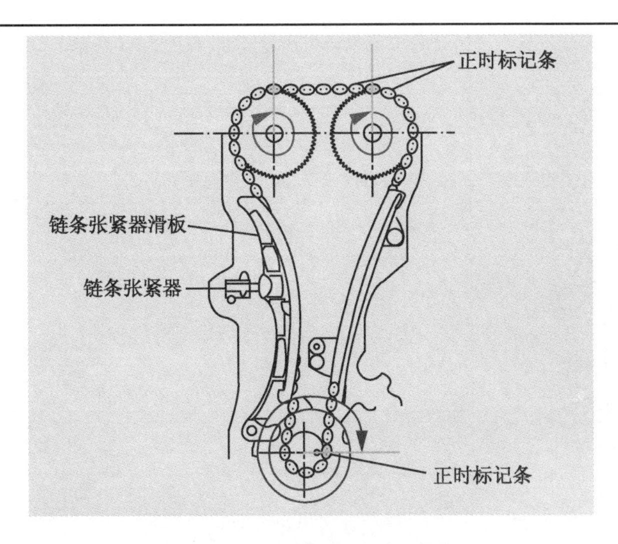

图 3-45　检查正时标记定位

(3)检查正时标记定位,如图 3-45 所示。

安装链条张紧器和链条张紧器滑板后,顺时针转动曲轴两周,确保校准带轮正时标记。

注意:

①如果正时链条安装在错误位置上,气门的开启和关闭正时将偏离。根据不同的发动机,活塞和气门可能会损坏,并且阻止曲轴转动。

②慢慢转动曲轴。

③转动曲轴比较困难时,不要使用大的力。

④转动曲轴两周之后如果正时标记偏离,再次重新组装正时链条。

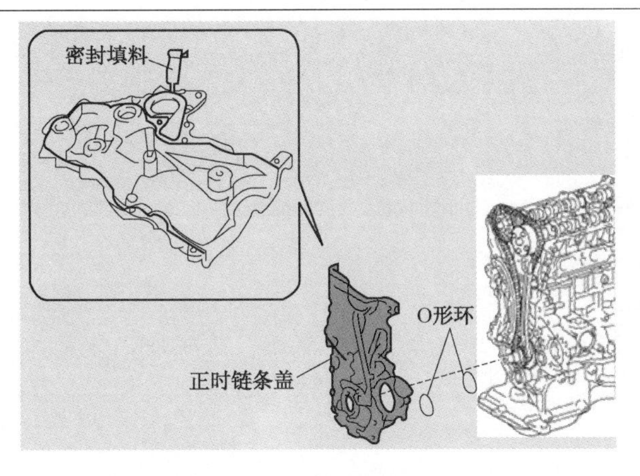

图 3-46　安装正时链条盖

(4)安装正时链条盖,如图 3-46 所示。

在安装正时链条盖之前应先清洁黏着表面,然后施加密封填料。

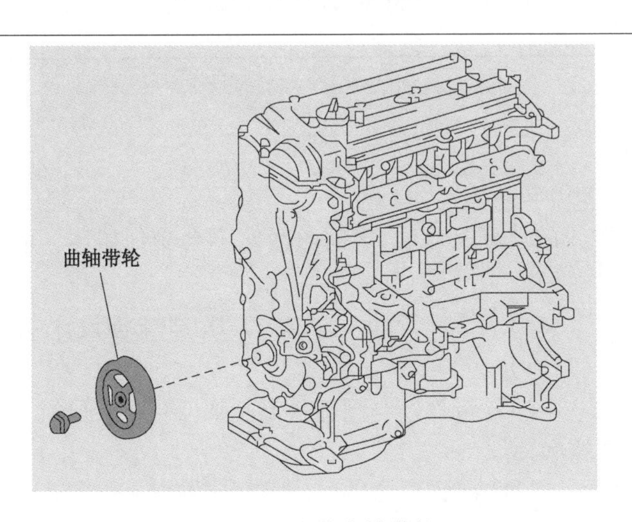

图 3-47　安装曲轴带轮

(5)安装曲轴带轮,如图 3-47 所示。

<table>
<tr><td>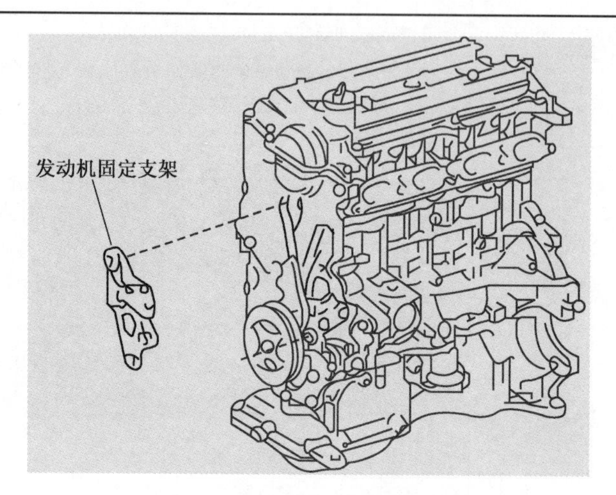

图 3-48 安装发动机固定支架</td><td>(6)安装发动机固定支架,如图 3-48 所示。</td></tr>
<tr><td>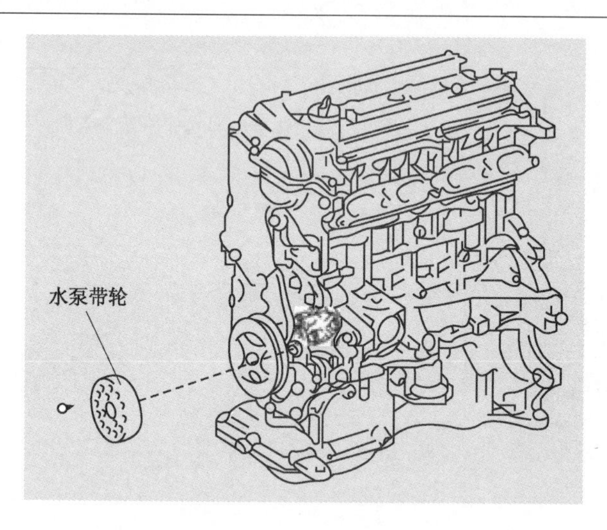

图 3-49 安装水泵带轮</td><td>(7)安装水泵带轮,如图 3-49 所示。</td></tr>
</table>

三、评价反馈

1. 学习自测题

(1)正时带(或正时链条)断裂后活塞在气门静止的情况下运动,气门与活塞不会受到损坏。请问该发动机气门与活塞所采用的设计方式为(　　)。

A. 自由式设计　B. 非自由式设计　C. 干涉设计　D. 非干涉设计

(2)汽车发动机正时链条具有哪些显著优点?(　　)

A. 结构紧凑　B. 传递功率大　C. 可靠性与耐磨性高　D. 终身免维护

(3)正时链条耐磨性极高因此无需检查正时链轮磨损。(　　)

A. 正确　B. 错误

(4)安装正时链条前需要将曲轴与凸轮轴设定正时标志。(　　)

A. 正确　B. 错误

(5)正时带张紧轮只需要检查其外观是否有裂纹即可。(　　)

A. 正确　　　　B. 错误

(6)更换正时带时为了防止发动机运转对作业人员可能造成伤害,你采取了哪些防范措施?

2. 维修信息获取练习

(1)选择一款纵向布置的发动机,查找维修手册并与5A-FE/8A-FE发动机更换正时带的步骤进行对比,描述增加了哪些步骤。特别是在更换正时带时如何确保发动机配气正时?

(2)常见正时带张紧力的调节方法有哪些?选取两种常见发动机,查阅维修手册,摘录调节正时带张紧度的内容。

3. 学习目标达成度的自我检查(表3-1)

自我检查表　　　　表3-1

序号	学习目标	达成情况(在相应的选项后打"√")		
		能	不能	如果不能,是什么原因
1	明确发动机正时带的检查和更换周期			
2	述说发动机运转时正时带断裂对发动机的影响			
3	分析发动机正时带安装不正确对点火正时的影响			
4	安全规范地更换发动机正时带			
5	安全规范地更换发动机正时链条			

4. 日常表现性评价(由小组长或者组内成员评价)

(1)工作页填写情况。(　　)

A. 填写完整　　B. 缺失0~20%　　C. 缺失20%~40%　　D. 缺失40%以上

(2)工作着装是否规范?(　　)

A. 穿着校服(工作服),佩戴胸卡　　B. 校服或胸卡缺失一项

C. 偶尔会既不穿校服又不戴胸卡　　D. 始终未穿校服和佩戴胸卡

(3)能否主动参与工作现场5S工作?(　　)

A. 积极主动参与5S工作　　B. 在组长的要求下能参与5S工作

C. 在组长的要求下能参与5S工作,但效果差　　D. 不愿意参与5S工作

(4)拆卸蓄电池时,是否按照正确的方法进行操作?(　　)

A. 严格按照规范操作　　B. 没有按照规范操作

(5)学习该任务是否达到全勤?(　　)

A. 全勤　　B. 缺勤 0 ~ 20%(有请假)

C. 缺勤 0 ~ 20%(旷课)　　D. 缺勤 20% 以上

(6)总体评价该同学。(　　)

A. 非常优秀　　B. 比较优秀　　C. 有待改进　　D. 急需改进

(7)其他建议:

小组长签名:____________　　____年____月____日

5. 教师总体评价

(1)对该同学所在小组整体印象评价。

A. 组长负责,组内学习气氛好

B. 组长能组织组员按要求完成学习任务,个别组员不能达到学习目标

C. 组内有 30% 以上的学员不能达到学习目标

D. 组内大部分学员不能达到学习目标

(2)对该同学整体印象评价:

教师签名:____________　　____年____月____日

学习任务4 发动机冷却系统的检测与修理

学习目标

完成本学习任务后，你应当能：

1. 叙述发动机冷却系统的组成与作用；
2. 明确发动机冷却系统的各部件安装位置及冷却液的流经路线；
3. 读取发动机冷却液温度并确认发动机是否过热；
4. 对冷却系统的主要部件进行拆卸、检测和维修；
5. 借助维修手册，安全规范地对冷却系统的典型故障做出正确的诊断与排除。

建议完成本学习任务为8学时

学习内容的结构

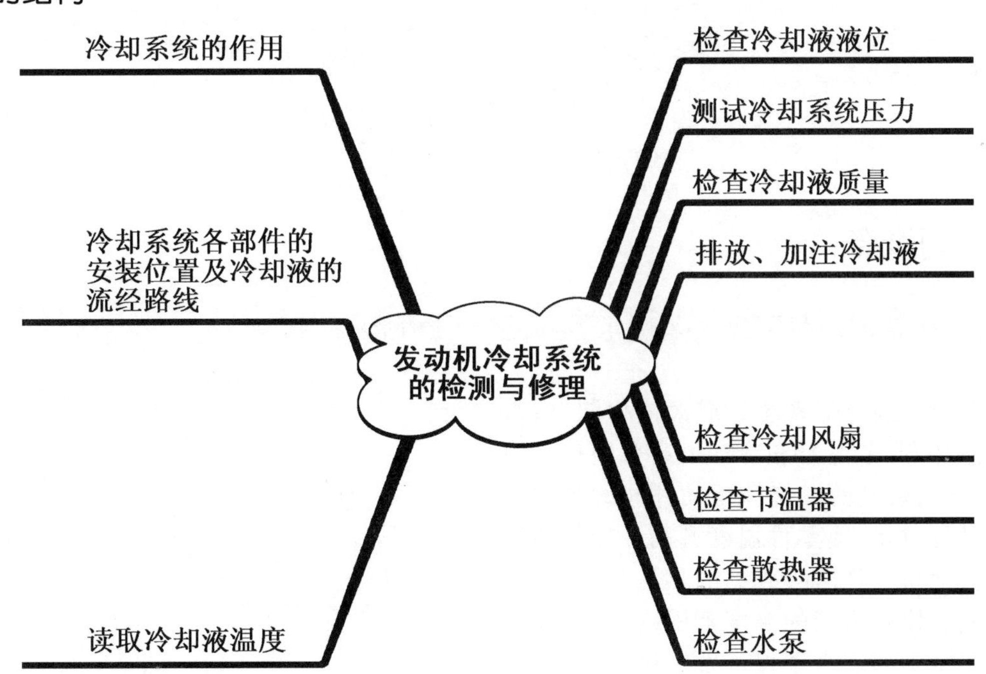

学习任务描述

某客户反映其发动机有过热的现象。经检查,润滑系统、点火系统和燃油系统正常,燃烧室无积炭,初步判断是冷却系统出现故障,需要对冷却系统进行检查,确定故障部位,并进行维修。

发动机冷却系统的作用是使发动机温度升高到正常工作温度后保持工作温度,从而保证发动机的正常工作,如图4-1所示。但车辆长期使用后,冷却系统的技术状态发生变化,可能出现发动机过热、过冷或冷却液渗漏等故障。客户反映的发动机过热故障,通常是由以下两方面原因引起的:

(1)发动机产生的热量超过了发动机冷却系统设计时的散热能力。例如,发动机混合气过稀、点火过早或过迟、润滑系统故障等都可能导致发动机温度过高。

(2)冷却系统自身的故障导致散热不良。

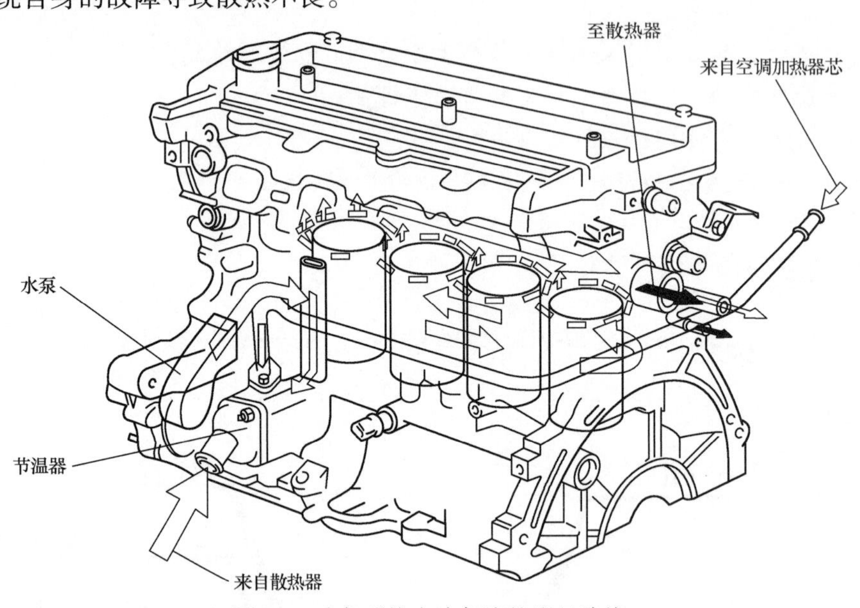

图4-1　冷却系统中冷却液的流经路线

一、学习准备

***1. 冷却系统的作用是保证发动机的正常工作,那么其冷却液是如何流动的?**

一般发动机的冷却系统组成大体相同,由水泵、水套、散热器、节温器和冷却风扇等组成。当发动机运转时,燃料的燃烧和运动件间的摩擦都将产生大量的热量,使零件温度升高。冷却系统就是强制性地将零件所吸收到的热量及时散去,以保持它们工作在适当的温度范围内,从而保证发动机的正常运转。为了保证发动机正常工作,冷却液必须按照规定的流经路线流动,如图4-2所示。

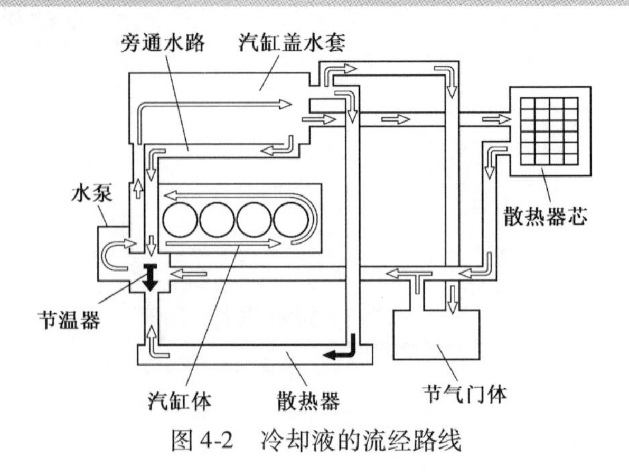

图4-2　冷却液的流经路线

二、计划与实施

工具和材料：

干净的抹布，常用工具，发动机故障诊断仪，手持式压力测试仪，数字万用表，针对车型所需的专用工具，维修手册等。

保护性衣物：

标准作业着装。

汽车相关信息的填写：

生产年份____________；车牌号码____________；车型及行驶里程____________；汽车识别码（VIN）____________；发动机型号和排量____________。

***2. 驾驶人或维修人员是如何知道发动机过热的？**

（1）读取冷却液温度。

冷却液温度可以直接从仪表板上的冷却液温度表获知，冷却液温度表所反映的是冷却液温度传感器所检测到的冷却液温度。也可以利用发动机故障诊断仪读取动态数据流读取准确的冷却液温度，如图4-3所示。查阅维修手册确认发动机冷却液温度是否正常。

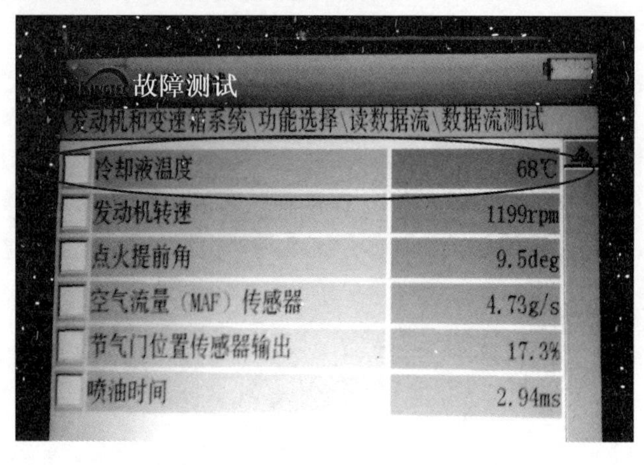

图4-3　利用发动机故障诊断仪读取冷却液温度

（2）如果发动机过热是由冷却系统所导致的，可能的原因有（请在正确的“□”选项内打“√”）：

□ 冷却液不足。

□ 冷却液品质有问题。

□ 冷却风扇损坏或冷却风扇控制电路故障。

□ 节温器无法开启或升程不足。

□ 散热器渗漏、脏或堵塞等。

□ 水泵不能正常工作。

***3. 如果冷却系统故障导致发动机过热，应如何进行检查与维修？**

1）检查冷却液液位

先将发动机预热,待发动机冷却后,拆下散热器盖并检查补偿水箱或膨胀水箱中冷却液的液位。冷却液液位应该在低位(LOW)与高位(HIGH 或 FULL)之间,如图 4-4 所示。如果冷却液的液位过低,应先检查是否有渗漏,若有渗漏则对渗漏处进行维修,恢复正常后添加冷却液。若目测较难发现渗漏时,需进行冷却系统的压力测试。

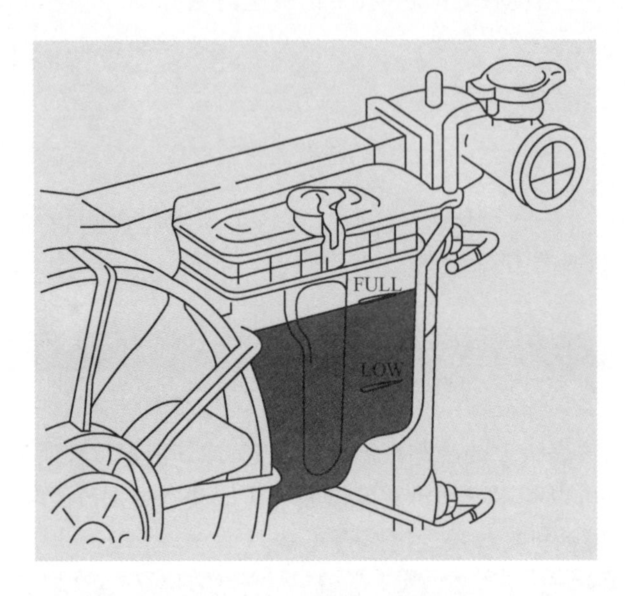

图 4-4　检查冷却液的液位

2)测试冷却系统压力

如图 4-5 所示,使用手持压力测试仪对冷却系统的渗漏进行简单且快速的检测。拆下散热器盖,将测试仪安装在冷却液加注口上,施加 120 ~ 180kPa 的压力,检查并确认压力是否下降。如压力下降需确认泄漏部位并修复或更换。为了方便检查,需事先在冷却液中加入荧光粉,加压时重点检查以下部位。

(1)软管。

(2)散热器总成。

(3)水泵总成。

(4)空调加热器芯。

(5)汽缸盖。

(6)汽缸体或汽缸盖的连接处。

小提示

为避免烫伤,请不要在发动机和散热器总成温度很高时拆卸散热器盖分总成。热膨胀会导致热的发动机冷却液和蒸汽从散热器总成中溢出。

检查冷却液是否有渗漏时请不要在冷却系统中施加过高的压力,否则会损坏冷却系统。

3)检查冷却液质量

(1)检查散热器盖和散热器加注口周围是否有锈迹或水垢;检查发动机冷却液中是否有机油,如图 4-6 所示。若有则应更换冷却液。

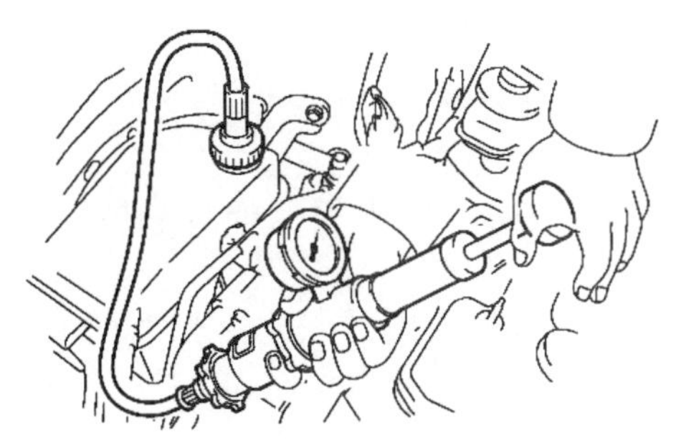
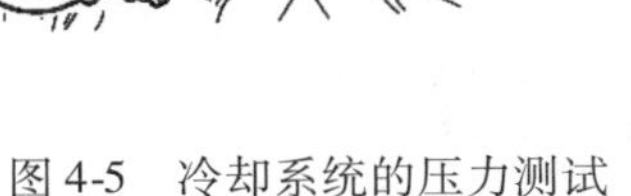

图 4-5　冷却系统的压力测试

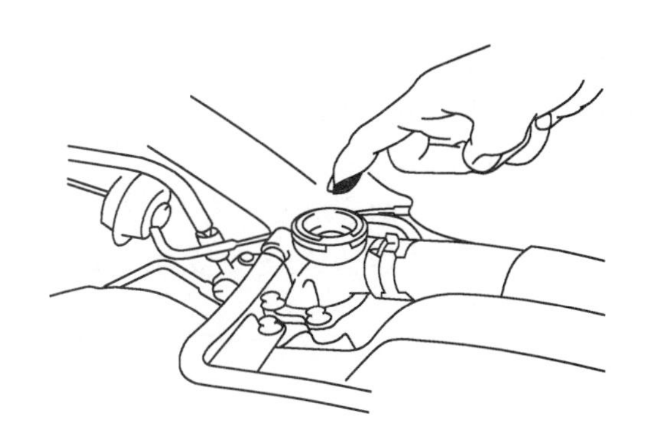

图 4-6　检查冷却液质量

若冷却液存在质量问题，需排放冷却液，视情况需要对冷却系统进行清洗。

(2)排放发动机冷却液，如图 4-7 所示。

发动机冷却后松开散热器盖，散热器内压力释放后打开散热器盖，松开汽缸体放水螺塞与散热器放水螺塞，排放发动机冷却液。收集冷却液，并将其作为工业废水处理以便保护环境。

(3)按需要可利用冷却系不解体清洗设备清洗冷却系统。

(4)加注合适的冷却液，如图 4-8 所示。

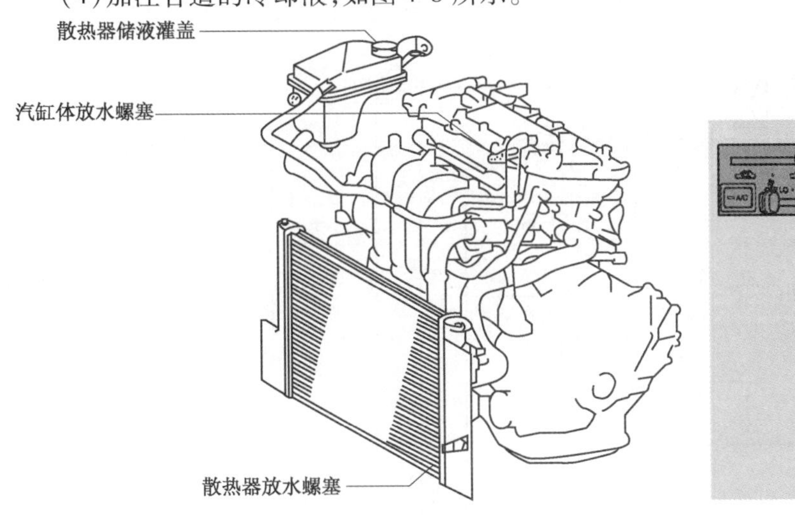

图 4-7　排放发动机冷却液

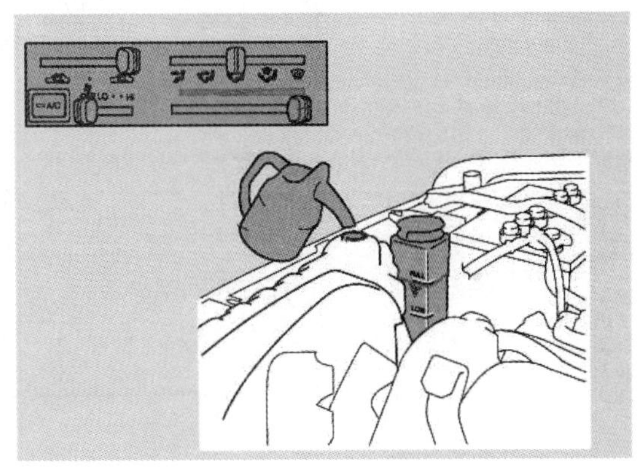

图 4-8　加注适量的冷却液

从冷却液加注口加注合适量的冷却液至规定的液面，安装散热器盖。将空调设置于暖风位置，起动发动机运转一段时间，排出冷却系统内的空气，同时检查是否有冷却液渗漏。检查冷却液液面的高度，不足则补充冷却液至规定的液位。

小提示

更换冷却液时，需发动机温度冷却后才能进行操作！冷却液应使用优质品牌乙二醇基冷却液，并按制造厂商的说明进行混合。推荐使用乙二醇含量在 50% ~70% 的冷却液。注意不要使用乙醇类冷却液。

如果检查发现冷却液的液位很低，重新加注冷却液后发动机工作温度正常，故障排除。否则进行下面的检查。

4)检测冷却风扇

(1)电动风扇的控制方式。

①由继电器和冷却液温度开关等元件控制风扇工作,如图 4-9 所示。只有当温度高于某一值,冷却液温度开关接通继电器,风扇电路接通,风扇转动。

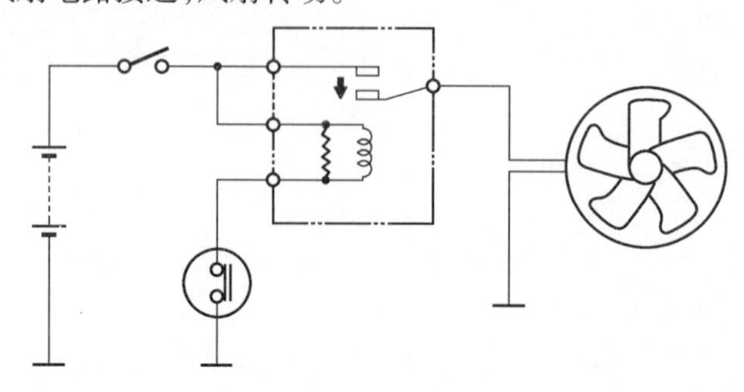

图 4-9　冷却液温度开关控制的冷却风扇电路图

②由电控单元控制冷却风扇工作,如图 4-10 所示。

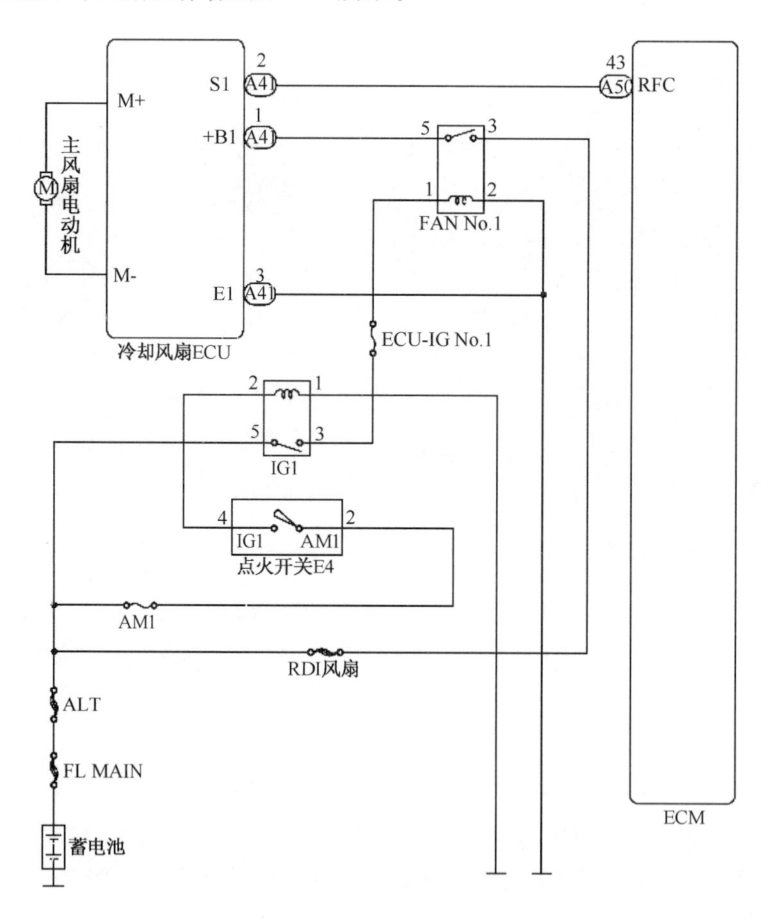

图 4-10　丰田卡罗拉 1ZR-FE 发动机电动风扇电路

ECM 根据发动机冷却液温度、空调开关情况、制冷剂压力、发动机转速和车速计算出适当的冷却风扇转速，并将信号传送至冷却风扇 ECU，实现对风扇转速的控制。

冷却风扇 ECU 根据发动机 ECM 发送的占空比信号控制风扇转速，以达到高制冷却性能和低噪声等优点。

（2）1ZR－FE 发动机电动风扇的检查，见表 4-1。

检查 1ZR-FE 发动机电动风扇　　表 4-1

图 4-11　主动测试冷却风扇

（1）主动测试。

连接故障诊断仪，打开点火开关，进入主动测试菜单对冷却风扇进行主动测试，如图 4-11 所示。如果冷却风扇不工作，则需检查冷却风扇电路与冷却风扇。

图 4-12　检查 ECM—冷却风扇 ECU 线束和连接器

（2）检查 ECM—冷却风扇 ECU 线束和连接器。

断开冷却风扇 ECU 连接器，断开 ECM 连接器，测量线路的导通性，如图 4-12 所示。

端子名称	测量值	标准值	是否符合要求
A50-43（RFC）—A41-2（SI）			

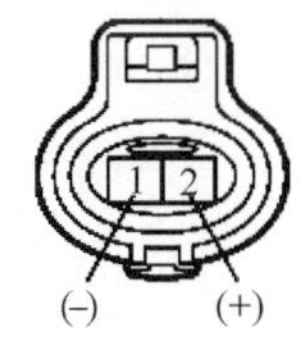

图 4-13　检查冷却风扇电动机

（3）检查冷却风扇电动机。

①断开冷却风扇连接器。

②将蓄电池正极端子连接至冷却风扇连接器端子 2，并且将蓄电池负极端子连接至冷却风扇连接器端子 1，如图 4-13 所示。

如冷却风扇不工作则需更换冷却风扇。

续上表

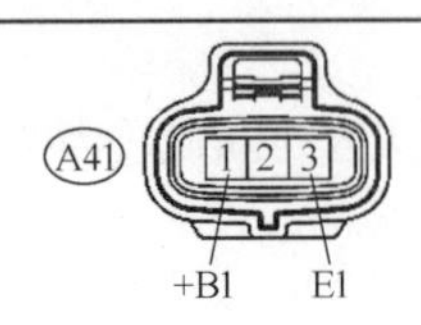

图 4-14　检查冷却风扇电路

(4)检查冷却风扇电路。

①断开冷却风扇 ECU 连接器。

②将点火开关置于 ON(IG)位置,如图 4-14 所示。

端子名称	测量值	标准值	是否符合要求
A41-1—A41-3(电压)			
A41-3—车身搭铁(电阻)			

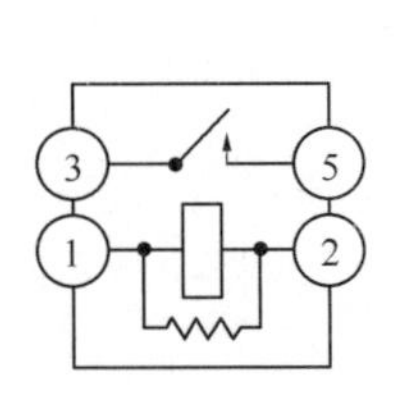

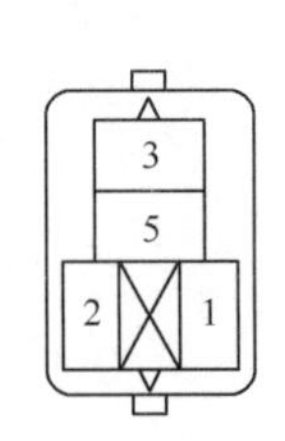

图 4-15　检查 FAN No. 1 继电器

(5)检查 FAN No. 1 继电器。

将 FAN No. 1 继电器从发动机舱继电器盒上拆下,测量端子间的导通性,如图 4-15 所示。

端子名称	测量值	标准值	是否符合要求
1—2			
3—5			
3—5(条件:在端子 1 和 2 之间施加蓄电池电压)			

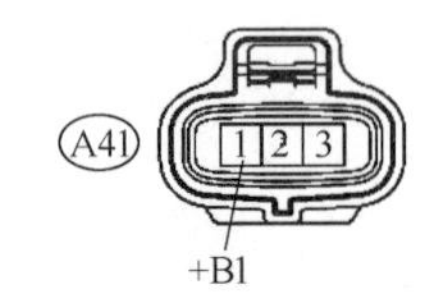

发动机舱继电器盒:

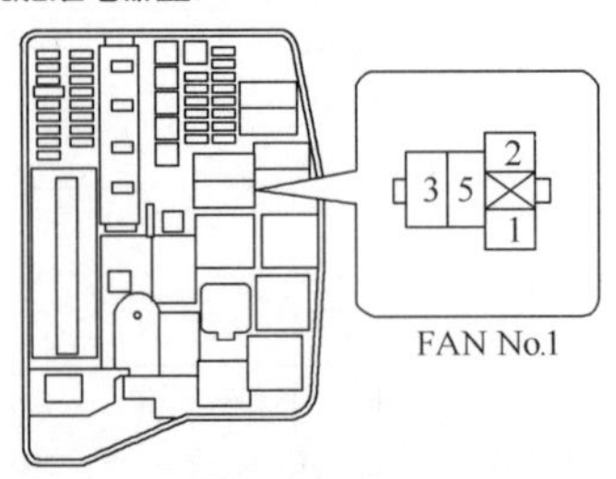

图 4-16　检查线路的导通性

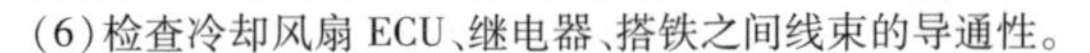

(6)检查冷却风扇 ECU、继电器、搭铁之间线束的导通性。

①断开冷却风扇 ECU 连接器。

②将 FAN No. 1 继电器从发动机舱继电器盒上拆下,如图 4-16 所示。

端子名称	测量值	标准值	是否符合要求
A41—1(+B1)—5(FAN No. 1 继电器)			
2(FAN NO. 1 继电器)—车身搭铁			

5)检查节温器

(1)节温器的安装位置。

节温器安装在水泵的进水口或汽缸盖的出水口处,根据发动机负荷大小和冷却液温度的高低自动改变冷却液的循环流动的路线及流量,达到调节冷却系统的冷却强度,以保证发动机工作的正常温度。

(2)传统的节温器。

①传统节温器有蜡式和膨胀式两种,目前多数发动机采用蜡式节温器。节温器上一般标有阀门开启温度,如图 4-17 所示。节温器附近的冷却液温度在 82℃左右时阀门开始打开。如果冷却系统工作正常,发动机冷却液的温度就应该在节温器的开启温度和全开温度之间变化。

将节温器浸入水中,慢慢将水加热,检查阀门开启温度,阀门的开启温度应为 80～84℃,如图 4-18 所示。如果阀门开启温度不符合规定,则应更换节温器。

②检查节温器阀门升程。阀门升程在 95℃时至少为 10mm 或更多,如图 4-19 所示。如果阀门升程

不符合规定，则应更换节温器。

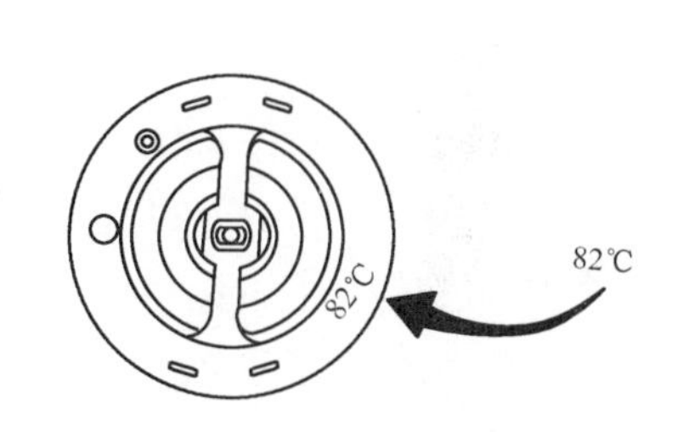

图 4-17　节温器阀上的开启温度标记

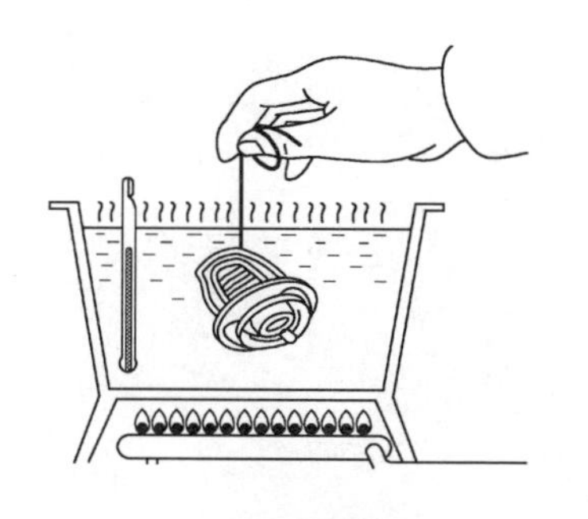

图 4-18　水加热法检测节温器

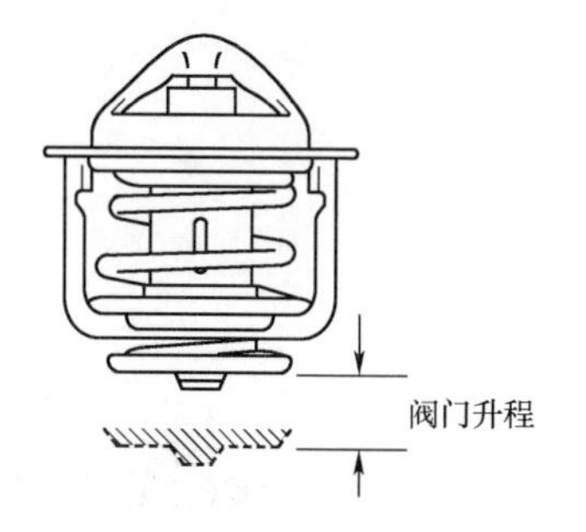

图 4-19　节温器阀门升程

③在节温器处于较低温度（低于 77℃）时，检查阀门是否完全关闭。如不能完全关闭，则应更换节温器。

④安装传统的节温器。

a. 将新的垫片安装到节温器上，如图 4-20 所示。将节温器旁通阀与双头螺栓上端对准，将节温器装进入水口壳体内，如图 4-21 所示。旁通阀可以在规定位置两侧各 10°的范围内。

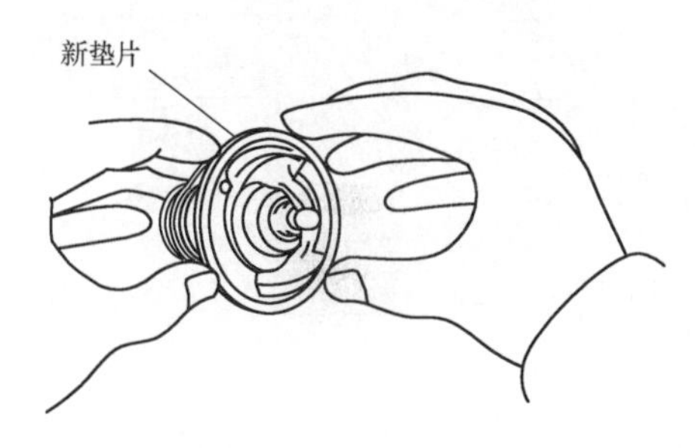

图 4-20　安装节温器垫片

图 4-21　旁通阀的安装位置

b. 用 2 个螺母安装进水口，安装力矩为 9. 3N · m。

c. 连接冷却液温度开关导线接头。

d. 加注发动机冷却液，起动发动机并检查冷却液有无泄漏。

如果冷却液温度过高，拆掉节温器能否降低发动机工作温度？

____。

如果节温器的开启温度不在规定范围内或阀门的升程不够等都将导致发动机的温度升高。如果节温器工作状况正常，则进行下面的检查。

（3）电子节温器。

发动机的负荷与发动机的冷却强度是相对的。部分负荷时，发动机温度高能降低燃油消耗、降低有害物质排放；全负荷时，较低的发动机温度能使进气加热作用较小，提高发动机性能、增加动力输出。

电子节温器除了具备传统节温器的功能外还能据发动机的负荷的变化为发动机设定一个适宜的工作温度，如图 4-22 所示。

①电子节温器控制的冷却液小循环路径，如图 4-23 所示。

冷却液经过发动机缸盖，此时小循环阀门打开，冷却液流经小阀门后被水泵直接抽吸回去，形成小循环，此时冷却液温度在 95 ~ 110℃ 范围之内。

②由电子节温器控制的冷却液大循环路径，如图 4-24 所示。

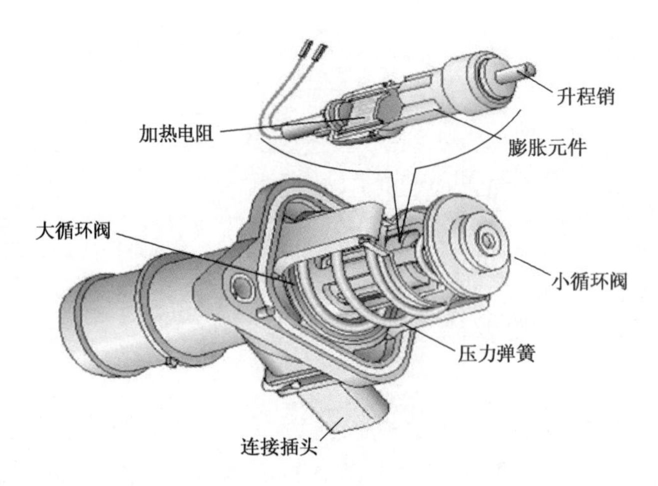

图 4-22　电子节温器

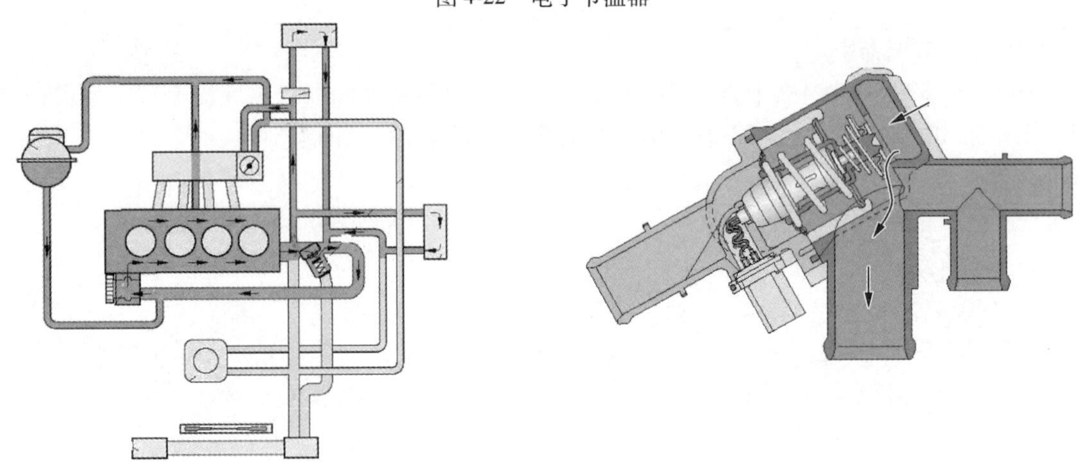

图 4-23　由电子节温器控制的小循环

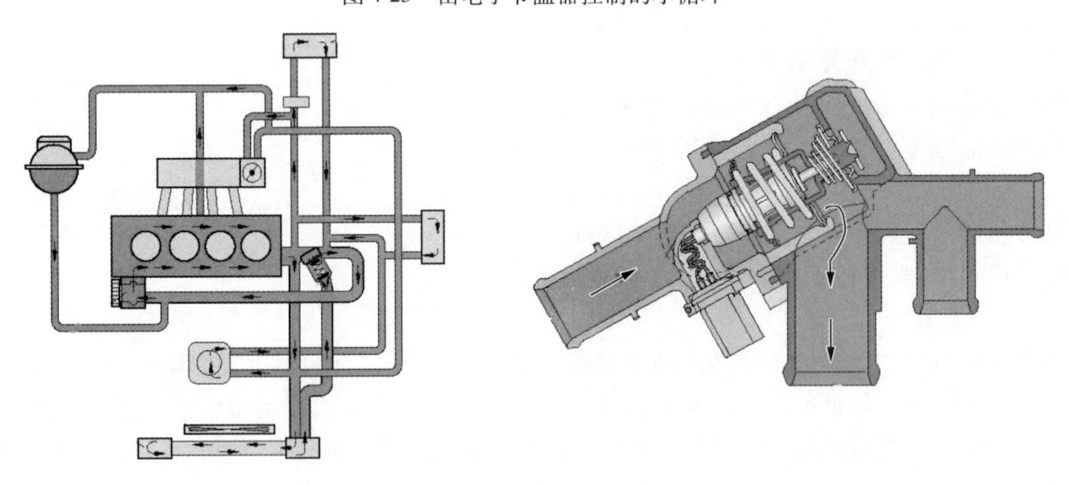

图 4-24　由电子节温器控制的大循环

当发动机全负荷运转时,冷却系统需具备较高的冷却强度。发动机控制单元根据相应的传感器信号进行计算后输出电信号给电子节温器,溶解石蜡体。大循环阀门打开,同时关闭小循环通道,切断小循环,使冷却液温度保持在 85～95℃。石蜡的加热程度由发动机控制单元输出的脉冲信号脉宽决定。

6)检测散热器

(1)散热器盖的工作原理,如图4-25所示。

散热器盖是压力式盖,装在冷却液加注口上,用于密封散热器。由于冷却液受热膨胀而导致压力升高到超过规定值时,阀门打开,部分冷却液流向储液罐,避免系统损坏;当冷却液温度下降后储液罐内的部分冷却液经真空阀回流到散热器。因此可以检查储液罐内液面高度,确定是否需要补充冷却液。

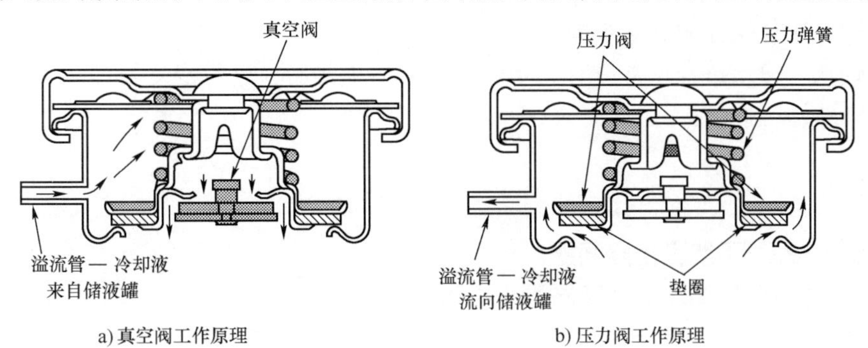

图4-25　散热器盖工作原理

散热器盖可以提高冷却液的沸点,请问提高冷却液的沸点有哪些好处?

____

____。

(2)检查散热器盖,如图4-26所示。

①如果在O形圈中发现水垢或异物,则用清水冲洗并用手指擦拭。

②检查并确认O形圈没有变形、开裂或膨胀,如有需要更换新的O形圈。

③检查散热器密封性能及排气阀的开启压力,当压力达到75~105kPa时,阀门开启。如果不符合要求应更换散热器盖,具体技术要求以维修手册为准。

(3)清洗散热器,如图4-27所示。

将散热器拆下,用清水和压缩空气清洁其外部尘埃等,然后置于含有苛性钠水容器内,加热保持在80~90℃,使散热器浸煮约30min后拿出用清水冲洗即可。将压力水(水压为3~4倍大气压力)从散热器的出水口导入,同时加入压缩空气,让水和压缩空气从散热器的进水口流出。

冷却系统堵塞、渗漏或散热器盖等故障都将导致冷却液温度上升。进行相关的修复后故障还没排除则应进行下面的检查。

7)检查水泵的工作状况

(1)水泵的内部结构,如图4-28所示。

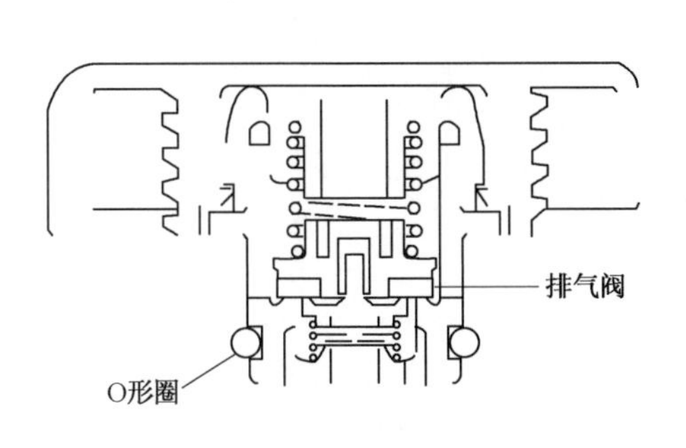

图4-26　检查散热器盖

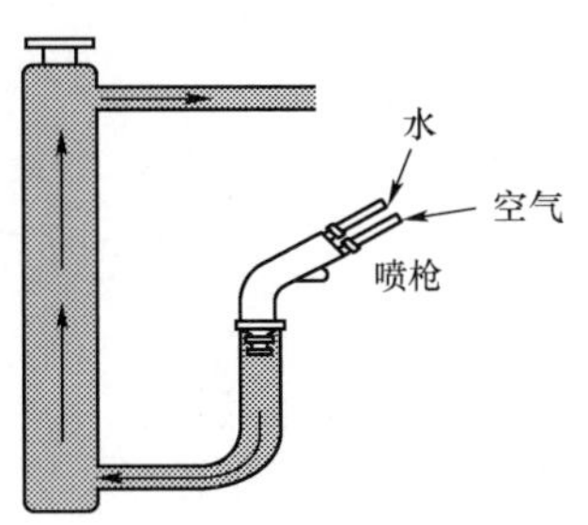

图4-27　清洗散热器

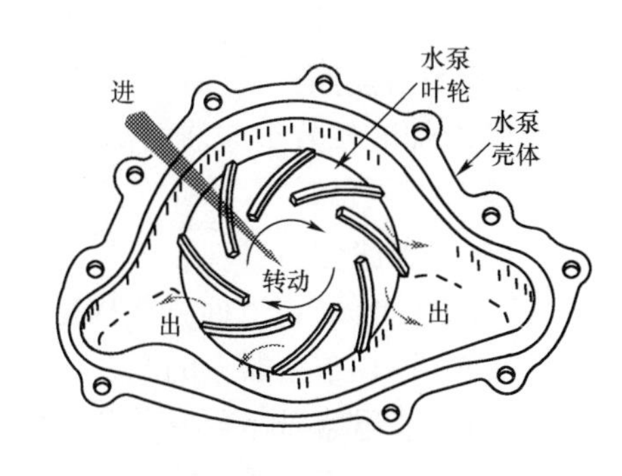

图4-28　水泵的内部结构图

水泵通过叶轮的旋转对冷却液加压,使冷却液循环流动,保证发动机工作温度。当冷却液进入到水泵转子工作室后,冷却液在转子的带动下一起转动,由于离心力的作用,冷却液被甩到转子的边缘,随后由于冷却液分子间的推动作用使冷却液向出水口流出而进入发动机缸体水套,与此同时,在转子的中部形成吸力将冷却液吸入,随后又被甩到转子叶片边缘。冷却液便在水泵的作用下不停地循环流动。

(2)水泵的检查步骤。

①水泵的拆卸。注意螺栓的拆卸步骤。

②检查水泵轴承。转动是否正常或有无噪声。如果不正常需要进行修复处理。

③水泵轴与叶轮是否连接良好。

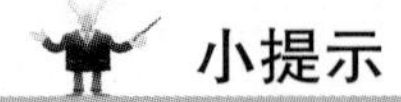

小提示

水泵的转动轴承,不能有径向间隙。

将水泵按规定安装,加注冷却液后着车检查。

三、评价反馈

1. 案例分析

故障症状:一辆丰田 1.6L 花冠轿车工作一段时间后,冷却液温度表显示冷却液温度偏高。

故障排除:先用发动机故障诊断仪读取冷却液温度,确认发动机冷却液温度的确偏高。检查冷却液正常;检查冷却风扇正常;检查风扇继电器正常;检查相关线束也正常。打开发动机前盖,发现散热器表面被油污等杂质覆盖。拆下散热器清洗后故障排除。该故障是由于散热器堵塞造成散热器散热不良所引起的。

(1)请问散热器的作用是什么?

(2)查阅维修手册确认该发动机散热器的结构类型。

2. 学习自测题

(1)冷却液长效防冻剂主要是指(　　)。

A. 乙二醇　　B. 甲醇

C. 煤油　　D. 丙三醇

(2)关于节温器,下面哪些描述是正确的。(　　)

A. 标在节温器上的温度是节温器完全打开的温度

B. 节温器损坏会导致发动机过热

C. 标在节温器上的温度是节温器开始打开的温度

D. 节温器在冷却系统中可有可无

(3)发动机冷却系统按照冷却介质的不同分为水冷却系统和(　　)。

A. 人工冷却系统　　B. 燃油冷却系统

C. 风冷却系统　　D. 自然冷却系统

(4)如果冷却液的液位过低,应先检查是否有渗漏,若有渗漏需对渗漏处进行处理后才能添加冷却液。(　　)

A. 正确　　B. 错误

(5)水冷式发动机冷却系统是如何调节冷却强度的?

3. 维修信息获取练习

(1)通过查找维修手册分析大众朗逸1.4L轿车在道路上行驶时,发动机“开锅”的故障原因。

(2)查阅维修手册,简要分析发动机过冷的故障诊断步骤。

4. 学习目标达成度的自我检查(表4-2)

自我检查表　　表4-2

序号	学习目标	达成情况(在相应的选项后打“√”)		
		能	不能	如果不能,是什么原因
1	叙述发动机冷却系统的组成与作用			
2	明确发动机冷却系统的各部件安装位置及冷却液的流经路线			
3	读取发动机冷却液温度并确认发动机是否过热			
4	对冷却系统的主要部件进行拆卸、检测和维修			
5	安全规范地对冷却系统的典型故障做出正确的诊断与排除			

5. 日常表现性评价(由小组长或者组内成员评价)

(1)工作页填写情况。(　　)

A. 填写完整　　B. 缺失0~20%　　C. 缺失20%~40%　　D. 缺失40%以上

(2)工作着装是否规范?(　　)

A. 穿着校服(工作服),佩戴胸卡　　B. 校服或胸卡缺失一项

C. 偶尔会既不穿校服又不戴胸卡　　D. 始终未穿校服和佩戴胸卡

(3)能否主动参与工作现场5S工作?(　　)

A. 积极主动参与5S工作　　B. 在组长的要求下能参与5S工作

C. 在组长的要求下能参与5S工作,但效果差　　D. 不愿意参与5S工作

(4)拆卸散热器盖时,是否按照正确的方法进行操作。(　　)

A. 严格按照规范操作　　B. 没有按照规范操作

(5)学习该任务是否达到全勤?(　　)

A. 全勤　　B. 缺勤0~20%(有请假)

C. 缺勤20%(旷课)　　D. 缺勤20%以上

(6)总体评价该同学。(　　)

A. 非常优秀　　B. 比较优秀　　C. 有待改进　　D. 急需改进

(7)其他建议:

小组长签名:＿＿＿＿＿＿＿＿　　＿＿＿年＿＿＿月＿＿＿日

6. 教师总体评价

(1)对该同学所在小组整体印象评价。

A. 组长负责,组内学习气氛好

B. 组长能组织组员按要求完成学习任务,个别组员不能达到学习目标

C. 组内有30%以上的学员不能达到学习目标

D. 组内大部分学员不能达到学习目标

(2)对该同学整体印象评价:

教师签名:＿＿＿＿＿＿＿＿　　＿＿＿年＿＿＿月＿＿＿日

学习任务5　发动机润滑系统的检测与维修

学习目标

完成本学习任务后,你应当能:

1. 叙述发动机润滑系统的组成与作用;
2. 明确发动机润滑系统各部件的安装位置及润滑油的流经路线;
3. 读取机油压力并对机油压力进行测试及结果分析;
4. 更换发动机机油与机油滤清器;
5. 拆卸与检测机油泵与压力调节器;
6. 借助维修手册,安全规范地对润滑系统的典型故障做出正确的诊断及排除。

建议完成本学习任务为6学时

学习内容的结构

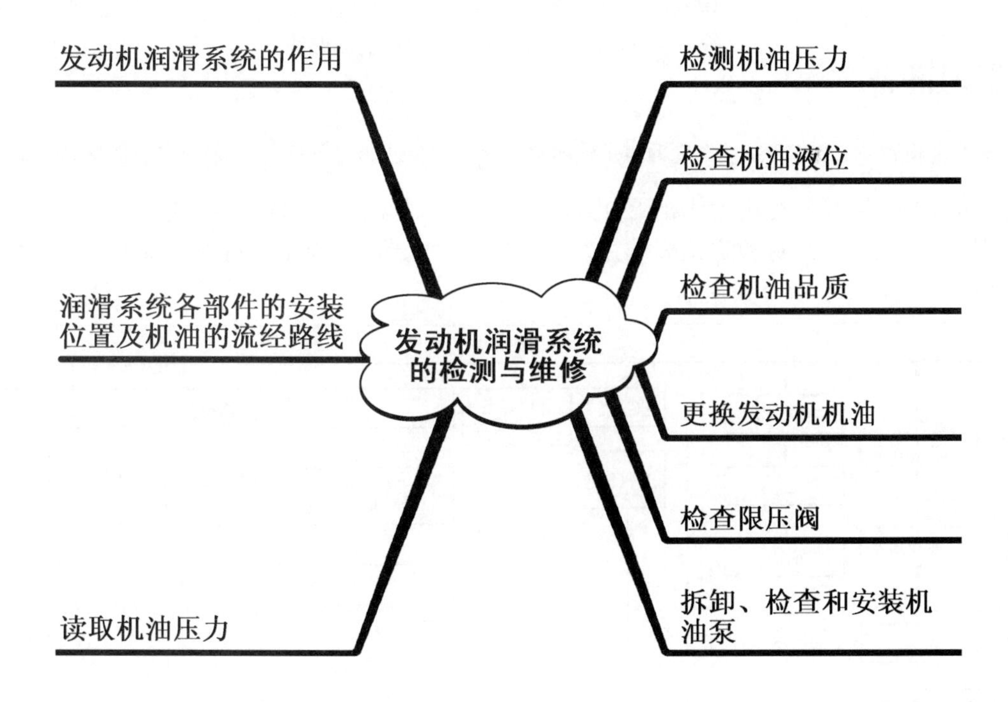

学习任务描述

某客户反映其发动机在正常温度和转速下,发动机工作时机油压力报警灯点亮以及机油压力表的数值始终低于规定值,需要对润滑系统进行检查,确定故障部位,并进行维修。

发动机润滑系统的作用是当发动机工作时连续不断地把数量足够、温度适当的清洁机油供给发动机各需要润滑的部位,减小摩擦力、减缓零件磨损,从而达到提高发动机工作可靠性和耐久性的目的,如图5-1所示。润滑系统的技术状况将影响发动机的工作性能和使用寿命,在使用过程中可能会出现机油压力过低、过高或机油的消耗量不正常、机油品质变差等现象。

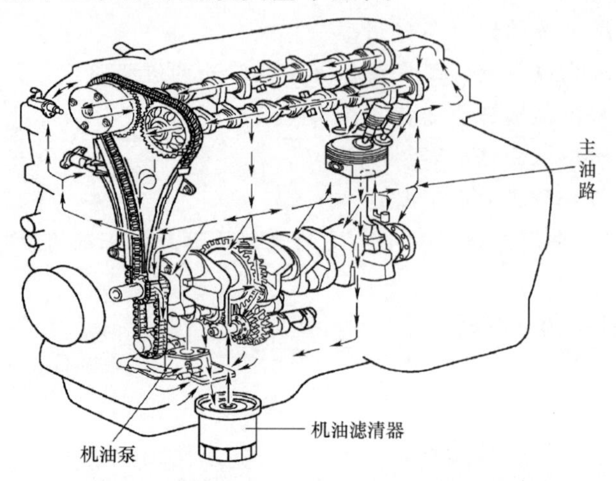

图 5-1 润滑系统的组成与润滑油流动路线

一、学习准备

1. 发动机润滑系统的作用是提高发动机工作的可靠性和耐久性,那么润滑油在发动机内部是如何流动的?

一般发动机的润滑系统组成大体相同,由油底壳、机油泵、机油滤清器、主油道、限压阀和旁通阀等组成,具有润滑、冷却、清洁、密封和防锈等作用。如1NZ-FE发动机,为了保证其正常的工作,机油必须按照规定的流经路径流动,如图5-2所示。

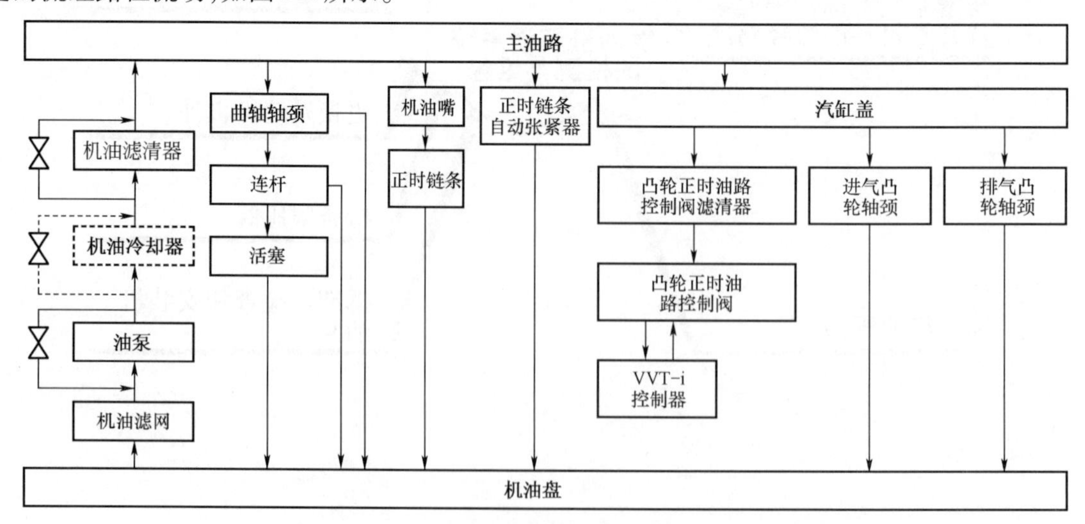

图 5-2 1NZ-FE 发动机润滑油流动路径

二、计划与实施

工具和材料：

干净的抹布，常用拆卸工具，机油压力测试表，维修手册等。

保护性衣物：

标准作业着装。

汽车相关信息的填写：

生产年份____________；车牌号码____________；车型及行驶里程____________；汽车识别码（VIN）____________；发动机型号和排量____________。

***2. 驾驶人或维修人员是如何知道发动机机油压力过低的？**

1）读取机油压力

润滑系统的机油压力值可以从仪表板上的机油压力表读取，如图5-3所示。但现在汽车大多已经取消了机油压力表，当机油压力异常时机油压力警示灯点亮，如图5-4所示。

图5-3　机油压力表

图5-4　机油压力警示灯

机油压力表用来指示发动机工作时润滑系统中机油的压力大小，由油压表和传感器组成。机油压力表或机油压力警示灯（或蜂鸣器）警示机油压力过低时，需先检查报警电路工作是否正常，如图5-5所示。

如果机油压力过低报警电路有故障则需修复，否则进行以下操作。

2）检测机油压力

（1）拆卸机油压力开关，使用合适的套筒，拆卸机油压力开关。

（2）如图5-6所示，安装机油压力表。

由于机油压力表、机油指示灯或油压传感器等都不能保证测量精度，因此检测机油压力时应采用专用检测压力表。

小提示

在重新安装机油压力开关前应该检查机油是否泄漏。将螺纹上的旧密封胶清洗干净，在开关端部的2牙或3牙螺纹上涂上密封胶（密封胶的型号不一，在检测中以维修手册为准）后用规定的力矩安装。

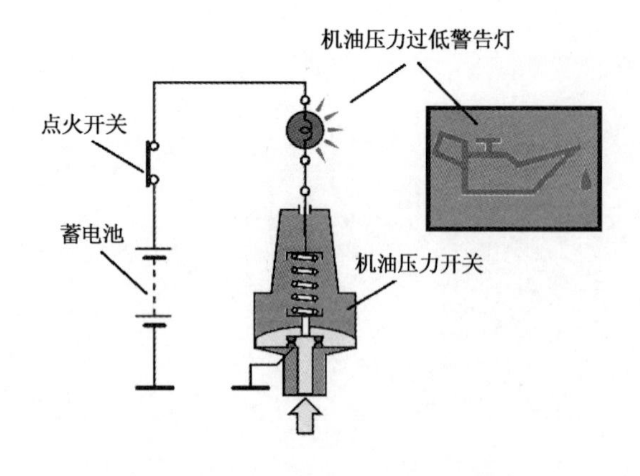

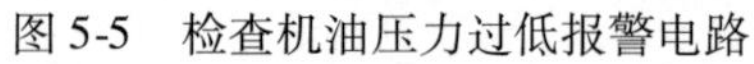

图 5-5　检查机油压力过低报警电路

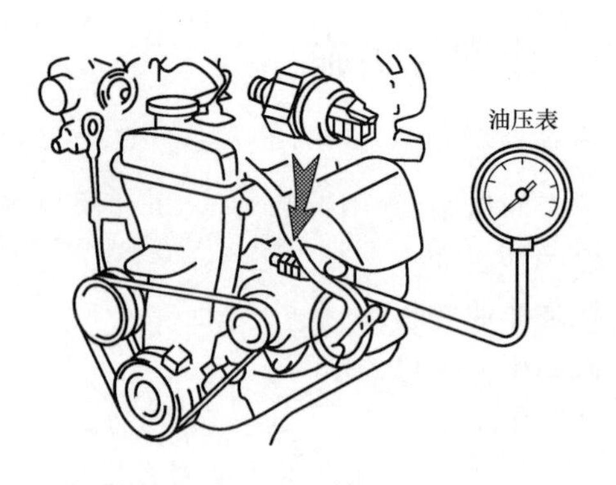

图 5-6　安装机油压力表

(3)起动发动机至正常温度后测试机油压力。

记录测试数据:怠速时机油压力值________　________,转速为________　________r/min 时,机油压力值为__________。

查阅维修手册,怠速时机油压力值应不低于__________,转速为__________r/min 时机油压力值应不低于__________。判断发动机机油压力是否过低,如果压力过低则进行以下操作。

3)判断发动机机油压力过低的原因

发动机机油压力过低可能的原因(请在正确的“□”选项内打“√”)

□ 机油液位过低。

□ 机油品质变差。

□ 机油滤清器堵塞。

□ 机油通道堵塞。

□ 限压阀堵塞或弹簧过软。

□ 机油泵磨损严重。

□ 曲轴主轴承间隙增大。

□ 发动机温度过高。

***3. 如果发动机机油压力过低,应如何进行检查与维修?**

1)检查机油液位及机油质量

(1)检查机油液位,如图 5-7 所示。

发动机热车后并停机等待 5min,汽车处于水平位置,取出机油尺并用布擦拭干净后复位,再次取出机油尺,机油液位应该处于机油尺刻度 L 和 F 之间。如果液位低于 L 刻度线应该检查是否漏油,若有泄漏则进行修复并添加机油到 F 刻度位置。

(2)检查机油品质,如图 5-8 所示。

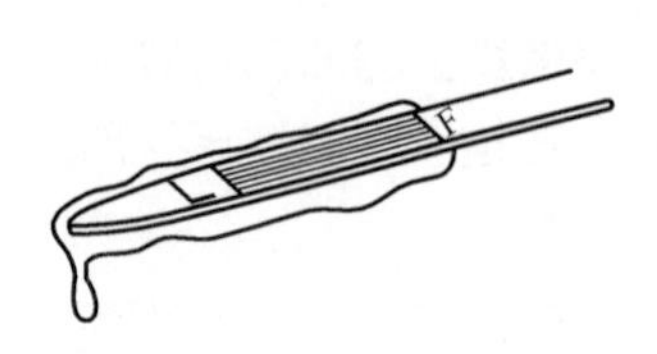

图 5-7　机油尺液位刻度

图 5-8　检查机油品质

引起机油污染的杂质主要来自相互摩擦物体的表面的磨损颗粒、外界尘埃以及积炭等。当发动机燃烧不完全或缺火时未燃烧的混合气体窜入油底壳使机油变稀，或发动机在工作过程中产生的高温高压的气体窜入曲轴箱时加剧了机油的氧化而使机油变质。

检查发动机机油是否变质、进水、褪色或变稀。

如果机油质量变差，则应更换机油。机油黏度的选择可参照图5-9所示，机油质量等级的选择参照维修手册的说明。

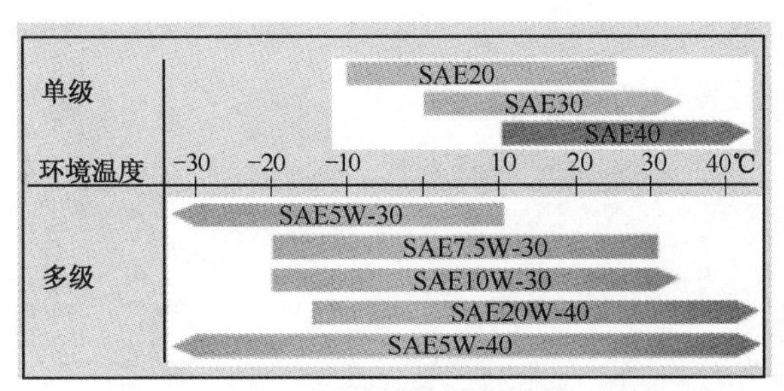

图5-9　根据使用环境温度选择机油黏度

机油品质的分析常用的方法有：机油不透光分析法、介电常数分析法、滤纸油斑试验法和光谱分析法。机油不透光分析法应用最为广泛，是根据机油污染程度越大变黑的程度也越大的原理来检测。

2）更换机油

（1）更换间隔。机油的更换应按照汽车生产厂家要求在规定的行驶里程或时间间隔内（两者满足其一即可），一般每10000km（6000mile）或1年。具体情况随车型、使用状况等不同而不同，所以应严格按照维修手册执行。

（2）发动机机油类型。国际上广泛采用美国SAE黏度分类法和API使用分类法，而且它们已被国际标准化组织（ISO）确认。美国汽车工程师学会（SAE）按照机油的黏度等级，把机油分为冬季用机油和非冬季用机油。冬季用机油有6种牌号：SAE0W、SAE5W、SAE10W、SAE15W、SAE20W和SAE25W。非冬季机油有4种牌号：SAE20、SAE30、SAE40和SAE50。号数较大的机油黏度较大，适于在较高的环境温度下使用，根据使用环境温度选择机油黏度，如图5-9所示。

API使用分类法是美国石油学会（API）根据机油的性能及其最适合的使用场合，把机油分为S系列和C系列两类。S系列为汽油机油，目前有SA～SL共10个级别。C系列为柴油机油，目前有10个级别。级号越靠后，使用性能越好，适用的机型越新或强化程度越高，如图5-10所示。

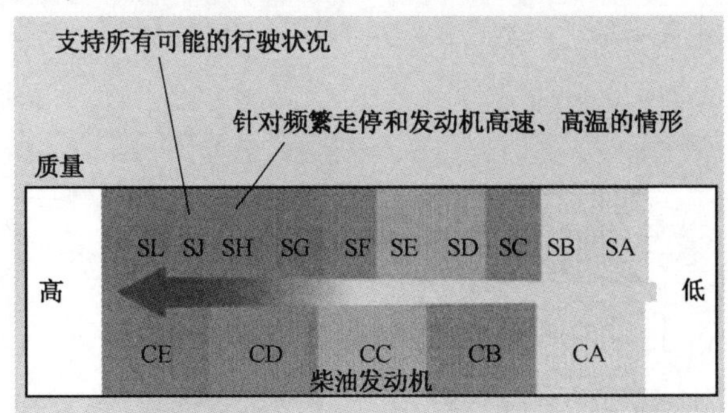

图5-10　目前常用的API等级机油

我国的机油分类法参照采用ISO分类方法。GB/T 7631.3—1995规定，按机油的性能和使用场合分为：

①汽油机油：SC、SD、SE、SF、SG、SH等6个级别。

②柴油机油:CC、CD、CD-Ⅱ、CE、CF-4 等 5 个级别。

③二冲程汽油机油:ERA、ERB、ERC 和 ERD 等 4 个级别。

(3)排放发动机机油,如图 5-11 所示。

①检查发动机的下述区域是否漏油:

a. 发动机各种区域的接触面。

b. 油封。

c. 排放塞。

②拆卸排放塞和垫片,排放发动机机油。

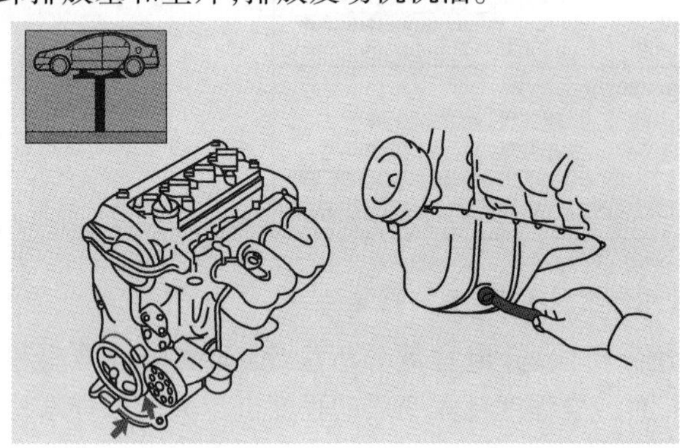

图 5-11　排放发动机机油

③如果因为机油品质变差导致润滑系统压力变低,则应更换机油和机油滤清器,如图 5-12 所示。操作步骤如下:

a. 使用 SST(专用维修工具),拆卸机油滤清器。

b. 检查和清洁机油滤清器安装表面。

c. 在新的机油滤清器垫片上涂清洁的发动机机油。

d. 轻缓地拧动机油滤清器使其就位,然后上紧直到垫片接触底座。

e. 使用专用维修工具再次拧紧 3/4 圈。

(4)加注机油,从注油孔注入规定数量的机油,如图 5-13 所示。

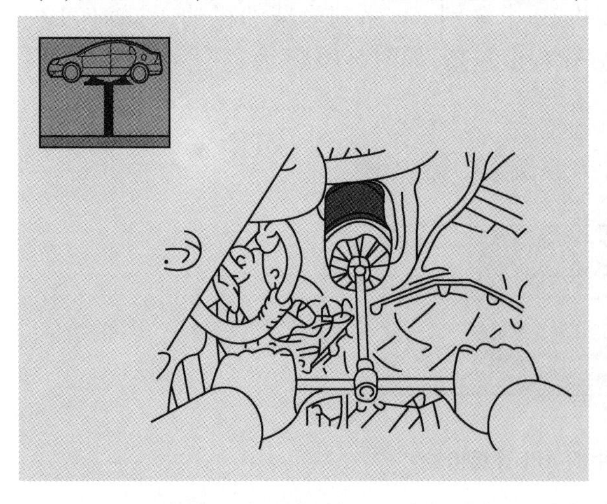

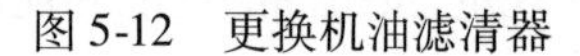

图 5-12　更换机油滤清器

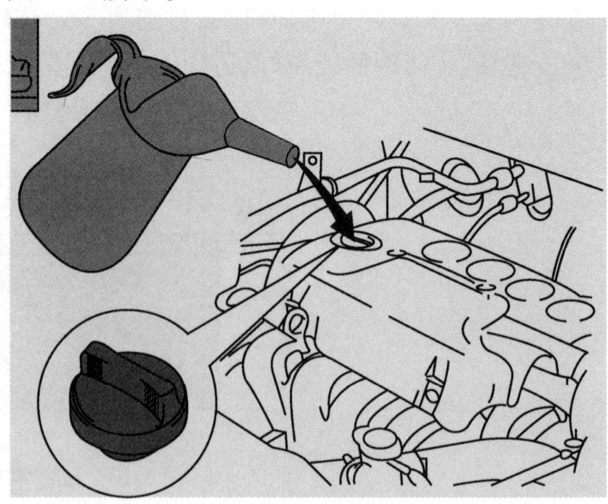

图 5-13　加注机油

3）检查和更换限压阀

影响机油压力的主要因素有机油泵的性能、限压阀的调整、机油通道和滤清器的阻力等，同时还与发动机的温度、机油黏度有关。此外还与曲轴主轴承、连杆轴承和凸轮轴轴承的间隙有关，轴承磨损后间隙增大使机油压力下降。试验表明曲轴主轴承间隙每增加0.01mm时，其机油压力大约降低0.01MPa。下面以5A-FE/8A-FE为例说明限压阀的检查步骤和要求。

（1）排放发动机机油。

（2）拆卸油底壳，拆下限压阀，如图5-14所示。

（3）检查限压阀，如图5-15所示。

在阀柱上涂上机油，检查阀柱是否能在阀孔中平顺地滑动。如果不能滑动，应该更换限压阀或机油泵总成。

如果限压阀工作正常，进行以下操作。

小提示

油底壳拆卸时注意不要损伤曲轴箱、机油泵和油底壳的接触面。重新装上油底壳须先用垫片刮刀清理接合面的机油及旧的密封胶，再涂抹一条连续的密封胶，密封胶涂上3min后安装油底壳，一般要求油底壳装上2h内不要起动发动机。

4）拆卸、检查和安装机油泵（以5A-FE/8A-FE发动机为例）

机油泵是润滑系统的动力源，如图5-16所示。如果机油泵本身存在故障将直接影响系统中的压力，因此必须检测。

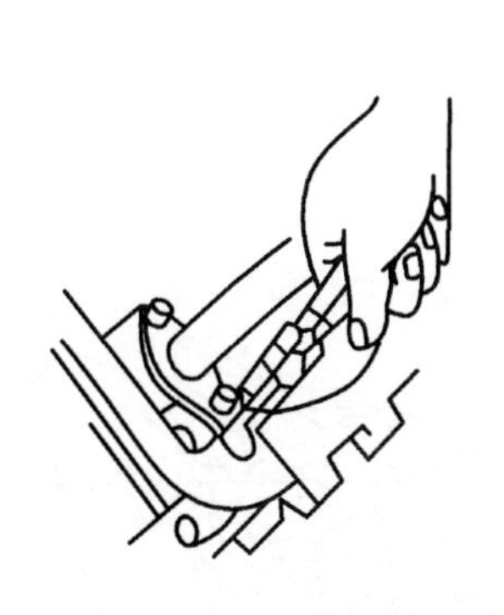

图5-14　拆卸限压阀

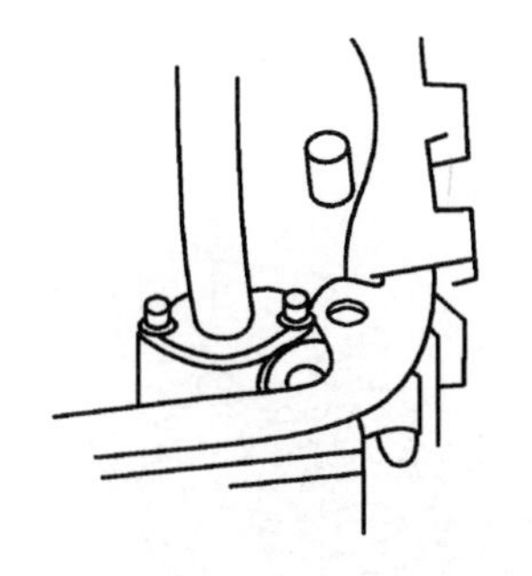

图5-15　检查限压阀

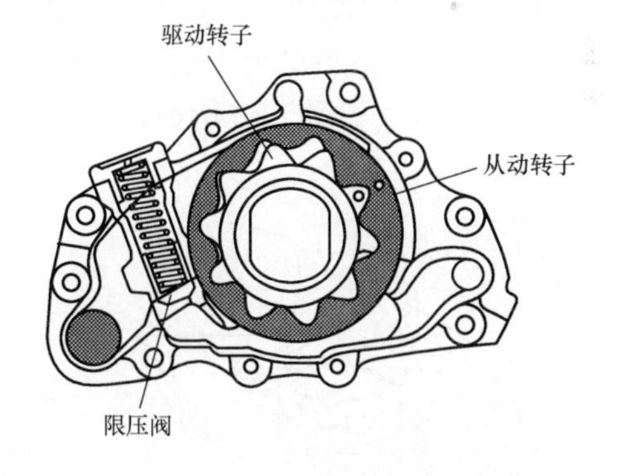

图5-16　机油泵的内部结构图

机油泵的流量（输送能力）与发动机的转速成正比，因而在设计时要保证在发动机低速的情况下也能保证润滑。安装限压阀后以便在低温或高速旋转时能将多余的机油排出，以防止系统中油压过高。

机油泵分为齿轮式与转子式两类，齿轮式机油泵又分为内接式与外接式，一般称后者为齿轮式机油泵，如GM雪佛兰轿车，上海别克轿车和一汽奥迪轿车等部分车型采用这种类型的机油泵。

（1）拆卸机油泵。修理机油泵时，油底壳和机油集滤器应拆下进行清洗。

①排出发动机油,拆下传动带、正时带,拆下惰轮和张紧弹簧,拆下曲轴正时带轮。

②卸下安装螺栓,拔出机油液位量尺和量尺导管,从量尺导管上取下 O 形圈。

③卸下油底壳上的 19 个螺栓和 2 个螺母。在汽缸体和油底壳之间插入专用维修工具的刀片,切开所涂的密封剂,拆下油底壳。

④拆下机油集滤器和垫片,如图 5-17 所示。

⑤卸下图 5-18 箭头所示的 7 个螺栓。用橡胶锤小心轻敲机油泵体,拆下机油泵,取下垫片,如图 5-19 所示。

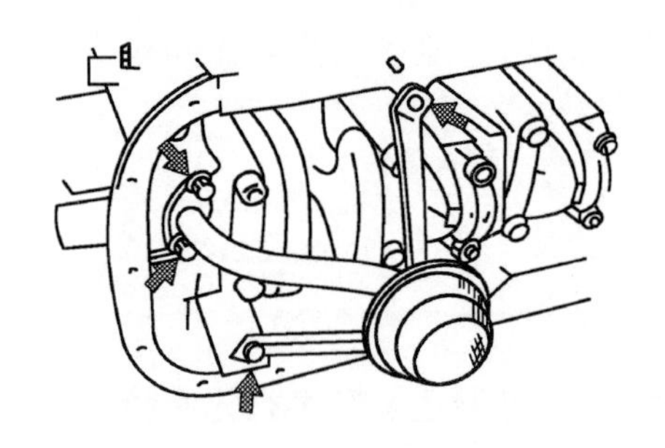

图 5-17 拆下机油集滤器

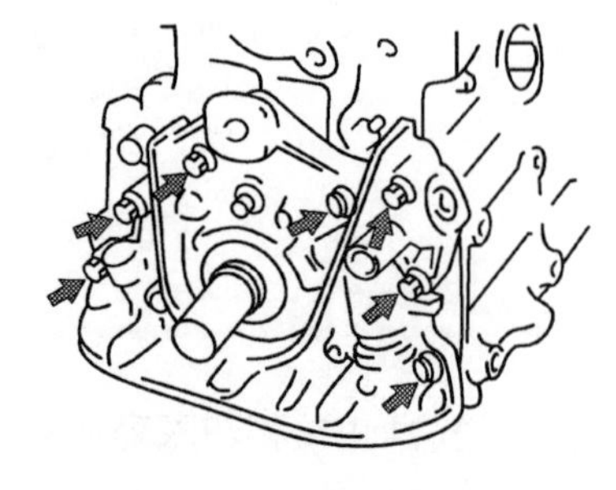

图 5-18 卸下机油泵固定螺栓

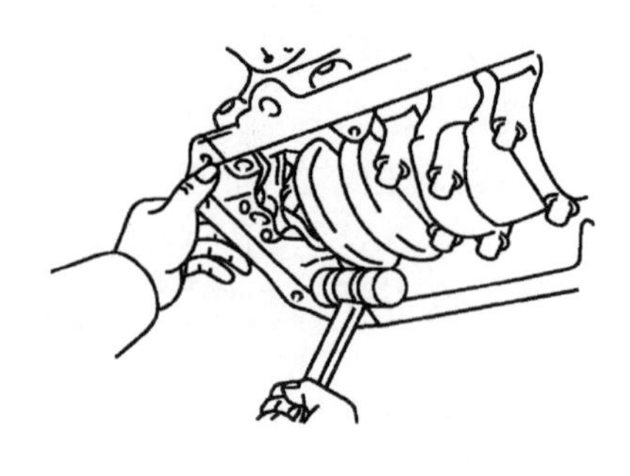

图 5-19 拆卸机油泵

(2)拆解机油泵。按照正确的顺序拆卸固定螺栓,O 形密封圈应予以更换。

(3)检查机油泵。

①检查转子与泵体之间的间隙,如图 5-20 所示。

用厚薄规测量从动转子和泵体的间隙。标准间隙为 0.10 ~ 0.18mm;最大允许间隙为 0.20mm。如果泵体间隙大于最大值,则应更换整套转子,必要时则应更换机油泵组件。

②检查转子尖端间隙,如图 5-21 所示。

用厚薄规测量驱动和从动转子尖端之间的间隙。标准尖端间隙为 0.06 ~ 0.18mm;最大尖端间隙为 0.35mm。如果尖端间隙大于最大值,则应更换整套转子。

③检查侧隙,如图 5-22 所示。

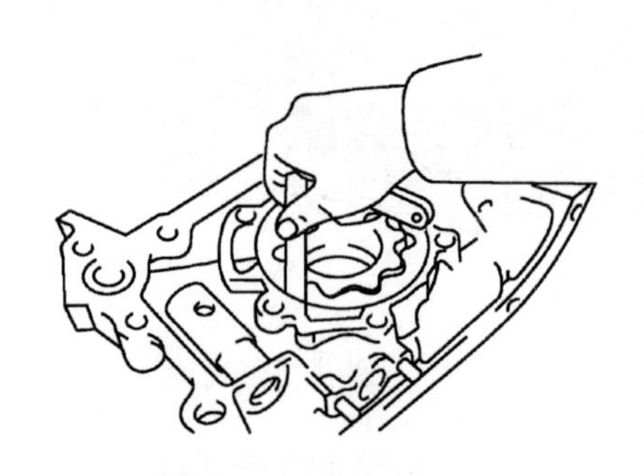

图 5-20 检查泵体间隙

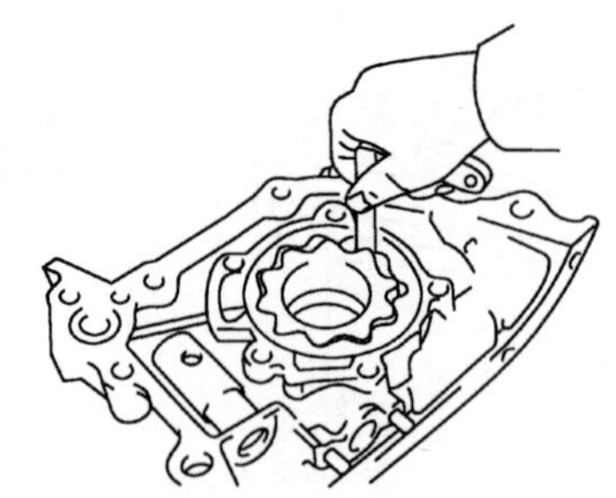

图 5-21 检查转子尖端间隙

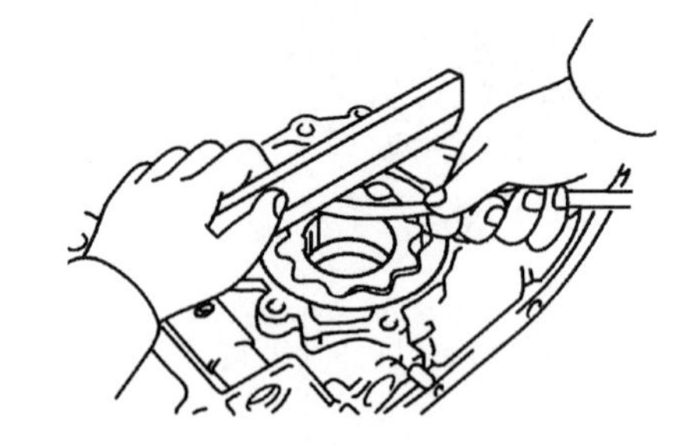

图 5-22 机油泵齿轮侧隙的检查

使用厚薄规和精密的直尺测量转子和精密直尺之间的间隙。标准侧面间隙为 0.025 ~ 0.075mm;最大侧面间隙为 0.10mm。如果侧面间隙大于最大值,则应更换整套转子,必要时应更换机油泵组件。

知识拓展

齿轮式机油泵的检测，如图5-23所示。

①用刀形尺和厚薄规检查齿轮端面到泵盖端面的距离，一般为0.05～0.15mm。

②用刀形尺和厚薄规检查泵盖端面的平面度，大于0.05mm时应修磨平面。

③用厚薄规检查齿顶与泵体之间的间隙，间隙值一般为0.05～0.15mm。

④用厚薄规测量齿轮的啮合间隙，同时在相邻120°的三点上进行测量，间隙值一般为0.05～0.20mm，三点齿隙相差不应超过0.10mm。

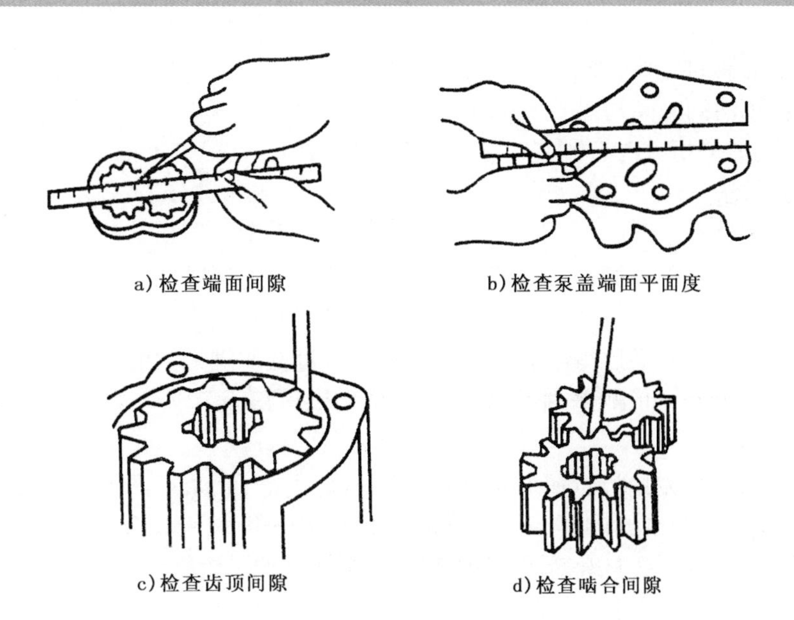

a）检查端面间隙　b）检查泵盖端面平面度

c）检查齿顶间隙　d）检查啮合间隙

图5-23　齿轮式机油泵的检测

（4）安装机油泵。

①安装新的O形密封圈，用规定的力矩（以维修手册为依据）拧紧固定螺栓。

②安装曲轴带轮和水泵轮、风扇。

③按原拆卸相反的顺序安装机油泵、曲轴正时带轮等发动机零部件。

④加入适量机油并起动发动机检查是否有渗漏，故障是否排除。否则要检测凸轮轴和凸轮轴轴承的配合间隙（见学习任务7），检测曲柄与主轴承、连杆轴承等的配合间隙（见学习任务9）。

三、评价反馈

1. 案例分析

故障症状：一辆丰田2.5L锐志轿车在工作时发出金属摩擦声，机油压力警示灯点亮。

故障排除：拆开发动机气门室罩盖后发现汽缸盖顶部没有机油痕迹，造成配气机构零部件干摩擦。进一步检查后发现垂直油道堵塞，清洗油道后故障排除。

（1）请问发动机机油是如何流动的？

(2)查阅维修手册确认该发动机机油更换的周期。

2. 学习自测题

(1)发动机润滑系统主要由哪些元件所组成?(　　)

A. 油底壳　　B. 机油泵　　C. 机油滤清器　　D. 散热器

(2)汽车生产厂家明确规定的机油更换周期是(　　)。

A. 最长的时间或者是里程间隔

B. 最短的时间或者是里程间隔

C. 只有更换机油的行驶里程

D. 只有更换机油的时间间隔

(3)机油品质常用的分析方法有哪些?(　　)

A. 不透光分析法　　B. 介电常数分析法

C. 滤纸油斑试验法　　D. 光谱分析法

(4)检查机油液位时需在发动机冷车状态下,取出机油尺后直接读取。(　　)

A. 正确　　B. 错误

(5)在发动机润滑系统中,最后得到润滑且当机油压力过低危害最大的零部件是(　　)。

A. 主轴承　　B. 连杆轴承　　C. 气门组　　D. 机油滤清器

3. 维修信息获取练习

(1)丰田 1.6L 花冠轿车发动机怠速时机油压力警告灯闪烁,其余工况警告灯熄灭。请查阅维修手册分析导致此故障现象的原因有哪些?

(2)请借助相关资料,分析导致机油消耗过大的原因有哪些?

4. 学习目标达成度的自我检查(表 5-1)

自我检查表　　表 5-1

序号	学习目标	达成情况(在相应的选项后打"√")		
		能	不能	如果不能,是什么原因
1	叙述发动机润滑系统的组成与作用			
2	明确发动机润滑系统各部件的安装位置及润滑油的流经路线			
3	读取机油压力并对机油压力进行测试及结果分析			
4	更换发动机机油与机油滤清器			
5	拆卸与检测机油泵与压力调节器			
6	安全规范地对润滑系统的典型故障做出正确的诊断及排除			

5. 日常表现性评价(由小组长或者组内成员评价)

(1)工作页填写情况。( )

A. 填写完整 B. 缺失0~20% C. 缺失20%~40% D. 缺失40%以上

(2)工作着装是否规范?( )

A. 穿着校服(工作服),佩戴胸卡 B. 校服或胸卡缺失一项

C. 偶尔会既不穿校服又不戴胸卡 D. 始终未穿校服、佩戴胸卡

(3)能否主动参与工作现场5S工作?( )

A. 积极主动参与5S工作 B. 在组长的要求下能参与5S工作

C. 在组长的要求下能参与5S工作,但效果差 D. 不愿意参与5S工作

(4)检查机油液位时,是否按照正确的方法进行操作。( )

A. 严格按照规范操作 B. 没有按照规范操作

(5)学习该任务是否达到全勤?( )

A. 全勤 B. 缺勤0~20%(有请假)

C. 缺勤0~20%(旷课) D. 缺勤20%以上

(6)总体评价该同学。( )

A. 非常优秀 B. 比较优秀 C. 有待改进 D. 急需改进

(7)其他建议:

小组长签名:____________ ____年____月____日

6. 教师总体评价

(1)对该同学所在小组整体印象评价。

A. 组长负责,组内学习气氛好

B. 组长能组织组员按要求完成学习任务,个别组员不能达到学习目标

C. 组内有30%以上的学员不能达到学习目标

D. 组内大部分学员不能达到学习目标

(2)对该同学整体印象评价:

教师签名:____________ ____年____月____日

学习拓展

(1)机油压力过高的故障原因有哪些?如何对机油压力过高的故障进行诊断?

(2)曲轴箱通风装置的作用是什么?如何检测PCV阀?

学习任务6　发动机总成的拆卸与安装

学习目标

完成本学习任务后，你应当能：

1. 叙述哪些汽车维修作业项目需要将发动机从车上拆卸下来；
2. 选择合适的信息渠道收集拆卸、安装和安装后检查发动机总成的步骤及注意事项；
3. 以小组合作的形式完成将发动机总成从车上拆卸与安装，以及安装后的质量检查。

建议完成本学习任务为12学时

学习内容的结构

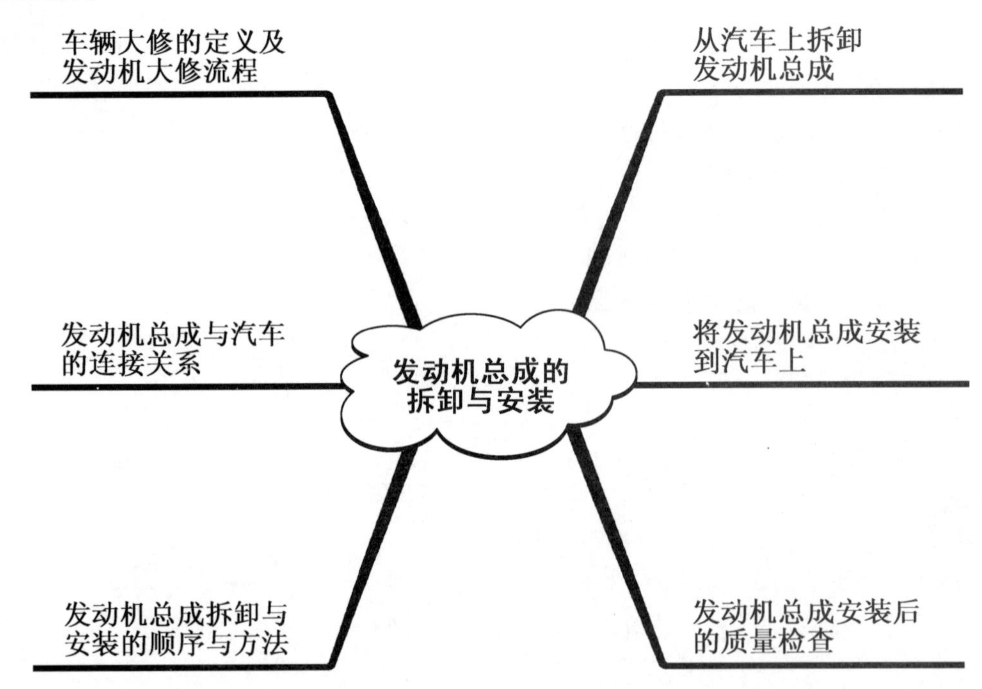

学习任务描述

某客户的汽车发动机在使用过程中由于机油泄漏而造成严重的机械部件损坏，经诊断为该发动机曲轴严重磨损，建议大修发动机总成，客户同意处理。

考虑到因机油泄漏引起的发动机故障，除了涉及曲轴损坏外还有其他机械部件的损坏，如汽缸、活塞以及配气机构等，因此需先将发动机总成拆卸下来大修，修复之后再将发动机总成安装到汽车上，如图6-1所示。但要注意不是所有的发动机修理工作都要将发动机从汽车上吊下，有些修理尽量在车上进行，甚至包括汽缸盖和活塞连杆组的更换。

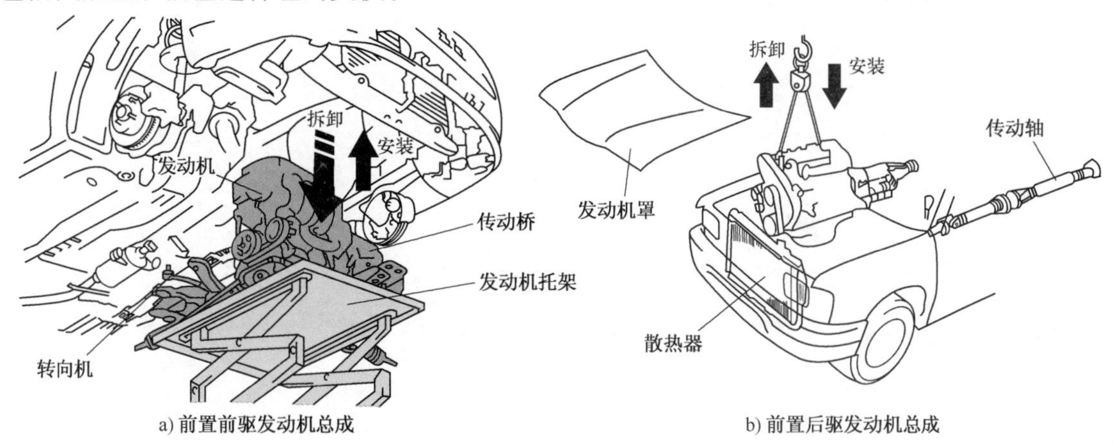

a) 前置前驱发动机总成　　b) 前置后驱发动机总成

图6-1　拆卸与安装发动机总成

一、学习准备

***1. 发动机大修是为了使发动机达到规定的技术标准，那么如何进行发动机大修？**

1）整车大修

所谓整车大修是指拆卸及分解发动机、底盘、车身和电路等总成，然后通过检查或测量等方式判断决定调整、修理或更换必要的零部件等工作来排除故障并进行修复。

2）发动机大修流程

发动机大修是指发动机主要零部件出现破损、断裂、磨损和变形，在发动机总成分解后用修理或更换零件的方法使其技术状况和使用性能达到规定的技术标准。

下面以实际大修发动机所需要的工作过程进行介绍，如图6-2所示。

（1）从车上拆卸发动机。将发动机和传动桥作为一个整体从车上拆卸下来。

（2）分解发动机。将发动机分解成汽缸盖、汽缸体、活塞等独立零部件。

（3）清洁和检查零部件。清洁所有的零部件，然后检查、修复或更换不符合技术要求的零部件。

（4）重新组装发动机。重新组装汽缸盖和缸体等发动机部件。

（5）把发动机安装回车上。将发动机和传动桥作为一个整体安装回车上。

（6）最终检查。进行最终检查，以便确保安装后的车辆技术状态正常。

从图6-2可见发动机总成拆卸与安装是发动机大修工作过程中的主要组成部分。本学习任务我们只进行第（1）、第（5）与第（6）步骤的操作。

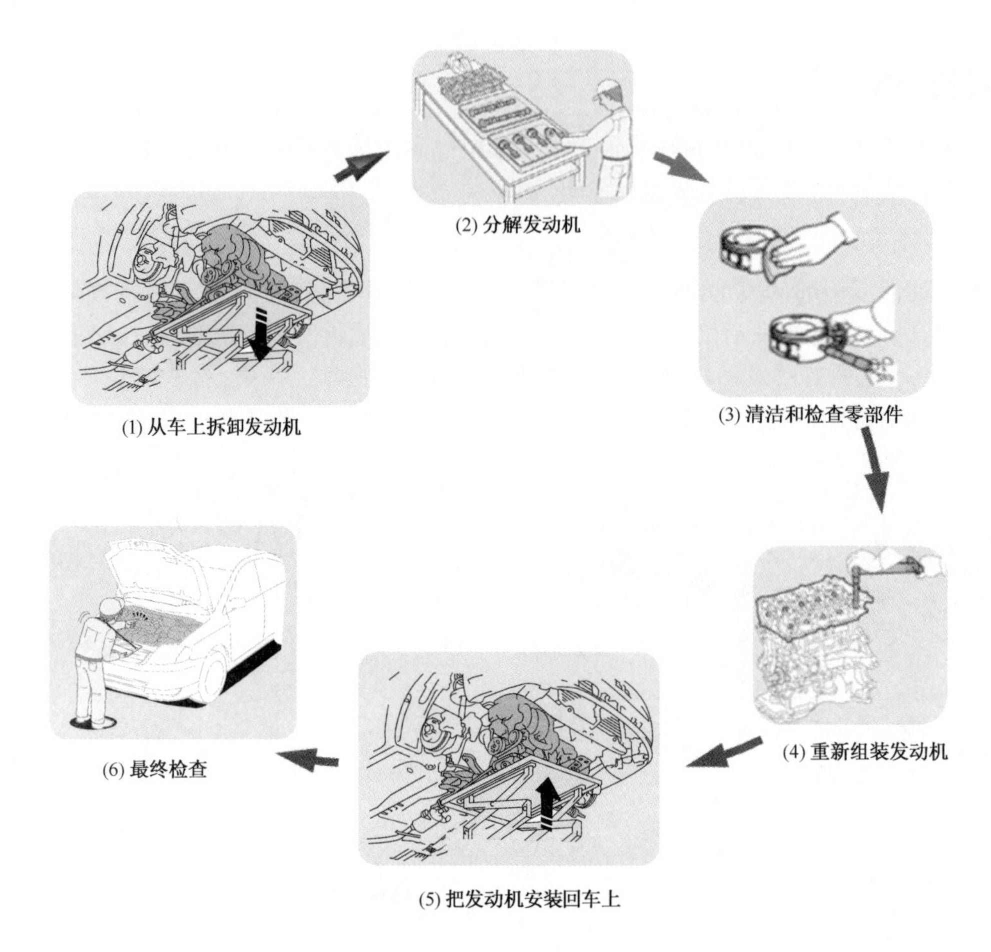

图 6-2 发动机大修流程

二、计划与实施

工具和材料:

干净的抹布,常用工具,发动机总成拆卸专用设备,发动机大修台,长效冷却液,发动机机油和机油滤清器,发动机综合分析仪,发动机尾气分析仪,维修手册。

保护性衣物:

标准作业着装。

汽车相关信息的填写:

生产年份____________;车牌号码____________;车型及行驶里程____________;汽车识别码(VIN)____________;发动机型号和排量____________。

***2. 发动机总成拆卸和安装前,发动机与车上哪些零部件相连?在操作时需要使用哪些工具设备?怎么使用?**

1)查阅维修手册

根据对应车型“维修手册发动机机械部分”,并在车上查看发动机,确认发动机与车上哪些零部件有安装连接关系,并完成表 6-1。

小提示

由于车辆涉及举升和起动发动机，因此必须做好安全防护工作，操作过程中请严格按照检查程序进行，并在作业前进行举升设备的使用培训。

发动机与汽车有连接关系的零部件　　表6-1

位置 描述	发动机支撑点	燃油管	水　管	电路连接器	其　他
名称或数量					

2）制订发动机总成拆卸与安装计划

观察汽车发动机安装位置后，请以小组为单位进行讨论，并制定初步的发动机总成拆卸与安装的计划。

（1）拆卸顺序。

（2）装配顺序。

（3）拆装时注意事项。

*3. 如何将发动机总成从汽车上拆卸下来？

1）填写车辆信息

请在完成发动机总成拆卸作业前将车辆信息填写表6-2中。

车辆信息及相关维修数据　　表6-2

车牌号码		汽车型号	
VIN编号		发动机型号	
生产年份		行驶里程	
发动机机油量	L	发动机机油排放塞力矩	N·m
机油滤清器力矩	N·m	传动带张紧力	N
火花塞间隙	mm	气门间隙	mm

2）从车上拆卸发动机总成

请按照表6-3从车上拆下发动机总成的步骤进行操作，并在图表相应位置打"√"。

从车上拆下发动机总成　　表6-3

<table>
<tr><td>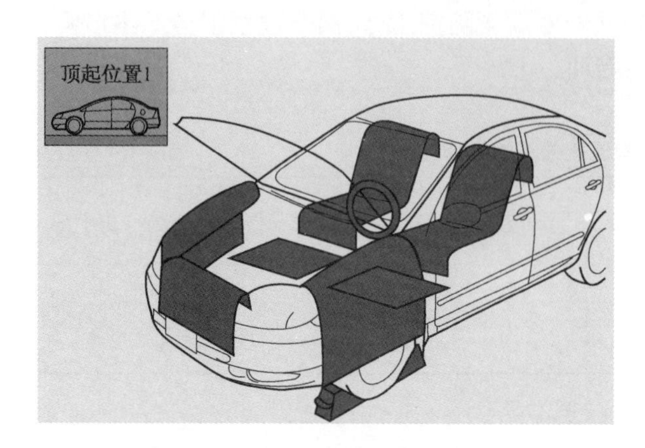

图6-3　车辆停置及安全防护操作</td><td>(1)车辆停置及安全防护操作,如图6-3所示。
□ 车辆直线停置举升工位;
□ 安装车轮挡块;
□ 安装座椅套;
□ 安装地板垫;
□ 安装转向盘套;
□ 安装变速杆套;
□ 拉起发动机舱盖释放杆;
□ 打开发动机舱盖;
□ 安装翼子板布;
□ 安装前格栅布。</td></tr>
<tr><td>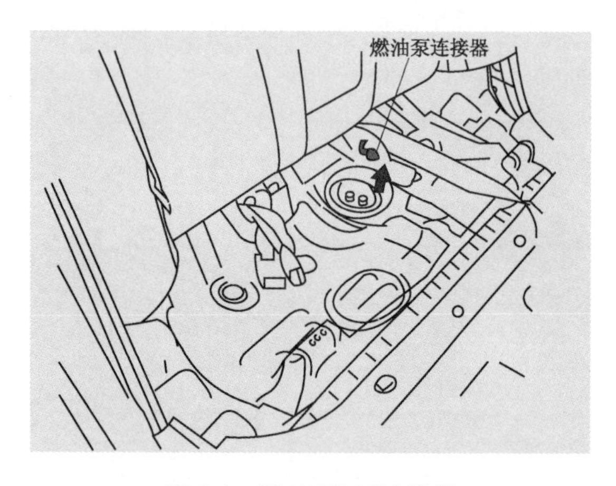

图6-4　拆开燃油泵连接器</td><td>(2)拆开燃油泵连接器,如图6-4所示。
□ 拆卸后座椅软垫;
□ 拆卸检修孔盖;
□ 拆开燃油泵连接器。
小提示:
①可以通过拆卸断路继电器来停止燃油泵的运行。
②参考对应车型维修手册,因为燃油泵连接器的位置因车的不同而有所不同。</td></tr>
<tr><td>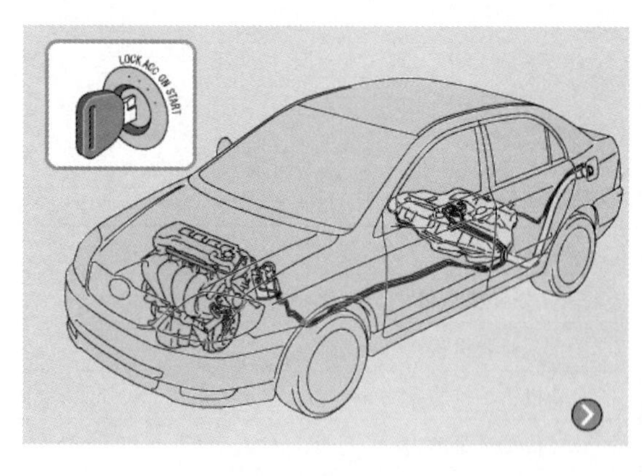

图6-5　防止汽油溢出</td><td>(3)防止汽油溢出,如图6-5所示。
□ 起动发动机;
小提示:
当燃油泵连接器被拆开时,发动机依能起动。由于燃油泵已停止工作,燃油管内的压力逐渐减少直至发动机自动停止工作。
□ 发动机自动停止以后,再次起动发动机并且确保其不能重新起动;
□ 将点火开关转到LOCK位置。</td></tr>
</table>

续上表

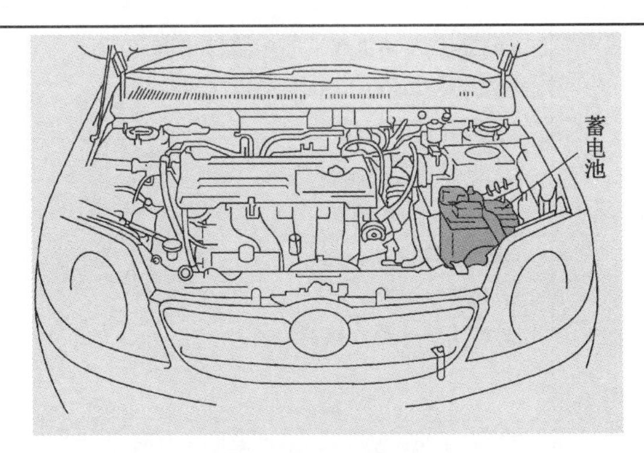

图 6-6　蓄电池位置

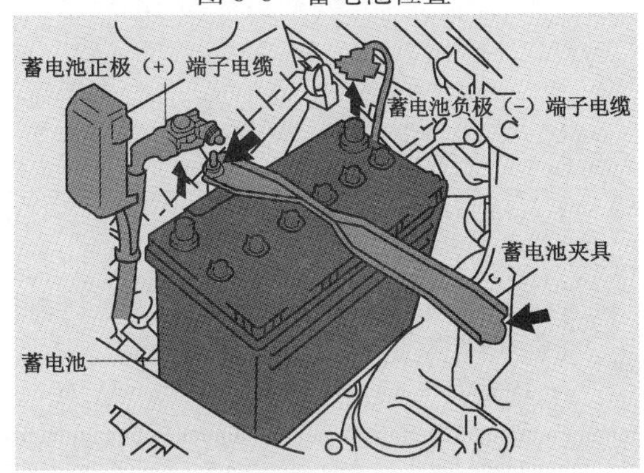

图 6-7　拆卸蓄电池

（4）拆卸蓄电池，如图 6-6、图 6-7 所示。

小提示：

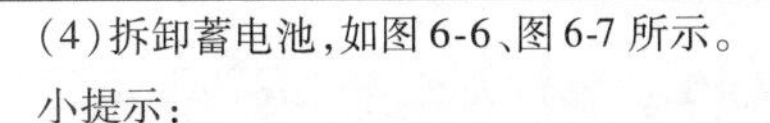

拆开蓄电池电缆以前，将 ECU 中存储的信息记录下来。

①DTC（诊断故障代码）；

②无线电台选择；

③座椅位置（带记忆系统）；

④转向轮位置（带记忆系统）等。

□ 拆开蓄电池负极端子电缆；

□ 拆开蓄电池正极端子电缆；

□ 拆下蓄电池夹具；

□ 拆下蓄电池。

注意：

蓄电池壳内是液体电解质（稀硫酸），因此保持蓄电池液位水平，防止液体溢出。

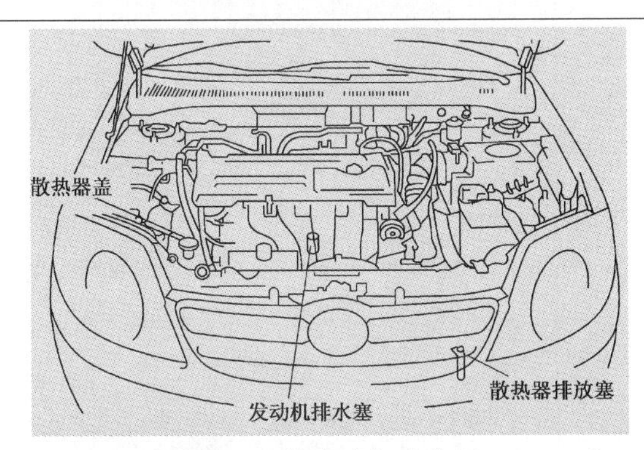

图 6-8　排出冷却液位置

图 6-9　排出冷却液

（5）排出冷却液，如图 6-8、图 6-9 所示。

拆开下冷却液软管，排放冷却液。

警告：

在发动机热机时，拆卸散热器盖是很危险的，冷却液会喷射而出。因此，拆卸散热器盖前，应当等待发动机充分冷却。

注意：

如果冷却液与车身接触，车身便会褪色。因此，如果冷却液溅出，应立即用水冲洗。

□ 用布盖住散热器盖；

□ 旋转 45°松开散热器盖，释放散热器内压力；

□ 再将散热器盖旋转 45°，将其拆卸；

□ 将冷却液回收罐放在散热器和发动机的排放塞下方；

□ 松开散热器的排放塞排放冷却液，排放发动机中的冷却液。

续上表

<table>
<tr><td>
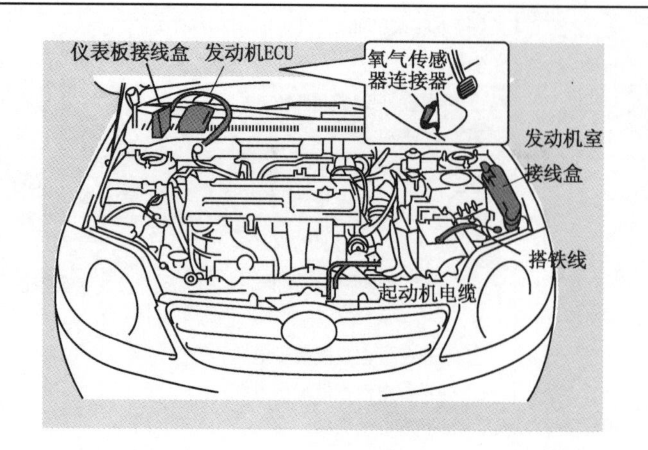

图 6-10　拆开发动机线束连接器
</td><td>
(6)拆开发动机线束连接器,如图 6-10 所示。
□ 拆开发动机 ECU 线束连接器;
□ 拆开仪表板接线盒;
□ 拆开发动机舱接线盒;
□ 其他。
①搭铁线。
②起动机电缆。
③氧气传感器连接器。
</td></tr>
<tr><td>
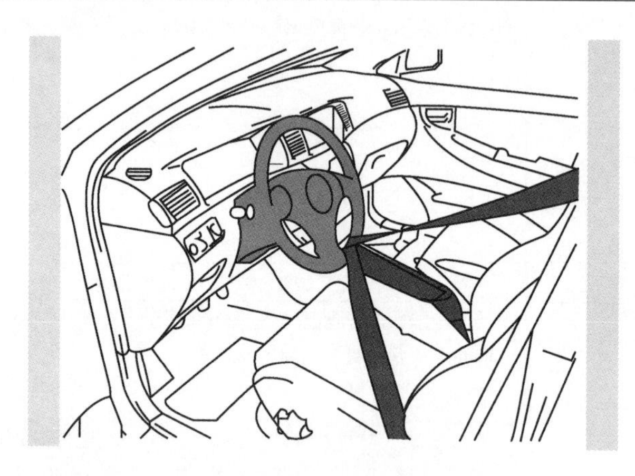
图 6-11　固定转向盘

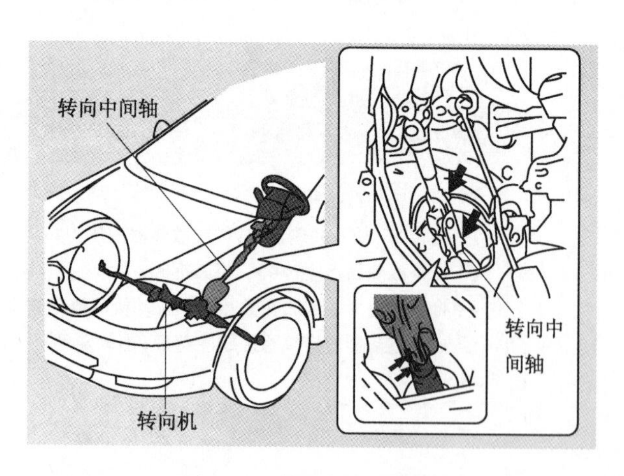

图 6-12　拆开转向中间轴
</td><td>
(7)拆分转向机和转向中间轴,如图 6-11、图 6-12 所示。
□ 固定转向盘。
固定转向盘时应将座椅安全带穿过转向盘,以防止空气囊的螺旋电缆断裂。
□ 拆开转向中间轴。
拆开转向中间轴之前,应在转向齿轮和转向中间轴上做好装配标记。
</td></tr>
</table>

续上表

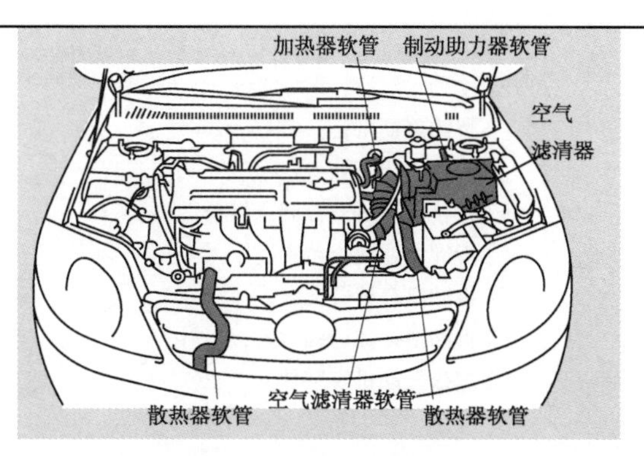 图 6-13　拆除卡箍及软管  图 6-14　防止泄漏及防尘措施	(8)拆除下述卡箍及软管，如图 6-13、图 6-14 所示。 □ 拆开制动助力器软管； □ 拆开散热器软管； □ 拆开加热器软管； □ 拆开空气滤清器软管； □ 拆开空气滤清器； 小提示： 冷却液软管、真空软管和其他软管都与发动机相连。拆卸发动机前，必须拆开所有软管。 □ 从发动机上将散热器软管和加热器软管拆开，然后用布堵住； 由于发动机内的冷却液不能完全排空，这样操作能防止冷却液泄漏； □ 拆卸空气滤清器后，用布块或者胶带将进风口盖住； 防止异物进入节气门体。如果异物进入了节气门体，便可能损坏阀门或者燃烧室。
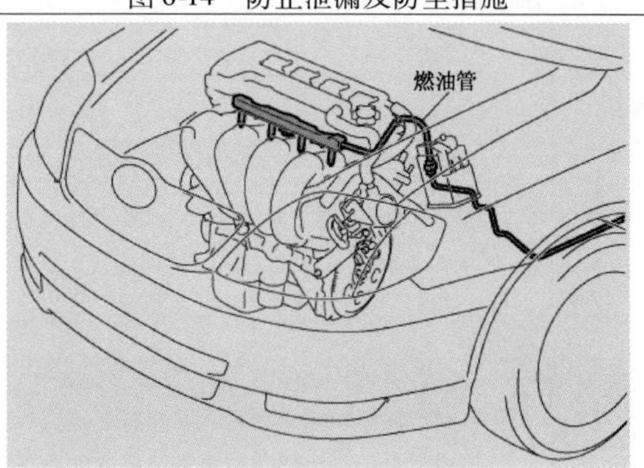 图 6-15　燃油管路位置 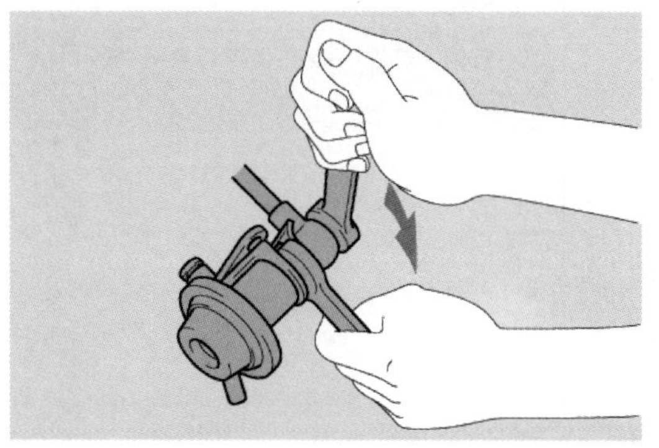 图 6-16　断开燃油管路	(9)断开燃油管路，如图 6-15、图 6-16 所示。 □ 拆开燃油管路。 □ 为了防止管线和/或部件扭曲，将部件的一端固定，然后再拆开接头。

续上表

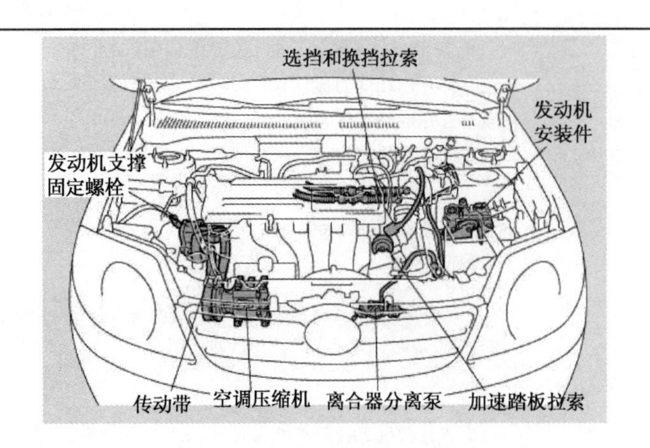

图 6-17　从发动机及传动桥上拆卸零部件

(10)从发动机上拆卸相关零部件,如图 6-17 ~ 图 6-20 所示。

□ 拆卸传动带;
□ 拆卸空调压缩机;
□ 拧松发动机支撑固定螺栓;
□ 拆卸加速踏板拉索;
□ 拆卸离合器分离泵;
□ 拆卸换挡和选挡拉索;
□ 拧松发动机安装件。

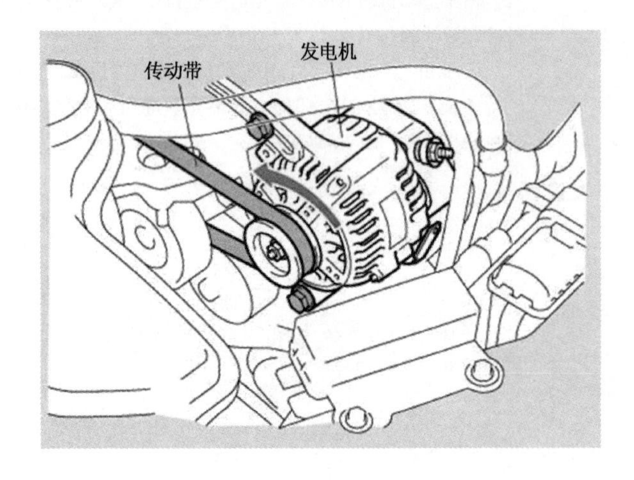

图 6-18　拆卸传动带

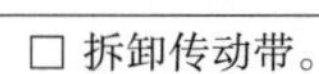

□ 拆卸传动带。

松开发电机安装螺栓并拆卸传动带(非自动张紧装置调节型传动带)。

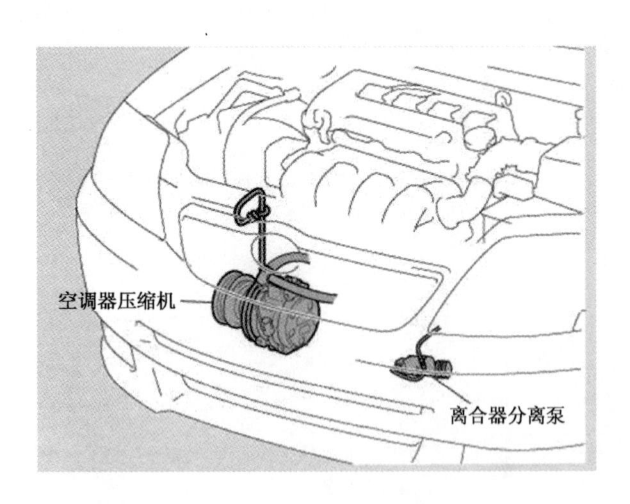

图 6-19　拆卸空调器压缩机和离合器分离泵

□ 拆卸空调器压缩机和离合器分离泵;
□ 使用绳子等将空调器压缩机和离合器分离泵拴住,以免它们阻碍发动机的拆卸。

小提示:

拆卸空调器压缩机和离合器分离泵时要小心,避免管道变形。

续上表

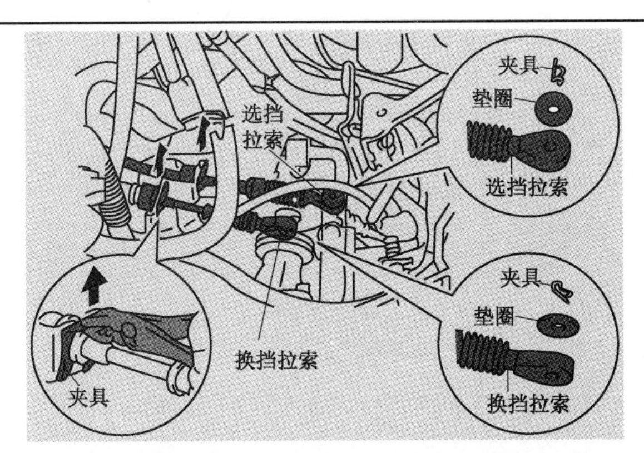

图 6-20　拆开换挡和选挡拉索

□ 拆开换挡和选挡拉索；

□ 拆卸夹具和垫圈，然后从传动桥上拆开换挡和选挡拉索。

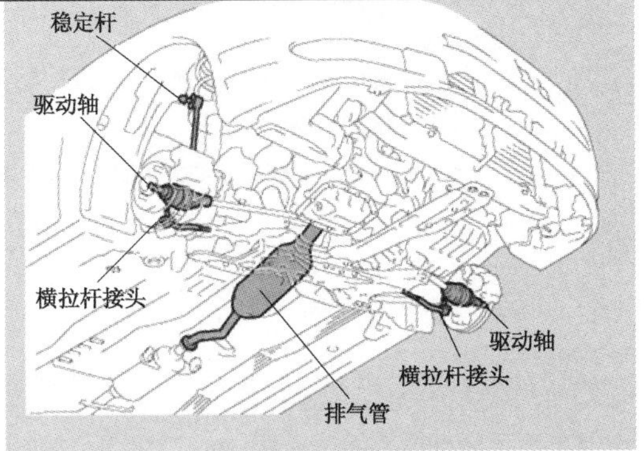

图 6-21　拆卸底盘部件

(11)拆卸下述零部件，如图 6-21 ~ 图 6-26 所示。

□ 拆卸排气管；

□ 拆卸横拉杆接头；

□ 拆卸驱动轴；

□ 拆卸稳定杆。

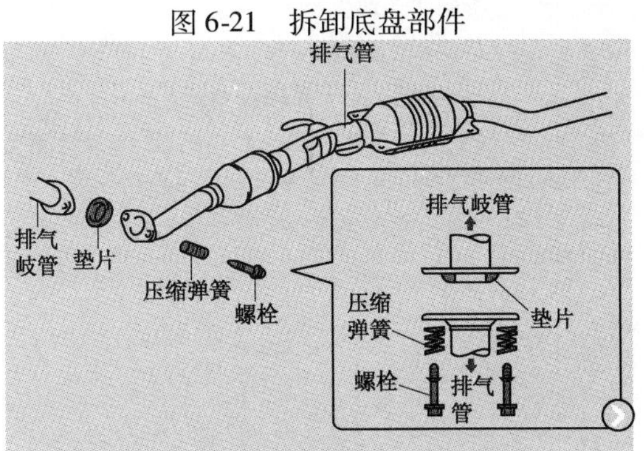

图 6-22　拆卸排气管

□ 拆卸排气管。

拆卸螺栓和螺母前，用锈渗透剂浸泡处理。

小提示：

①拆卸排气管时要求两个人相互合作。

②垫片和螺母不可再次使用，重新组装排气管时，必须要使用新的垫片和螺母。

图 6-23　双人合作拆卸排气管

续上表

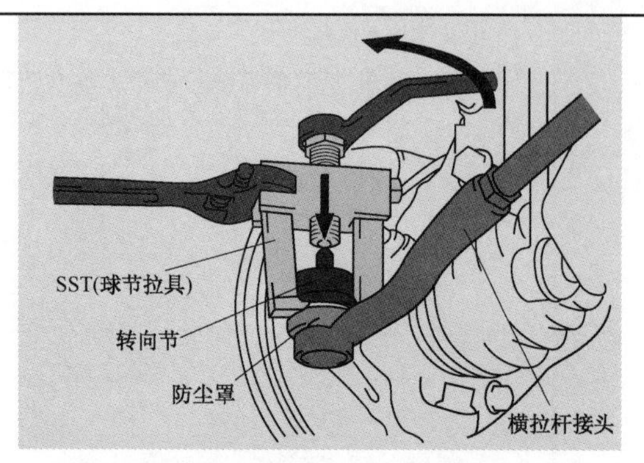

图 6-24　拆卸分横拉杆接头

□ 拆卸分横拉杆接头。

①拆卸开口销和槽顶螺母;

②使用 SST(专用维修工具)将横拉杆接头与转向节分开。

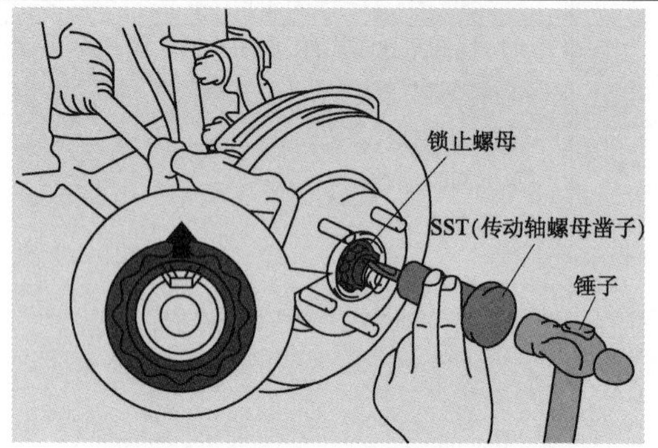

图 6-25　拆卸驱动轴安装紧锁螺母

□ 拆卸驱动轴安装紧锁螺母。

①把传动轴凹槽放置在空部;

②使用 SST 和锤子,松开锁止螺母;

③松开锁止螺母时需两人合作。

一人踩住制动板固定驱动轴,另一人松开锁止螺母。

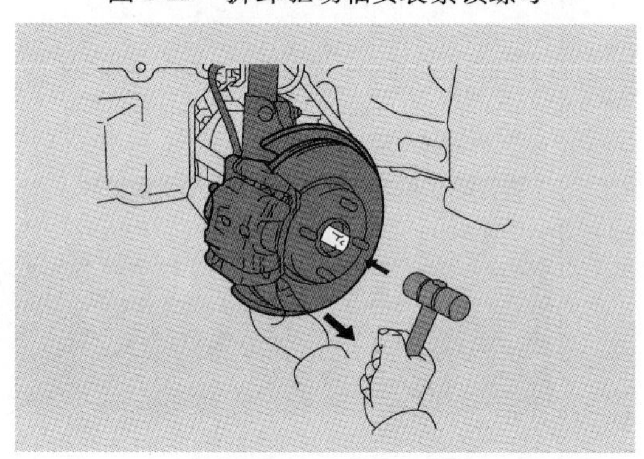

图 6-26　拆卸驱动轴

□ 拆卸驱动轴。

①从车桥轮毂上拆下臂;

②从减振器上拆开横向杆稳定杆铰接;

③轻轻地将车桥轮毂往外拉时,使用塑料锤轻轻地敲驱动轴使之脱卡扣,然后将驱动轴从车桥轮毂上拆开;

④用绳子将驱动轴悬挂于发动机或悬架梁上。

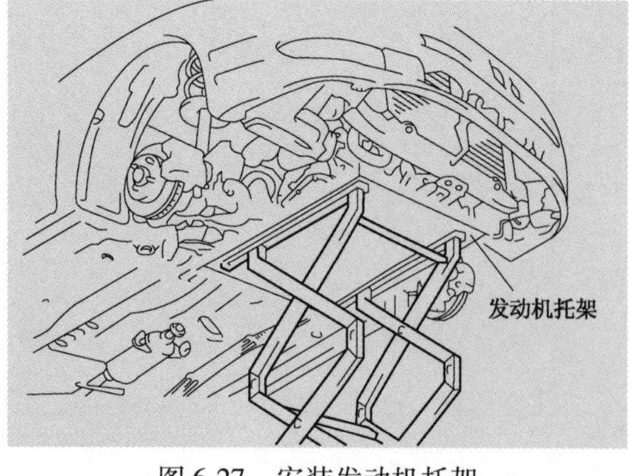

图 6-27　安装发动机托架

(12)安装发动机托架并拆开悬架梁和发动机安装件、拆卸发动机传动桥、悬架梁整体等,如图 6-27 ~ 图 6-29 所示。

□ 举升车辆。

续上表

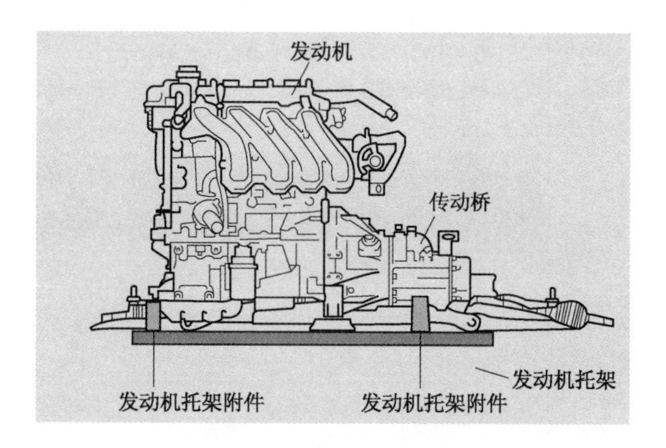

图 6-28 设定发动机托架

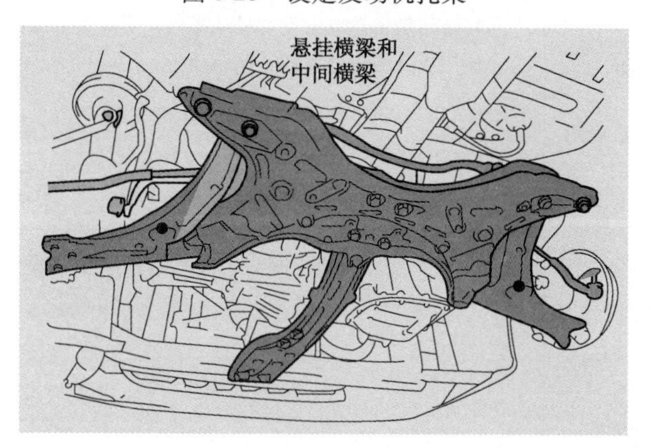

图 6-29 拆卸悬架梁安装螺栓

□ 安装发动机托架。

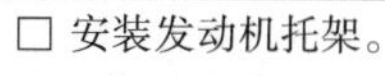

①将发动机托架升起到刚碰到油底壳；

②使用发动机托架附件，支撑发动机油底壳、传动桥和悬架梁；

③拆卸发动机安装螺栓。

□ 拆卸悬架梁安装螺栓。

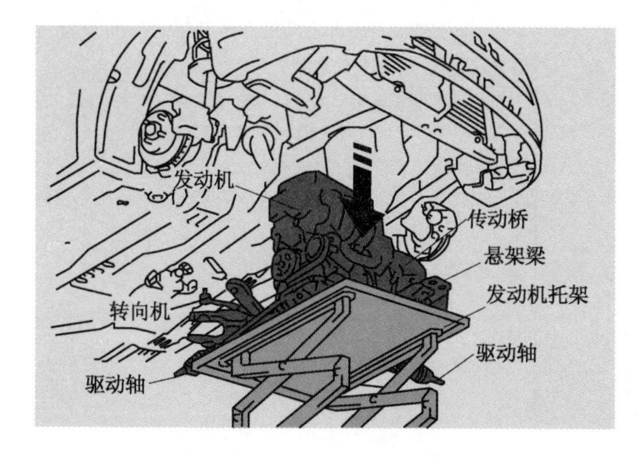

图 6-30 前桥部件整体卸下

(13)拆卸发动机、变速驱动桥、悬挂元件整体，如图 6-30 所示。

□ 保证所有的导线和管道都被拆开；

□ 小心缓慢下降拆卸的发动机，避免与车身接触。

续上表

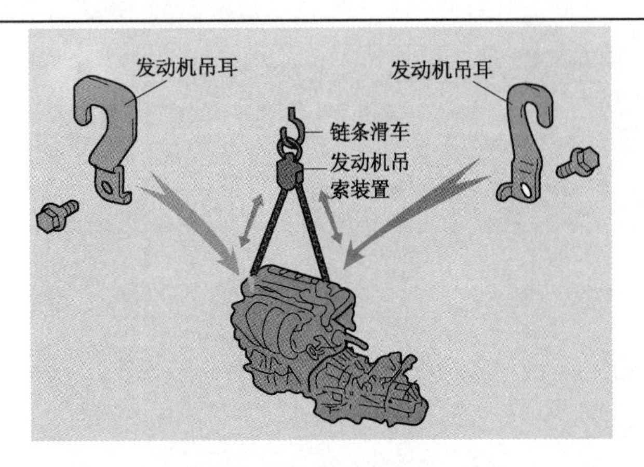 图 6-31　安装发动机吊耳	(14)安装发动机吊耳,如图 6-31 所示。 □ 安装发动机吊耳; □ 在发动机吊耳上安装发动机吊索装置; □ 将链条滑车连接到发动机吊索装置上。 小提示: 链条滑车作用在两条链条上的张紧力不均匀,发动机会明显倾斜,从而导致发生危险事故。
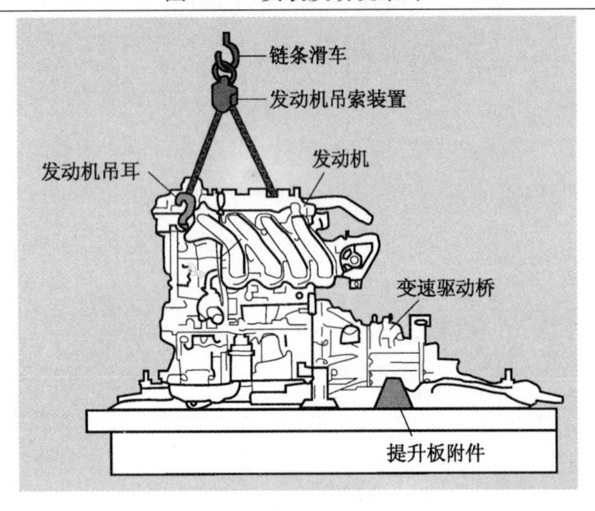 图 6-32　降下发动机总成	(15)降下发动机总成,如图 6-32 所示。 □ 将带传动桥总成的发动机从吊钩上下降到工作台上; □ 使用提升板附件支撑变速驱动桥。
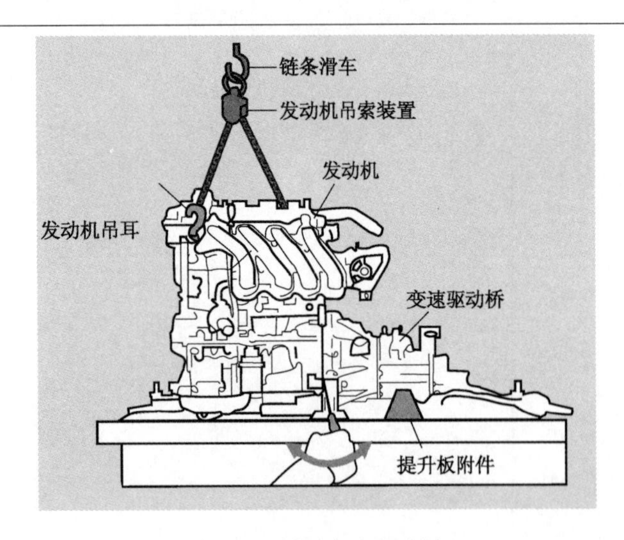 图 6-33　拆开变速驱动桥	(16)拆开变速驱动桥,如图 6-33 所示。 □ 拆卸发动机和传动桥安装螺栓; □ 将𣏌螺丝刀插入发动机和传动桥之间的空隙,通过𣏌螺丝刀撬松开输入轴装置; □ 轻轻地摇晃发动机,从传动桥上拆卸发动机。

续上表

<table>
<tr><td>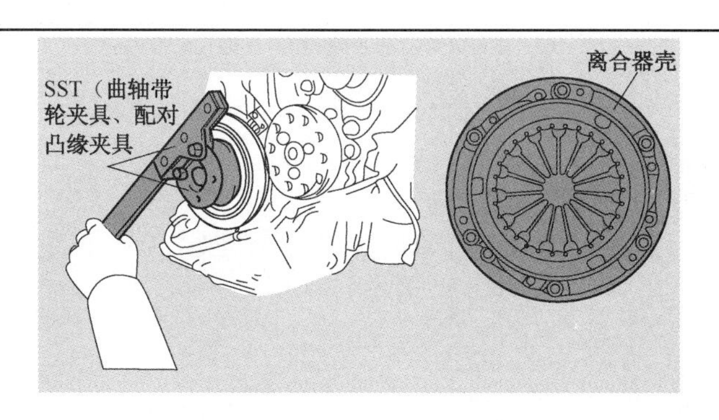

图 6-34　拆卸离合器和飞轮</td><td>(17)拆卸离合器和飞轮,如图 6-34 所示。
□ 在离合器壳和飞轮上做好装合标记;
□ 在曲轴带轮上安装 SST 固定曲轴;
□ 拆卸离合器壳和离合器盘;
□ 拆卸飞轮。</td></tr>
<tr><td>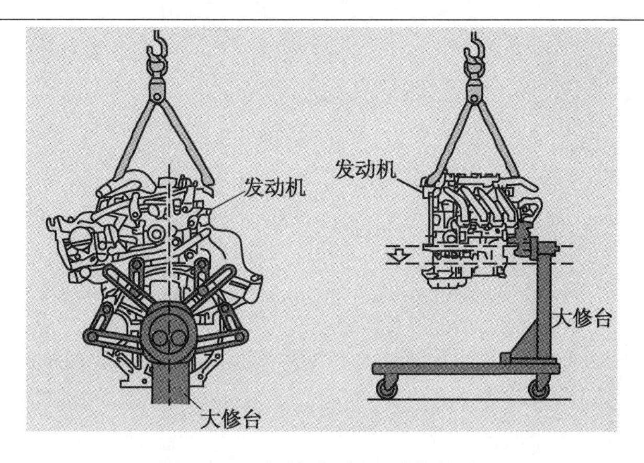

图 6-35　安装发动机到大修台</td><td>(18)安装发动机到大修台,如图 6-35 所示。
□ 对称安装大修台的左、右臂;
□ 使发动机和大修台处于水平位置,然后拧紧螺栓;
□ 拆卸链条滑车。</td></tr>
</table>

*4. 在发动机大修后,如何将发动机总成安装到汽车上?

请按照表 6-4 安装发动机总成的步骤进行操作,并在图表相应位置打"√"。

安装发动机总成　　表 6-4

<table>
<tr><td>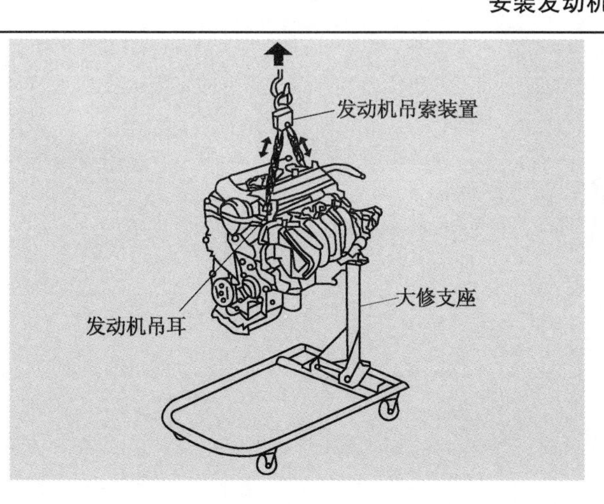

图 6-36　从发动机大修支座上拆卸发动机</td><td>(1)从发动机大修支座上拆卸发动机,如图 6-36 所示。
□ 将吊索装置连接到发动机吊耳上;
□ 安装发动机吊索装置后,提升链条滑轮。在两根链条上施加较小的张紧力;
□ 从大修支座上拆卸发动机。</td></tr>
</table>

续上表

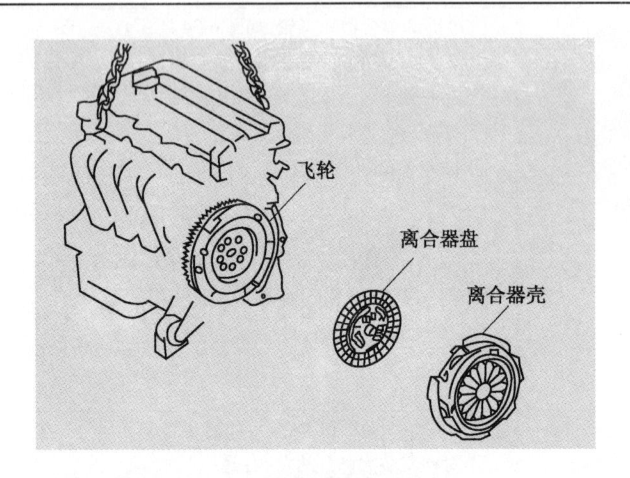

图 6-37　安装离合器和飞轮

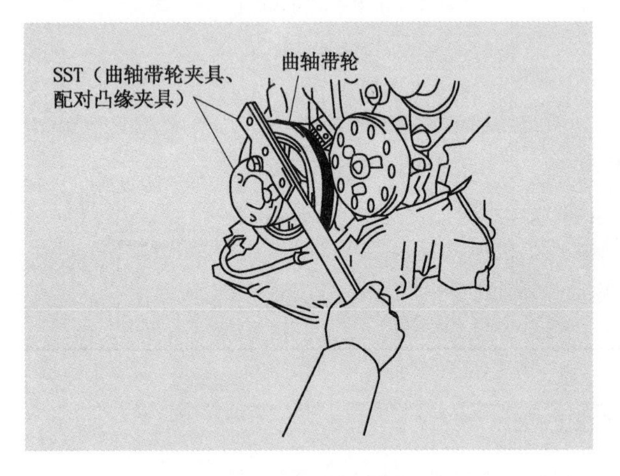

图 6-38　固定曲轴

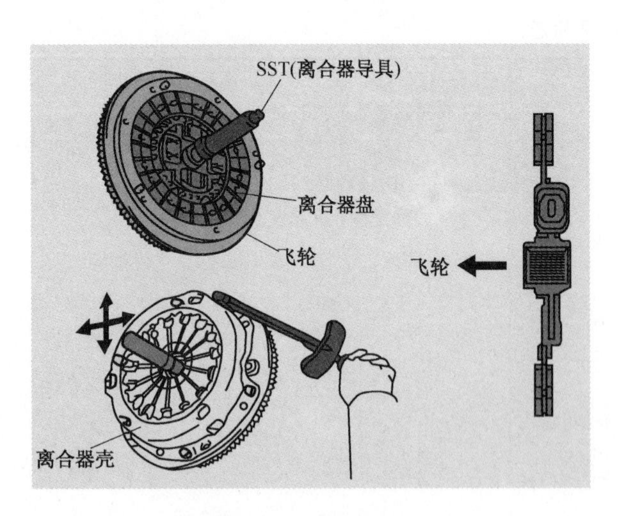

图 6-39　安装离合器

(2)安装离合器和飞轮,如图 6-37 ~ 6-39 所示。

□ 安装飞轮;

□ 安装离合器盘;

□ 安装离合器壳;

□ 安装飞轮。

①在曲轴带轮上安装 SST 固定曲轴;

②安装飞轮并拧紧安装螺栓。

□ 安装离合器。

①将 SST 插入离合器盘中,然后再将其插入飞轮中;

②对准飞轮和离合器壳上的安装标记,并且安装离合器壳;

③通过上下、左右的摇动 SST,对准离合器盘和飞轮中央;

④拧紧离合器壳的安装螺栓。

续上表

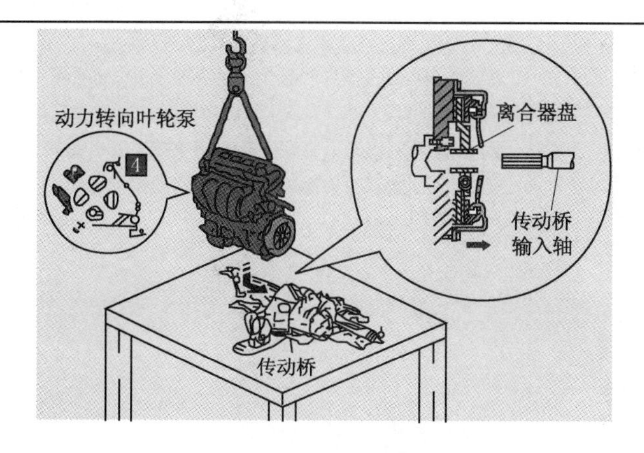 图 6-40　将发动机安装到传动桥上	(3)将发动机安装到传动桥上,如图 6-40 所示。 □ 将花键润滑脂抹在传动桥输入轴上; □ 将离合器盘花键与传动桥的输入轴对准,并在发动机上安装传动桥; □ 安装和拧紧发动机和传动桥安装螺栓。
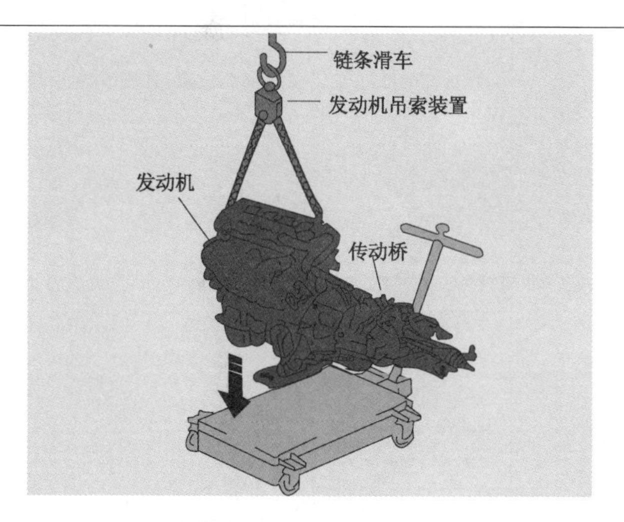 图 6-41　将发动机放在发动机托架	(4)将发动机放在发动机托架,如图 6-41 所示。 □ 使用附件调整发动机传动桥悬架梁,然后将其放在发动机升降机上。
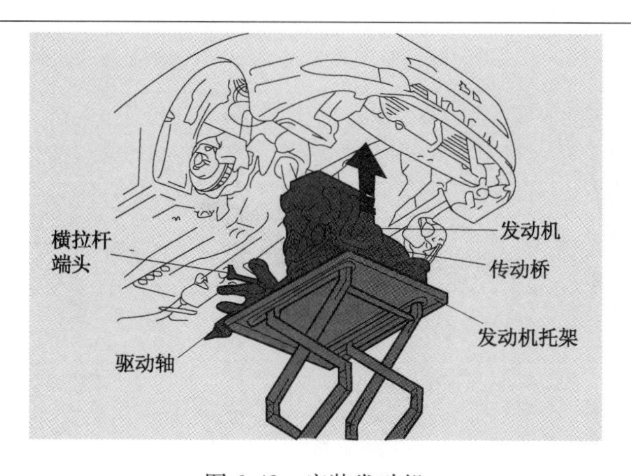 图 6-42　安装发动机	(5)安装发动机,如图 6-42 所示。 □ 举升发动机的同时注意线束和管道不要钩在其他位置上或者与车身接触; □ 检查发动机安装位置和悬架梁安装位置。

续上表

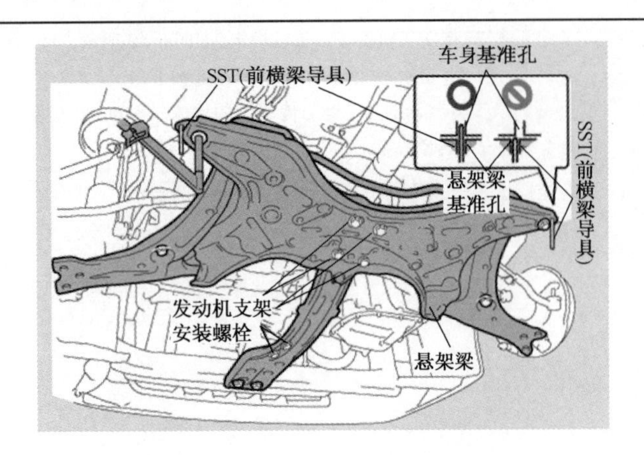 图 6-43　定位与安装悬架梁位置	(6)定位与安装悬架梁位置,如图 6-43 所示。 □ 将 SST 插入车身和悬架梁的基准孔中,然后用手拧紧所有螺栓; □ 在发动机支架上临时安装和用手拧紧安装螺栓; □ 完全拧紧悬架梁安装螺栓到规定的拧紧力矩。
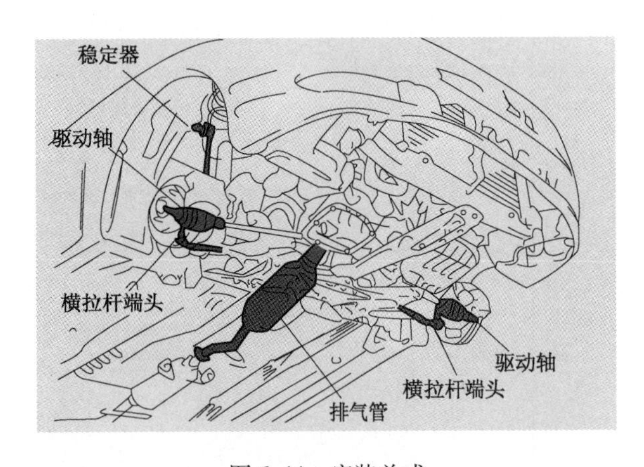 图 6-44　安装总成 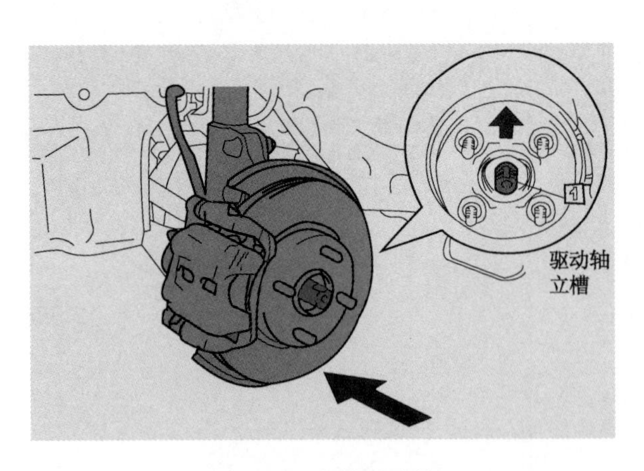 图 6-45　安装驱动轴	(7)安装总成。 将拆卸的部件安装在原来的位置,如图 6-44 ~ 图 6-48 所示。 □ 安装驱动轴。 ①轻轻将轮毂朝向车外,对准传动轴和轮毂的花键,然后将传动轴插入轮毂中; ②将下悬臂连接到车桥轮毂; ③安装 ABS 转速传感器。

续上表

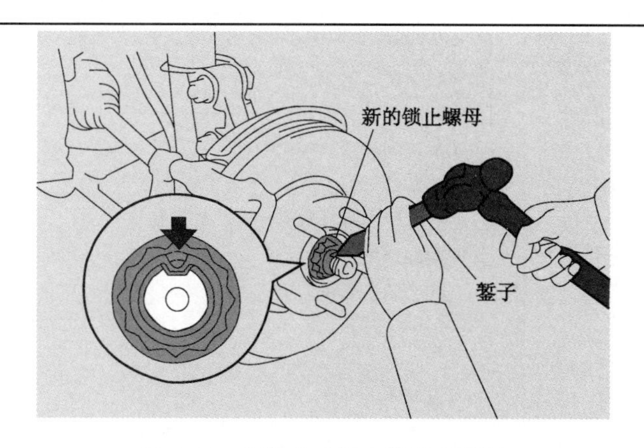

图 6-46　安装传动轴安装锁止螺母

□ 安装传动轴安装锁止螺母。

①拧紧锁止螺母时需要两个人操作，以便保证它们能被牢固固定；

②驱动轴凹槽面向顶部；

③使用錾子和锤子敲紧新的锁止螺母。

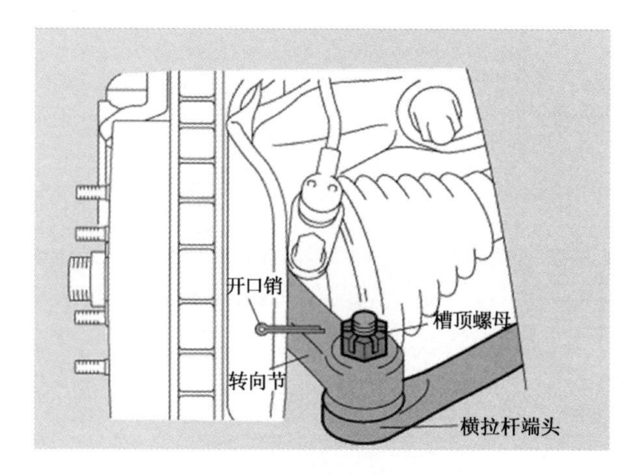

图 6-47　安装横拉杆端头

□ 安装横拉杆端头。

①将横拉杆端头插入转向节；

②按照规定的力矩拧紧槽顶螺母，用开口销固定螺母。

小提示：

开口销为一次性，确保使用新的开口销。

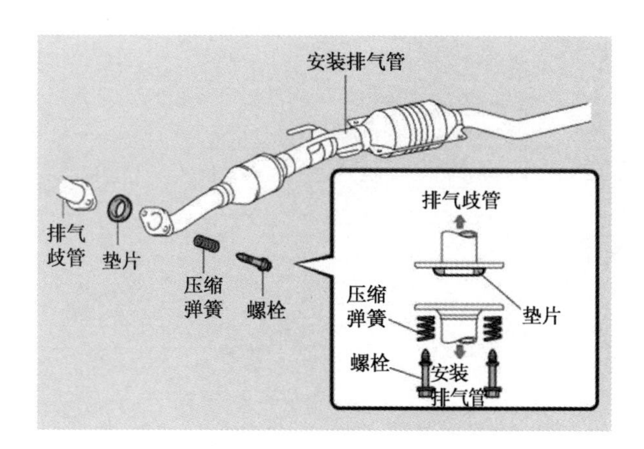

图 6-48　安装排气管

□ 安装排气管。

①用游标卡尺测量压缩弹簧的自由长度；

②将新的垫片安装在排气管上；

③将排气管的孔和排气歧管的孔对准，然后使用螺栓固定。

小提示：

①安装排气管时要求两个人合作。

②通常，排气管的螺母不可再次使用，保证使用新的螺母。

续上表

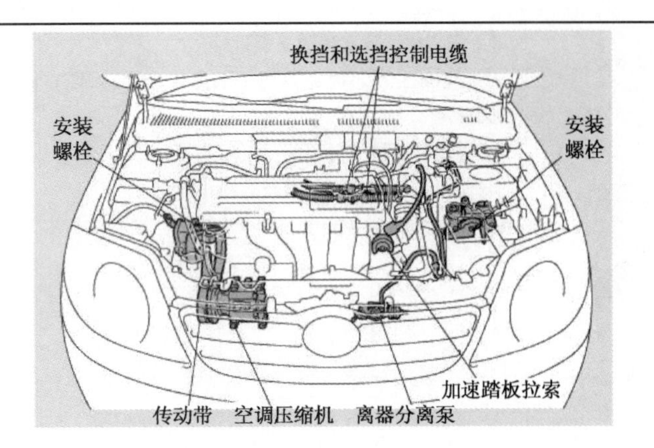

图 6-49　安装发动机室总成

(8)安装发动机室总成,如图 6-49 ~ 图 6-52 所示。

□ 安装空调压缩机;

□ 安装离合器分离泵;

□ 安装换挡和选挡控制电缆;

□ 安装传动带;

□ 通过螺栓和螺母拧紧发动机安装螺栓;

□ 安装加速踏板拉索;

□ 安装空调压缩机。

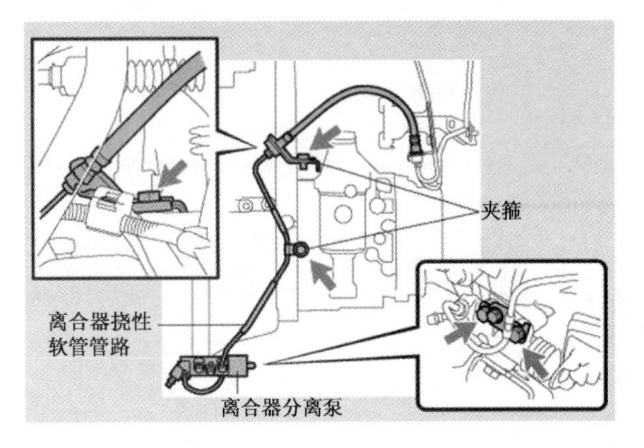

图 6-50　安装离合器分离泵

□ 安装离合器分离泵。

安装分离泵时轻微压缩推杆。

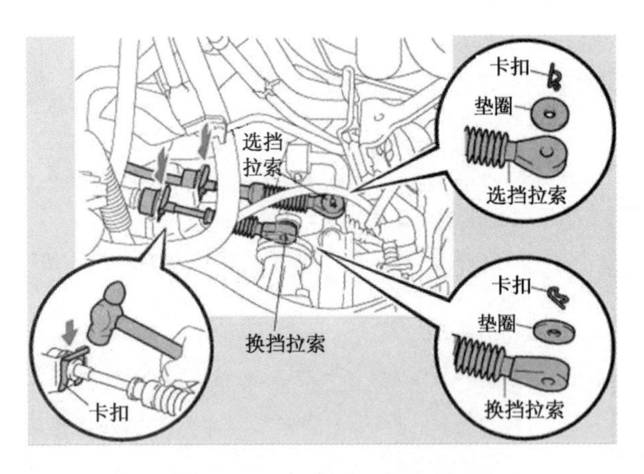

图 6-51　安装换挡和选挡拉索

□ 安装换挡和选挡拉索。

使换挡杆和选挡拉索连接传动桥,用卡扣紧固。

续上表

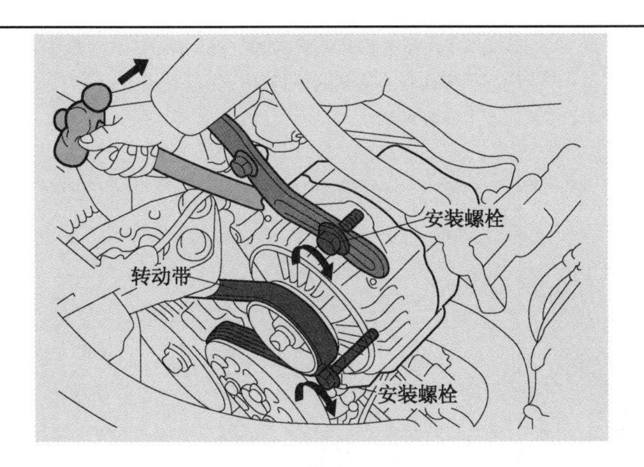 图 6-52　安装传动带	□ 安装传动带。 ①当发电机安装螺栓松开后，将传动带安装到所有的带轮上； ②移动发电机调节传动带张紧力螺栓； ③检查传动带松紧并旋紧螺栓。 □ 通过螺栓和螺母拧紧（完全拧紧）发动机安装螺栓。
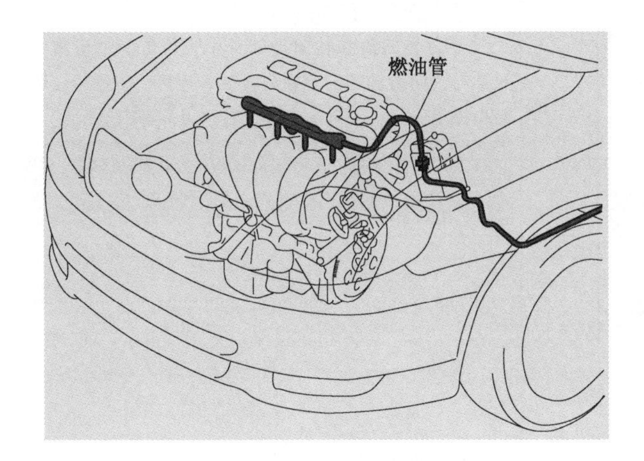 图 6-53　燃油管位置 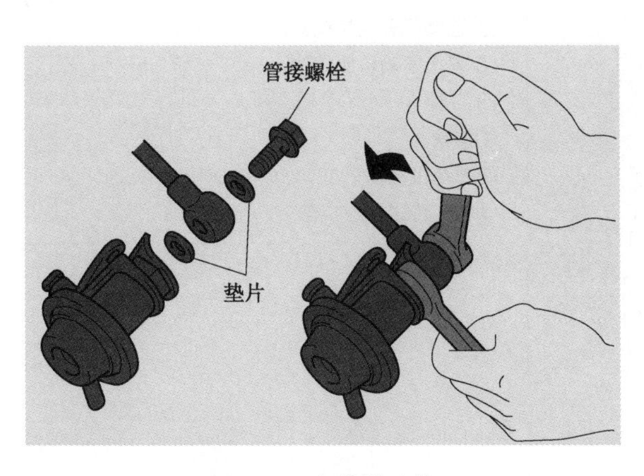 图 6-54　安装燃油管	(9)正确安装燃油管，如图 6-53、图 6-54 所示。 □ 在管线两端的接头上安装新的垫片，然后将管接螺栓插入垫片中； □ 保持管线平直时，用手拧紧螺栓； □ 使用扳手夹住安装总成并且拧紧管接螺栓。

续上表

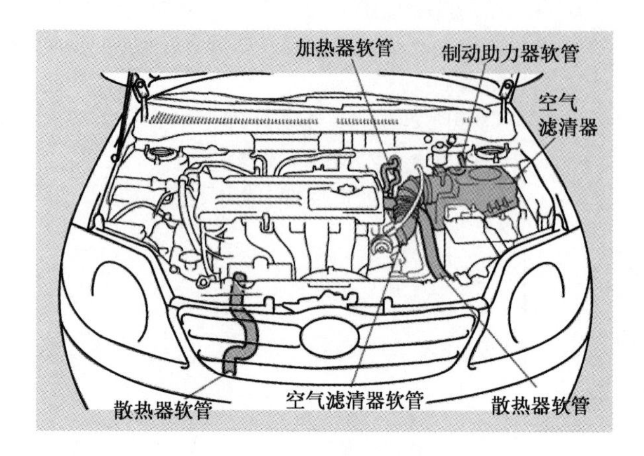

图 6-55　连接卡箍和软管

(10)连接卡箍和软管,如图 6-55 所示。

□ 将软管连接到其原拆卸位置的底座上;

□ 安装卡箍。

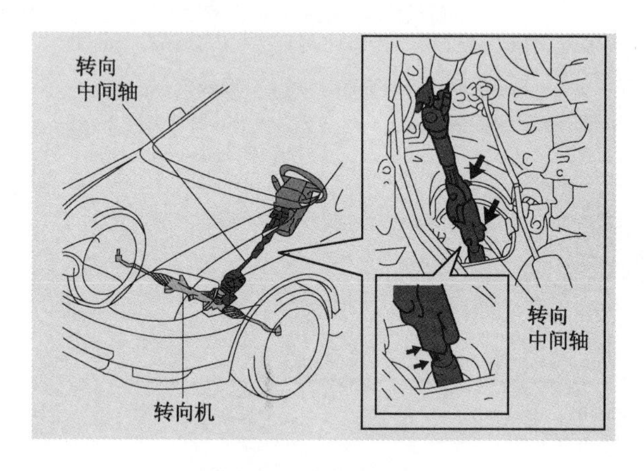

图 6-56　安装车内总成

(11)安装车内总成,如图 6-56 所示。

□ 安装转向中间轴;

□ 确保转向盘和转向器处于中央位置。然后将转向中间轴与转向齿轮的配合标记对准并连接。将螺栓拧紧。

小提示:

如果转向中间轴和转向齿轮的位置不对准,转向盘的中央位置将偏移。空气囊螺旋电缆也可能断裂。

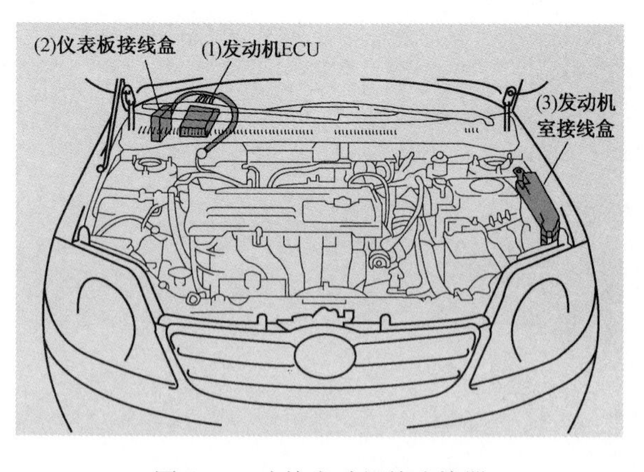

图 6-57　连接发动机舱连接器

(12)连接拆卸发动机时断开的连接器,如图 6-57 所示。

□ 连接发动机 ECU 连接器;

□ 连接仪表板接线盒;

□ 连接发动机舱接线盒;

□ 其他。

①搭铁。

②起动机电缆。

③氧气传感器连接器。

续上表

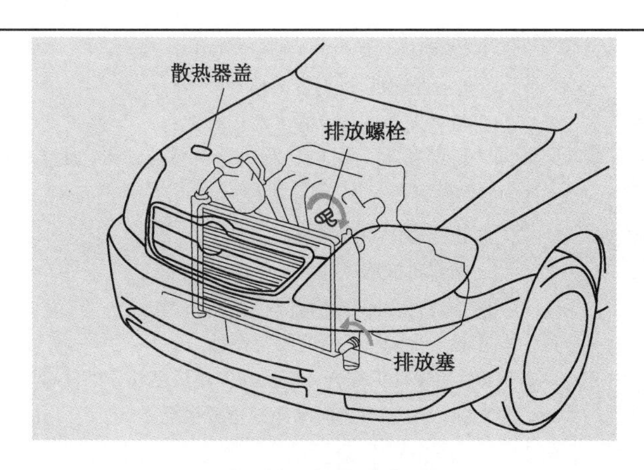 图 6-58　加注冷却液	(13)加注冷却液,如图 6-58 所示。 □ 加注冷却液以前,保证排放塞(散热器)和排放螺栓(发动机缸体)已经拧紧; □ 将加热器的温度设置为最高; □ 在散热器注入口注入冷却液; □ 向储液箱注入的冷却液液面至满的标记; □ 安装散热器盖。
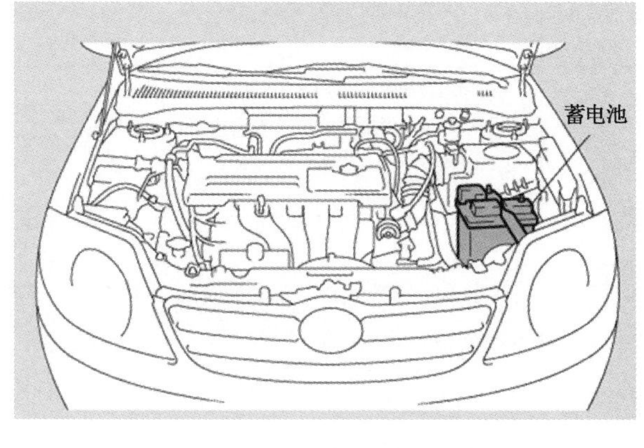 图 6-59　安装蓄电池	(14)安装蓄电池,如图 6-59 所示。 □ 检查蓄电池端子位置,安装蓄电池; □ 连接蓄电池电缆。 将蓄电池电缆连接到蓄电池端子底座,用螺母固定。

 **＊5. 为了保证发动机的正常工作,装配好发动机总成后还要做哪些检查?**

请按照表 6-5 发动机总成安装后的质量检查步骤进行操作,并在图表相应位置打“√”。

发动机总成安装后的质量检查　　表 6-5

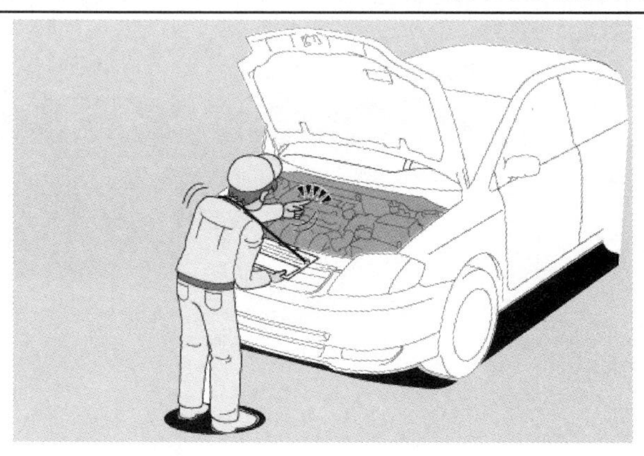 图 6-60　发动机起动前的检查	(1)发动机起动前的检查,如图 6-60 所示。 □ 确保连接器连接到拆卸时贴标签的位置; □ 轻轻拉动每个连接器,确保没有脱开; □ 检查所有螺栓和螺母都没有松动; □ 检查是否有零件留在托盘或工作台上; □ 检查是否所有卡箍都正确安装到位; □ 检查软管或管接头处是否有油、水泄漏; □ 检查发动机机油液位是否达到“F”标记; □ 检查驱动带是否安装正确; □ 检查驱动带的张紧度是否合适; □ 燃油是否泄漏。连接燃油泵接头,并通过智能测试表操作燃油泵并检查。

续上表

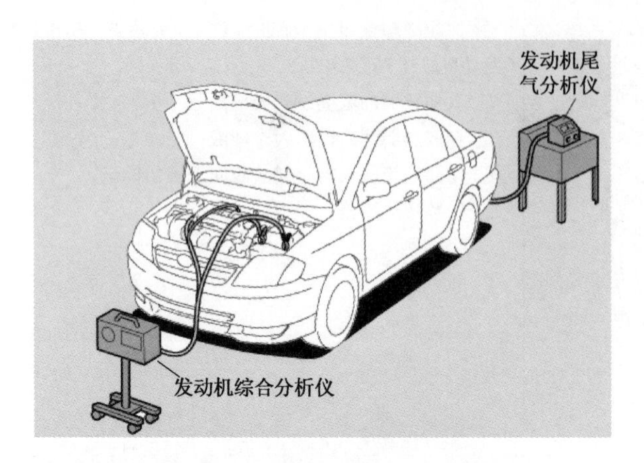 图 6-61　发动机起动后的检查	(2)发动机起动后的检查,如图 6-61 所示。 ①起动发动机,进行以下检查。 □ 检查发动机是否能正常起动; □ 检查发动机起动后,是否发出异常响声(如敲击声或刮擦声等); □ 检查燃油是否泄漏; □ 检查机油或冷却液是否泄漏; □ 检查是否有气体泄漏; □ 检查发动机是否有异常振动。 ②使用发动机综合分析仪和发动机尾气分析仪检测发动机控制系统、点火正时和尾气排放情况。
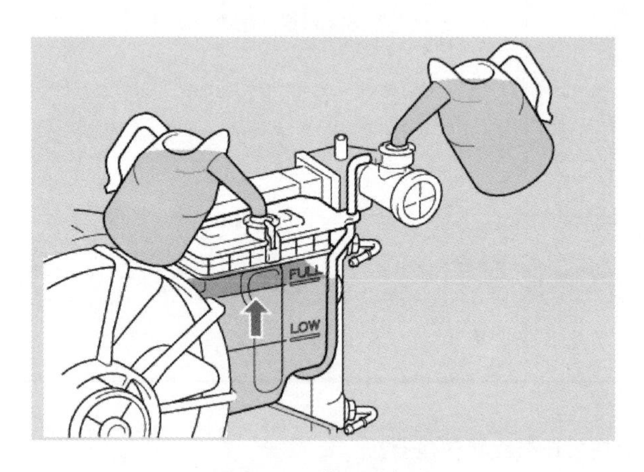 图 6-62　检查冷却液	(3)检查冷却液,如图 6-62 所示。 □ 检查冷却液在散热器及储液箱中的液位。
 图 6-63　驾驶检查	(4)驾驶检查,如图 6-63 所示。 □ 加速、减速或施加发动机制动力时,检查是否有异常噪声。 小提示: 车辆需由持有驾驶证的指导教师驾驶。

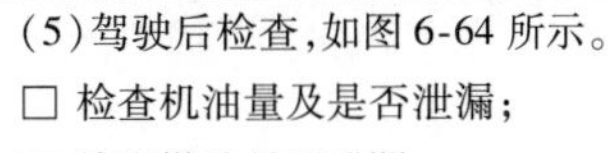

续上表

 图6-64　驾驶后检查	(5)驾驶后检查,如图6-64所示。 □ 检查机油量及是否泄漏; □ 检查燃油是否泄漏; □ 检查冷却液量及是否泄漏; □ 检查变速器油是否泄漏。
 图6-65　汽车信息恢复	(6)汽车信息恢复,如图6-65所示。 □ 恢复收音机状态; □ 恢复时钟; □ 恢复转向位置(带记忆系统); □ 恢复座椅位置(带记忆系统)。

三、评价反馈

1. 学习自测题

(1)整车大修包括哪些大修项目?(　　)

A. 发动机大修　　B. 底盘大修　　C. 车身大修　　D. 电气设备大修

(2)发动机机油最好在发动机处于何种状态时被排出?(　　)

A. 正常工作温度　　B. 冷态且发动机未起动

C. 室温　　D. 冷态起动后运作了30s

(3)蓄电池壳内的液体电解质是稀硫酸,因此拆卸时需保持蓄电池液位水平,防止液体溢出。(　　)

A. 正确　　B. 错误

(4)在发动机总成拆卸过程中,拆卸空气滤清器后不需要用布块或者胶带将进风口盖住。(　　)

A. 正确　　B. 错误

(5)安装横拉杆端头时需按照规定的力矩拧紧槽顶螺母,然后再用之前使用过的开口销固定螺母。(　　)

A. 正确　　B. 错误

2. 维修信息获取练习

(1)请通过查阅资料分析除大修发动机外,还有哪些维修项目也需要将发动机总成从车上拆卸下来?

(2)你认为在发动机总成的拆卸与安装作业中哪些方面你做得比较好,哪些方面还需要改进?例如(知识方面和团队协作方面)

(3)选择合适的信息渠道收集拆卸、安装和安装后检查发动机总成的步骤及注意事项。

(4)以小组合作的形式完成将发动机总成从车上拆卸与安装,以及安装后的质量检查。

3. 学习目标达成度的自我检查(表6-6)

自我检查表 表6-6

序号	学习目标	达成情况(在相应的选项后打"√")		
		能	不能	如果不能,是什么原因
1	叙述哪些汽车维修作业项目需要将发动机从车上拆卸下来			
2	选择合适的信息渠道收集拆卸、安装和安装后检查发动机总成的步骤及注意事项			
3	以小组合作的形式将发动机总成从车上拆卸下来			
4	以小组合作的形式将发动机总成安装到车上			
5	以小组合作的形式进行安装发动机总成后的质量检查			

4. 日常表现性评价(由小组长或者组内成员评价)

(1)工作页填写情况。(　　)

A. 填写完整　　B. 缺失0~20%　　C. 缺失20%~40%　　D. 缺失40%以上

(2)工作着装是否规范?(　　)

A. 穿着校服(工作服),佩戴胸卡　　B. 校服或胸卡缺失一项

C. 偶尔会既不穿校服又不戴胸卡　　D. 始终未穿校服、佩戴胸卡

(3)能否主动参与工作现场5S工作?(　　)

A. 积极主动参与5S工作　　B. 在组长的要求下能参与5S工作

C. 在组长的要求下能参与5S工作,但效果差　　D. 不愿意参与5S工作

(4)升降汽车举升器时,有无进行安全检查并警示其他同学?(　　)

A. 有安全检查和警示　　B. 无安全检查,有警示

C. 有安全检查,无警示　　D. 无安全检查,无警示

(5)学习该任务是否达到全勤?(　　)

A. 全勤　　B. 缺勤0~20%(有请假)

C. 缺勤0~20%(旷课)　　D. 缺勤20%以上

(6)总体评价该同学。(　　)

A. 非常优秀　　B. 比较优秀　　C. 有待改进　　D. 急需改进

(7)其他建议:

小组长签名:____________　　____年____月____日

5. 教师总体评价

(1)对该同学所在小组整体印象评价。

A. 组长负责,组内学习气氛好

B. 组长能组织组员按要求完成学习任务,个别组员不能达到学习目标

C. 组内有30%以上的学员不能达到学习目标

D. 组内大部分学员不能达到学习目标

(2)对该同学整体印象评价:

教师签名:____________　　____年____月____日

学习拓展

(1)如果客户选择发动机大修作业,请查阅维修手册并参考附图6-A发动机大修工艺流程制订发动机大修工作计划。

(2)在发动机总成拆卸前,服务顾问需要对发动机外观进行检查(附表1),以明确相互之间的责任。发动机在大修过程中及大修竣工后检验员都应填写检验单据(附表2、附表3),以确保维修服务质量。

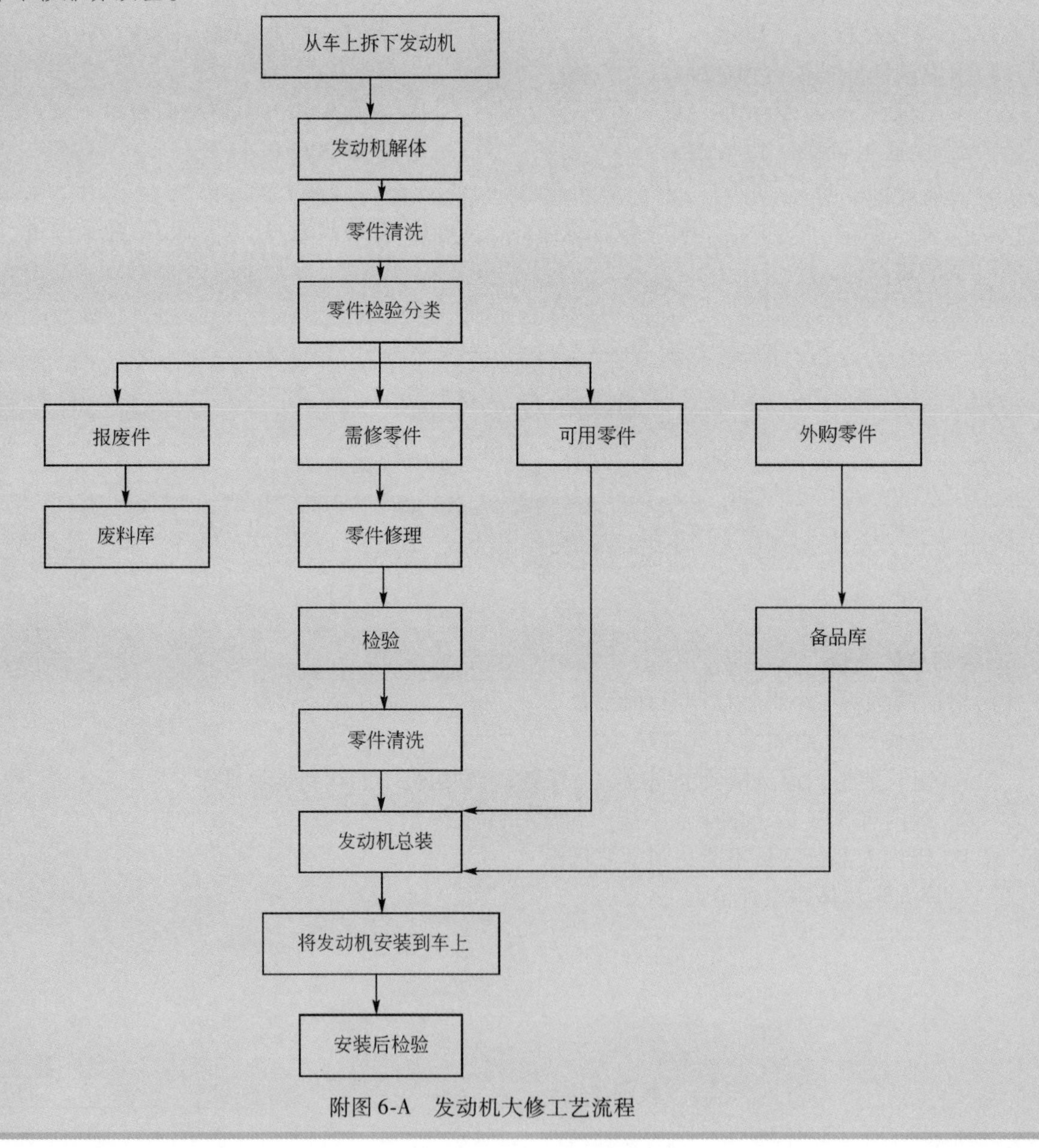

附图6-A 发动机大修工艺流程

发动机大修进厂检验单　　　　附表1

进厂日期		进厂编号	
厂牌车型		车牌照号码	
发动机型号		发动机号码	
送修单位		单位地址	
联系电话		送修人	
用户报修项目 及发动机现状	维修前是汽车使用此发动机驶入或拖入______________ 总行驶里程________km 已进行发动机大修________次		
发动机主要修理问题及 重点修理部位			
发动机外观及装备(完整“○”,缺少“△”,损坏“×”)			
检验项目	检验结果	检验项目	检验结果
空气滤清器		各传感器	
燃油滤清器		机油散热器及管道	
机油滤清器		加机油口盖	
喷油器		机油尺、放油塞	
机油泵		水泵	
燃油泵		风扇电动机	
汽缸体、汽缸盖		风扇传动带	
进、排气歧管		风扇叶	
起动机		排气管、消声器	
发电机		尾气净化器	
火花塞		油管、真空管	
分电器			
电控系统			
点火线圈			
备注:			

服务顾问:________________　　　　______年____月____日

发动机大修过程检验单 附表2

进厂编号		厂牌车型		牌照号码	
发动机编号		施工日期		主修人	

主要零部件换修记录

部件名称	续用	更换	修理	加大	缩小
汽缸体					
汽缸盖					
汽缸套					
进、排气歧管					
活塞					
曲轴					
曲轴轴承					
连杆轴承					
凸轮轴					
凸轮轴轴承					
气门					
气门导管					
正时带(齿轮)					

汽缸直径检验记录(mm)

汽缸直径	1缸		2缸		3缸		4缸		5缸		6缸	
	纵	横	纵	横	纵	横	纵	横	纵	横	纵	横
上部												
中部												
下部												
圆度												
圆柱度												

活塞连杆组检验记录(mm)

活塞直径	1缸	2缸	3缸	4缸	5缸	6缸
横向						
纵向						
活塞环端隙						
活塞环侧隙						
活塞质量(g)						
活塞、连杆组质量(g)						
活塞与缸壁间隙						

曲轴与轴承检验记录(mm)

轴颈		1	2	3	4	5	6	7
主轴径	圆度							
	圆柱度							

续上表

连杆轴径	圆度							
	圆柱度							
主轴径与轴承配合间隙								
连杆轴径与轴承配合间隙								
曲轴端隙								

凸 轮 轴 及 轴 承 检 验 记 录(mm)

凸轮轴	1	2	3	4
轴径直径				
轴径与轴承配合间隙				
凸轮升程				

备注：

过程检验员：________　　　　______年__月__日

发动机大修竣工检验单

附表3

进厂编号		厂牌车型		车牌照号码	
发动机编号		竣工日期		主修人	

发 动 机 外 观、装 备 及 性 能

检验内容及结果：	检验内容及结果：
发动机外观：	怠速转速(r/min)
喷(涂)漆：	运转状况： 怠速：中速：　高速：　加速及过渡：
四漏检查： 油：　水：　电：　气：	发动机异响：
螺栓螺母：	机油压力(MPa) 怠速：　　高速：
润滑油：	汽缸压缩压力(MPa) 1 | 2 | 3 | 4 | 5 | 6 | 7 | 8 汽缸压缩压力差(MPa)：
空气滤清器：	真空度(kPa)
限速装置：	排放污染物

汽缸压缩压力(MPa)

1	2	3	4	5	6	7	8

排放污染物

怠速：______ r/min		高怠速______r/min	
CO(%)	HC(10^{-6})	CO(%)	HC(10^{-6})

续上表

起动性能:	额定功率(kW)　　最大转矩(N·m)
	发动机燃油消耗率[g/(KW·h)]:
电控系统有无故障码显示:	发动机噪声:
备注:	

竣工检验员:__________　　　　　　_____年__月__日

学习任务7　发动机配气机构的检测与修理

学习目标

完成本学习任务后,你应当能:

1. 叙述发动机配气机构各零部件的名称、安装位置及作用;
2. 叙述发动机配气机构各零件损坏的原因;
3. 根据发动机动力下降的现象,查找配气机构方面的故障;
4. 借助维修手册,安全规范地对配气机构各零件进行检测。

建议完成本学习任务为16学时

学习内容的结构

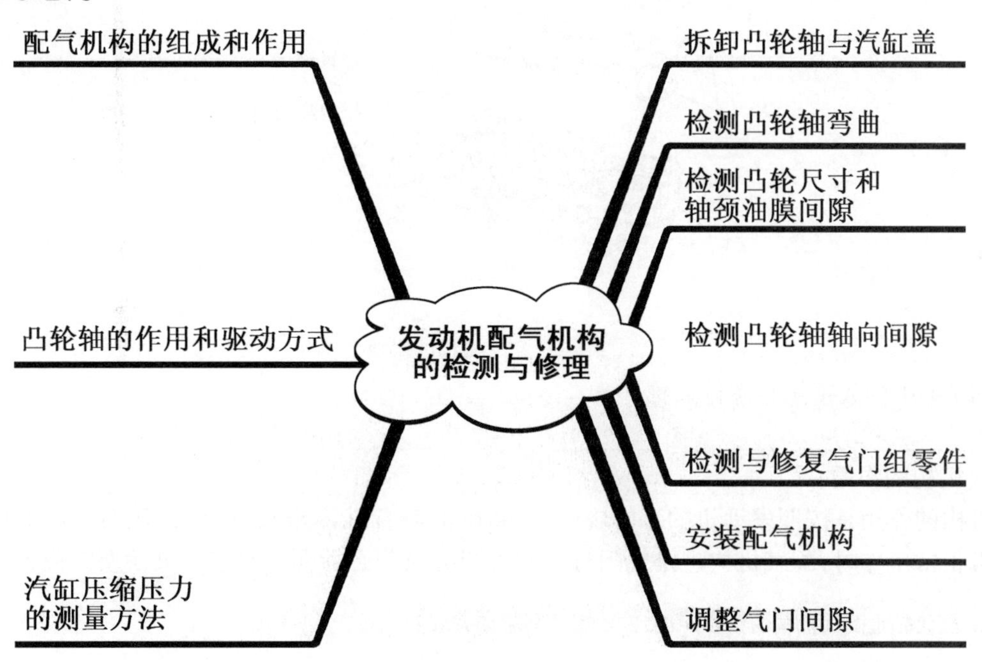

学习任务描述

某客户反映汽车动力不足,燃油消耗量增加。经检测发现发动机汽缸压缩压力低于技术要求,往燃烧室内加入少许发动机机油后进行湿汽缸压缩压力测试,发现汽缸压缩压力值基本无变化,初步诊断气门密封不严,需要对配气机构进行解体检查。

一、学习准备

＊1. 配气机构由哪些零部件所组成,其作用是什么?

1)配气机构的组成

配气机构由气门组与气门传动组所组成。气门组包括气门及与之相关联的零件,其组成与配气机构的形式基本无关。气门传动组是从正时齿轮开始至推动气门动作的所有零件,其组成视配气机构的形式而有所不同,它的功用是定时驱动气门使其开闭。不同类型的发动机配气机构的基本结构是相同的,如图 7-1 所示。

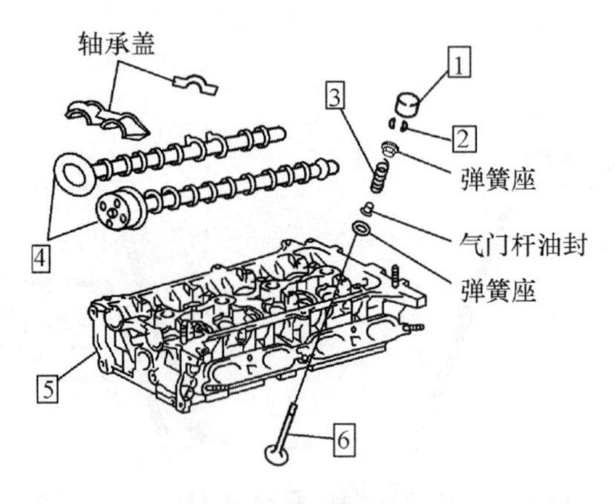

图 7-1 配气机构的组成

按照图 7-1 中的数字填写零件名称。

1________;2________;3________;4________;5________;6________。

2)配气机构的作用

配气机构的作用是按照发动机的工作规律,让新鲜的混合气体进入汽缸,并让燃烧后的废气排出汽缸。发动机正常工作时,配气机构进排气门打开和关闭的时刻必须要与对应汽缸活塞的位置相吻合。

＊2. 凸轮轴是配气机构的重要元件,其功用及其驱动方式有哪些?

1)凸轮轴的主要功能

凸轮轴的主要功能是控制气门的开启和关闭,如图 7-2 所示。凸轮的形状或轮廓是决定发动机运转特性的主要因素。凸轮轴上的凸轮克服气门弹簧的弹力打开气门,把凸轮轴的旋转运动变为气门的直线运动。

2)凸轮轴的驱动方式

凸轮轴由位于发动机前端的曲轴正时齿轮通过正时链(正时带或正时齿轮)进行驱动,如图 7-3 所示。

图 7-2　配气机构组成

(1)曲轴正时链轮通过正时链驱动凸轮轴正时链轮旋转,如图:__________。

(2)曲轴正时带轮通过正时带驱动凸轮轴正时带轮旋转,如图:__________。

(3)曲轴正时齿轮直接或间接驱动凸轮轴正时齿轮旋转,如图:__________。

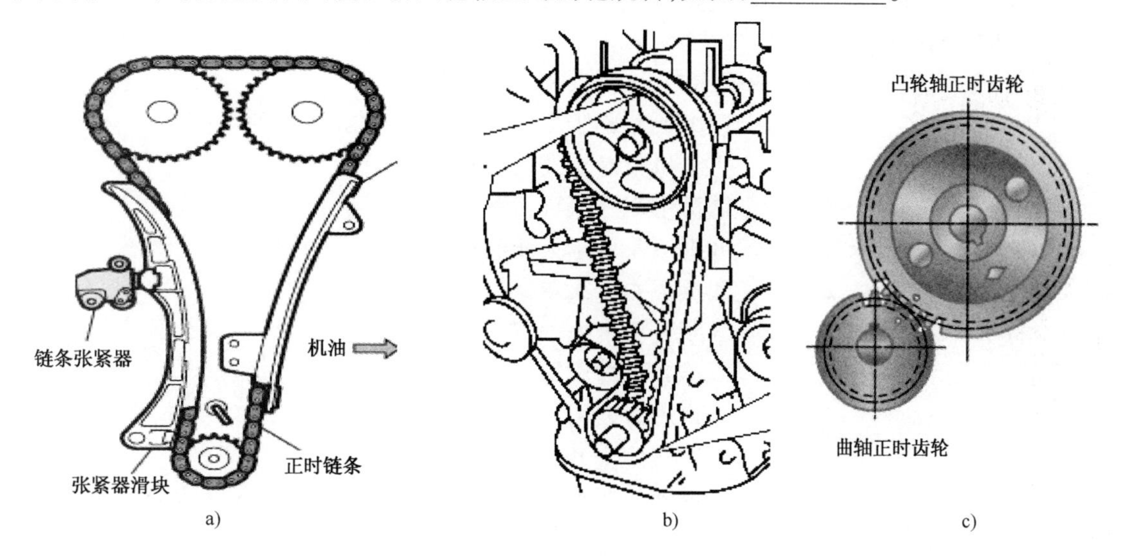

图 7-3　凸轮轴的驱动方式

查阅维修资料,分别列举以上不同驱动凸轮轴方式的车型。

四冲程发动机凸轮轴正时齿轮(正时带轮或正时链轮)的齿数是曲轴正时齿轮(正时带轮或正时链轮)的两倍。其目的保证凸轮轴与曲轴之间的固定关系;凸轮轴转一周时曲轴转两周,凸轮轴的转速是曲轴转速的50%。

为了能顺利对发动机配气机构各零件进行检测和修复,必须清楚配气机构各零件的作用、检测项目和技术要求,才能作出准确的检测和修复方案。

二、计划与实施

工具和材料：

干净的抹布，常用工具，汽缸压力表，塑料线规，气门弹簧压缩器，支架百分表，游标卡尺，外径千分尺，汽车维修手册。

保护性衣物：

标准作业着装(安全鞋、工作服等)。

汽车的相关信息填写：

生产年份____________；车牌号码____________；车型及行驶里程____________；汽车识别码(VIN)____________；发动机型号和排量____________。

若是就车修理，拆卸凸轮轴前的作业要求可参照学习任务 3 的操作步骤。

***3. 汽缸的密封性不良会导致汽缸压缩压力下降，如何测试汽缸压缩压力？**

1)测试发动机汽缸压缩压力

图 7-4 所示为测试发动机汽缸压缩压力，请按要求进行测量。

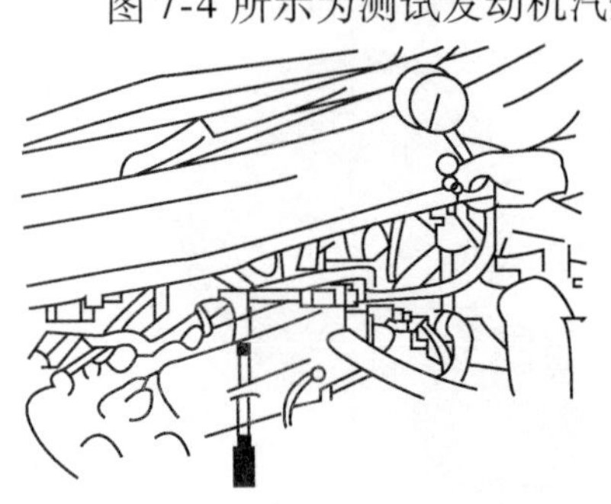

图 7-4　测试发动机汽缸压缩压力

(1)测试发动机汽缸压缩压力的操作步骤。

①暖机并停止发动机；

②拆下 2 号汽缸盖罩；

③拆下 4 个点火线圈；

④拆下 4 个火花塞；

⑤断开 4 个喷油器连接器；

⑥检查汽缸压缩压力。

a. 将压力表插入火花塞孔；

b. 节气门全开；

c. 发动机运转时，测量汽缸压缩压力并将测量到的数据填写在表 7-1 中。查阅维修手册并判断汽缸压缩压力是否正常。

汽缸压缩压力测量值　　表 7-1

缸　数 项　目	一缸	二缸	三缸	四缸
压缩压力(kPa)				
是否正常				

(2)汽缸压缩压力测试是发动机诊断的一种基本方法，发动机正常工作时要求各汽缸压缩压力达到标准压力且基本相同。如果发动机汽缸压缩压力低于标准压力时，可能的原因有(请在正确的“□”选项内打“√”)：

□ 进气门密封不严；

□ 排气门密封不严；

□ 汽缸垫密封不严；

□ 气门弯曲变形；

□ 凸轮轴弯曲变形。

如果一个或多个汽缸压缩压力值较低，可通过湿汽缸压缩压力测试进一步判断泄漏的位置。

2）湿压缩压力测试

如果汽缸压缩压力偏低，可从火花塞孔向汽缸内注入少量的机油后再做压缩压力测试。如果添加机油后压缩压力基本不变，那么导致压力低的原因通常是气门密封不严。

＊4. 凸轮轴和汽缸盖的拆卸方法不当会引起凸轮轴和汽缸盖的变形，为避免这种情况的发生，拆卸凸轮轴和汽缸盖时应注意哪些问题？

1）拆卸凸轮轴

（1）认识 VVT-i。VVT-i 即智能可变正时气门系统。通过改变气门正时，能有效的提高怠速稳定率、提高输出功率和改善 EGR 效率。

带 VVT-i 凸轮轴正时齿轮，如图 7-5 所示。当发动机停止时，锁销通过弹簧力锁住叶片和外壳。发动机起动时，油压将被施加到锁销上并将其解锁。为此，需要检查锁销的锁定/解锁动作。

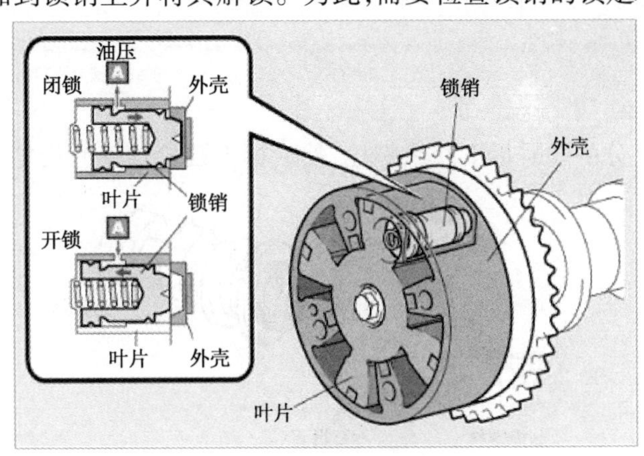

图 7-5　带 VVT-i 的凸轮轴正时齿轮结构

（2）检查凸轮轴正时齿轮总成。

①检查进排气凸轮轴齿轮的锁止情况。

②清理和去除进排气凸轮轴轴承盖上 VVT 机油孔的油脂，如图 7-6 所示。然后用胶带或同等品将机油孔完全密封，以防止空气泄漏。

③如果机油孔没有被胶带完全密封住，会出现什么情况？

④在密封机油孔的胶带上刺一个孔，如图 7-6 所示。

⑤向凸轮轴轴承盖侧刺出的孔中施加大约 150kPa 的压缩空气，将锁销解锁，如图 7-7 所示。

a. 用力将凸轮轴正时齿轮总成朝提前方向（逆时针）转动。

b. 在可移动范围内（26.5°～28.5°）转动正时齿轮总成 2～3 次，但不要将其转到最大延迟位置，确保凸轮轴正时齿轮总成转动顺畅，如图 7-8 所示。

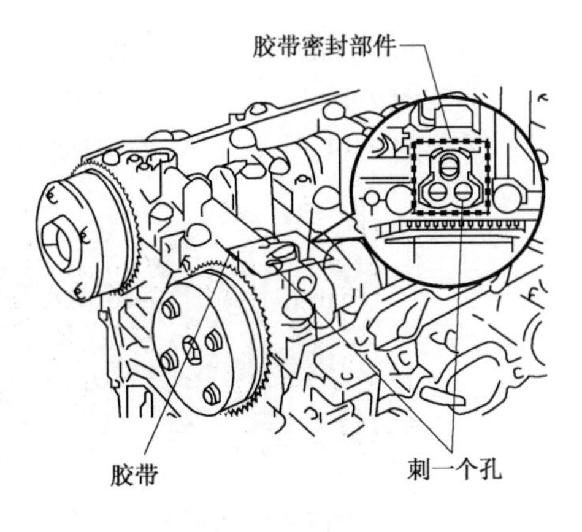

图 7-6　清理 VVT 机油孔

图 7-7 解锁锁销

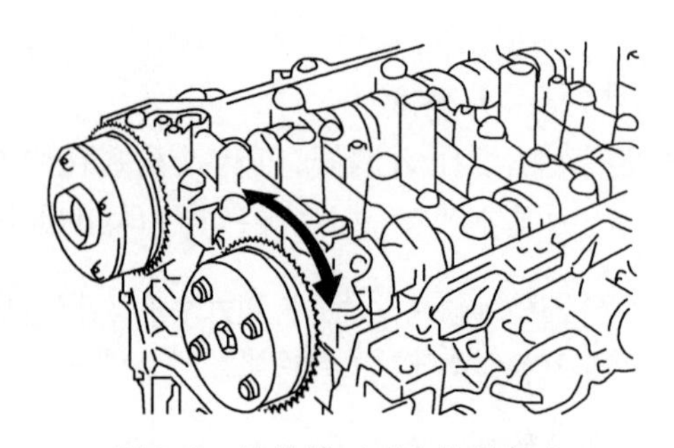

图 7-8 凸轮轴正时齿轮的检查

小提示

如果空气泄漏,应重新用胶带密封。向孔施加压缩空气时,应用抹布或布条盖住机油孔,以防止机油飞溅。

(3)拆卸正时齿轮总成。

固定凸轮轴的六角头部分的同时拆下凸缘螺栓,然后拆下凸轮轴正时齿轮总成,如图 7-9 所示。

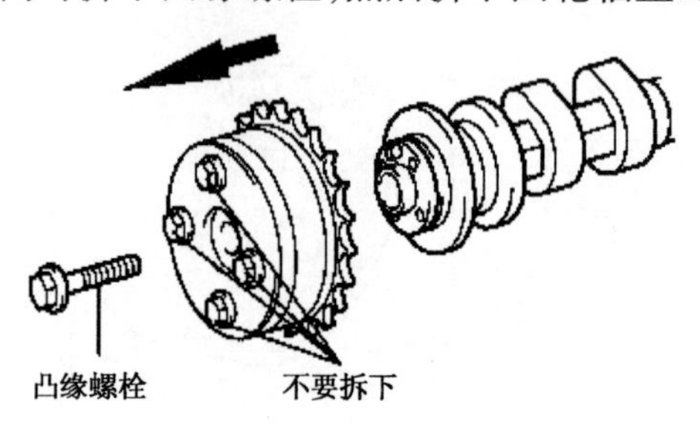

图 7-9 拆卸凸轮轴正时齿轮

小提示

拆下凸轮轴正时齿轮总成前,确保锁销已松开,将凸轮轴正时齿轮总成从凸轮轴拆下时,要使其保持水平。

(4)拆卸凸轮轴轴承盖螺栓,取出凸轮轴。

①按图 7-10 所示顺序,均匀地拧松并拆下 10 个轴承盖螺栓。

②接图 7-11 所示顺序,均匀地拧松并拆下 15 个轴承盖螺栓。

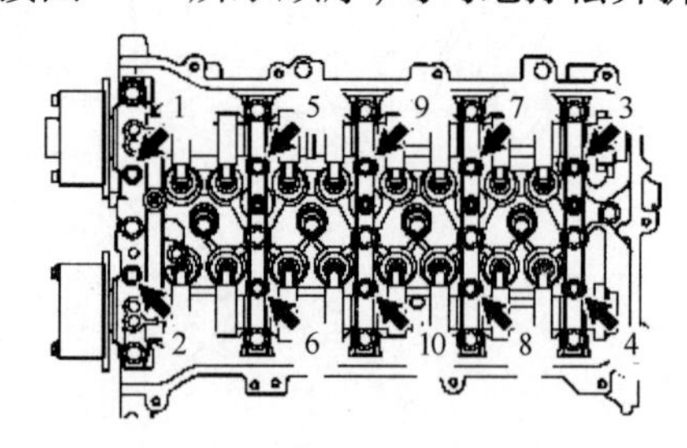

图 7-10 拆卸轴承盖螺栓

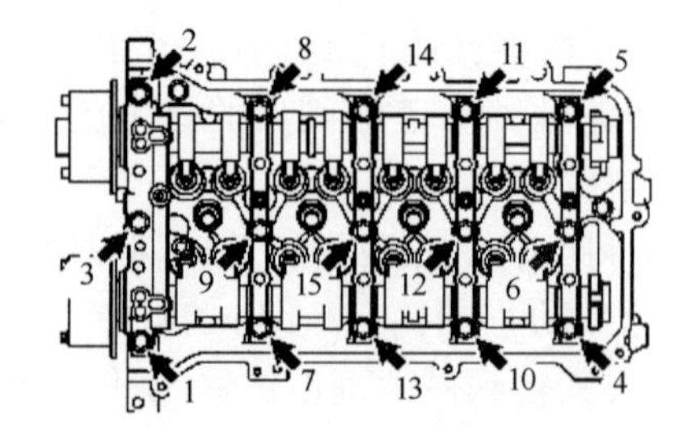

图 7-11 拆卸轴承盖螺栓

小提示

如果凸轮轴拆卸不当会引起凸轮轴的变形，如图 7-12 所示。

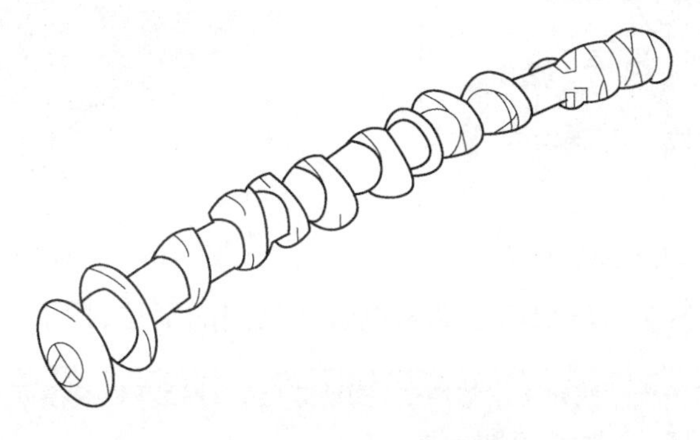

图 7-12　弯曲的凸轮轴

③拆下 5 个轴承盖，并取出进排气凸轮轴。

(5)拆卸凸轮轴壳总成。

①如图 7-13 所示，拆卸 2 个螺栓。

②用螺丝刀撬动汽缸盖和凸轮轴之间的部位，拆下凸轮轴壳，如图 7-14 所示。

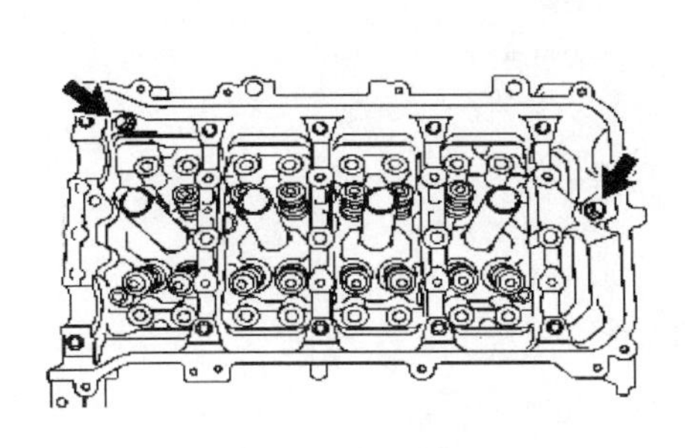

图 7-13　拆卸螺栓

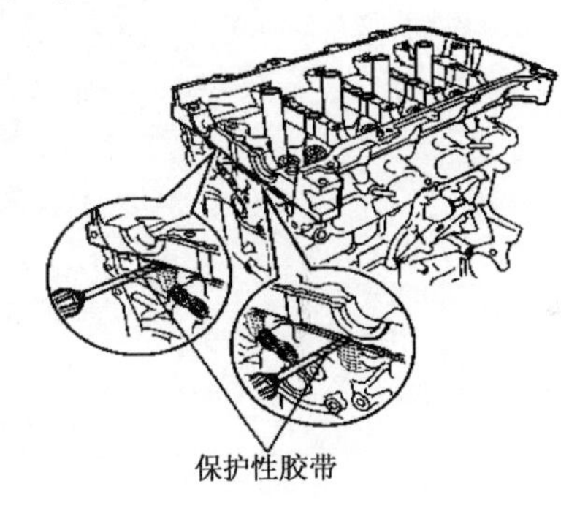

图 7-14　拆下凸轮轴壳

小提示

使用螺丝刀之前，请在螺丝刀头部缠上胶带，小心不要损坏汽缸盖和凸轮轴壳的接触面。

2)拆卸汽缸盖

(1)如图 7-15 所示，用 10mm 的双六角扳手，分几步均匀地拧松并拆下 10 个汽缸盖螺栓和 10 个平垫圈。

小提示

汽缸盖螺栓拆卸顺序不正确会造成汽缸盖变形或破裂，如图 7-16 所示。

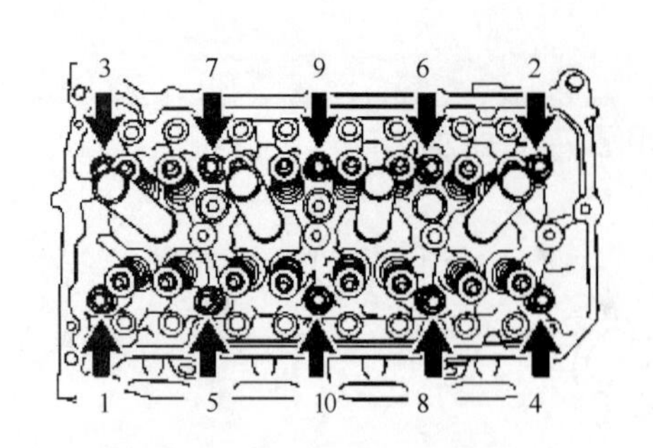

图 7-15　拆卸汽缸盖螺栓

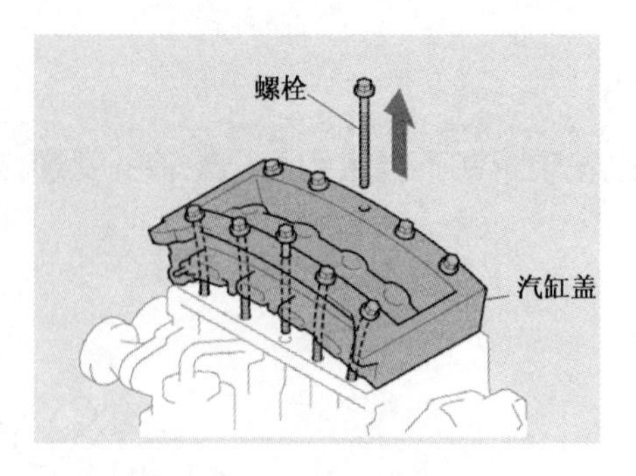

图 7-16　变形的汽缸盖

(2)使用头部缠有胶布的螺丝刀撬动汽缸盖和汽缸体之间的部位,拆下汽缸盖。

***5. 发动机在工作过程中由于一些非正常的冲击、振动或凸轮轴颈各处油摸间隙不均等因素会引起凸轮轴发生弯曲变形,如何对凸轮轴进行检测?**

1)检测凸轮轴弯曲变形

如图 7-17 所示,将 V 形块和磁性表座放置在平规上,凸轮轴两端支撑在 V 形块上,百分表触杆作用在凸轮轴中间的轴颈上,并有 1 ~2mm 的压缩量。然后将百分表调零,转动凸轮轴一周,记录百分表上的读数。

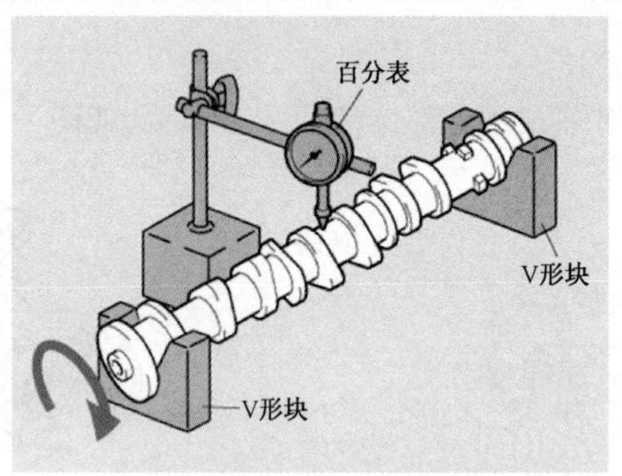

图 7-17　检测凸轮轴弯曲变形

小提示

应保证平规、V 形块和凸轮轴等的清洁,凸轮轴轴颈和 V 形块接触面涂抹少量机油,百分表触杆要避开轴颈油孔,转动凸轮轴时用力要柔和。

请在表 7-2 中记录百分表的径向圆跳动量,查阅维修手册,制订修复方案。

凸轮轴径向圆跳动量检测值　　表 7-2

项　目 参　数	对凸轮轴径向圆跳动量的技术要求(mm)	该凸轮轴的最大径向圆跳动量(mm)	在以下合适的选项中打"√"		
			校正	更换	继续使用
进气凸轮轴					
排气凸轮轴					

2)检测凸轮轴磨损

(1)检测凸轮轴凸轮的磨损。

如图 7-18 所示,使用外径千分尺测量凸轮轴凸轮的高度。

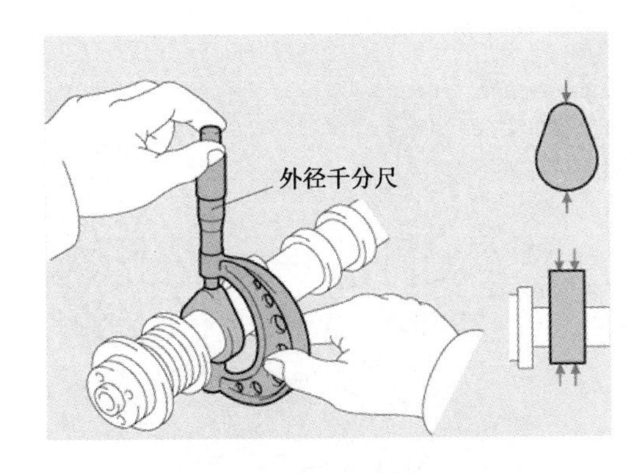

图 7-18　检测凸轮轴凸轮的磨损

请在表 7-3 中记录外径千分尺所测量的数值，查阅维修手册，制订修复方案。

凸轮轴凸轮的高度测量值　　表 7-3

项目 参数	该型号发动机凸轮标准高度尺寸(mm)	该发动机最大磨损凸轮高度尺寸(mm)	在以下合适的选项中打"√"		
			修复	更换	继续使用
进气凸轮					
排气凸轮					

(2)检测凸轮轴轴颈的磨损。

使用外径千分尺测量凸轮轴轴颈直径，如图 7-19 所示。

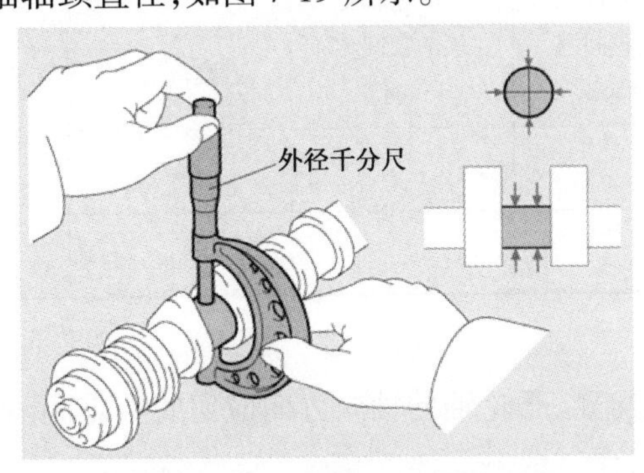

图 7-19　检测凸轮轴轴颈的磨损

请在表 7-4 中记录外径千分尺所测量的数值，查阅维修手册，制订修复方案。

凸轮轴轴颈的测量值　　表 7-4

项目 参数	标准轴颈直径(mm)	允许的最小轴颈直径(mm)	该凸轮轴最小的轴颈直径(mm)	在以下合适的选项中打"√"		
				修复	更换	继续使用
进气凸轮轴						
排气凸轮轴						

3)检测凸轮轴油膜间隙

如图 7-20 所示，在凸轮轴各轴颈表面上按轴向位置放置一小段塑料间隙规，装上轴承盖并按规定力矩紧固螺栓。重新把轴承盖拆下，取出塑料间隙规并测量。

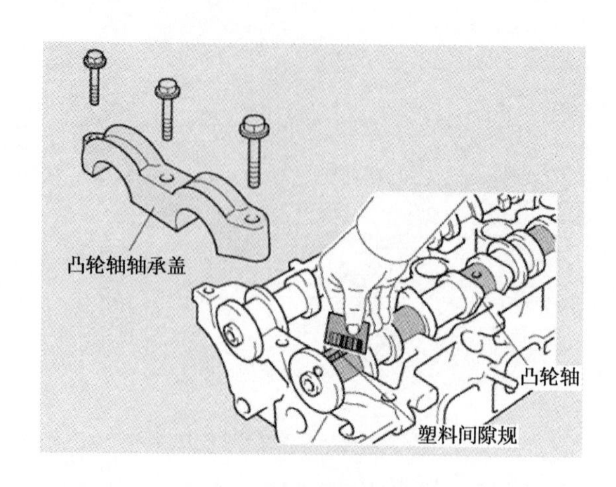

图 7-20　凸轮轴油膜间隙的检测

小提示

将塑料间隙规摆放在各凸轮轴轴颈上,安装轴承盖后不要转动凸轮轴。拆下轴承盖,取出塑料间隙规,测量其最宽处即为凸轮轴油膜间隙。

请在表 7-5 中记录凸轮轴油膜间隙的大小。查阅维修手册,制订修复方案。

凸轮轴油膜间隙的测量值　　表 7-5

项目 / 参数	轴颈油膜间隙技术要求(mm)	最大允许轴颈油膜间隙(mm)	该凸轮轴轴颈油膜间隙(mm)	在以下合适的选项中打"√"		
				更换汽缸盖	更换凸轮轴	继续使用
进气凸轮轴						
排气凸轮轴						

4)检测凸轮轴轴向间隙

为了满足凸轮轴受热膨胀的需要,凸轮轴的轴向方向应留有一定间隙,如图 7-21 所示。

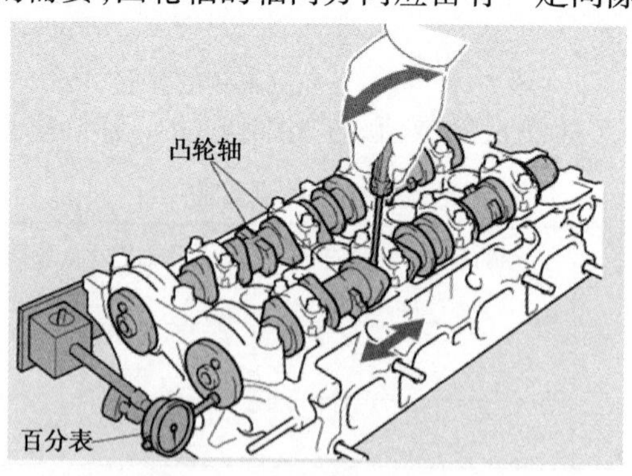

图 7-21　凸轮轴轴向间隙的检测

请在表 7-6 中记录百分表的轴向跳动量。查阅维修手册,制订修复方案。

凸轮轴轴向间隙的测量值　　表 7-6

项目 参数	轴向间隙技术要求（mm）	最大允许轴向间隙（mm）	该凸轮轴轴向间隙（mm）	在以下合适的选项中打“√”			
				更换轴承盖与汽缸盖	更换凸轮轴	更换调整垫片	继续使用
进气凸轮轴							
排气凸轮轴							

***6. 气门组由弹簧、锁片、气门等部件组成，如果拆装不当会对人员造成伤害，如何对气门组件进行正确拆装？**

1)认识气门组

气门组是配机机构的主要组成部分，如图 7-22 所示。请将图中零部件的名称填写在表 7-7 中。

表 7-7

序　号	零件名称	序　号	零件名称
1		5	
2		6	
3		7	
4			

2)拆卸气门组

(1)安装 SST，使其与气门和弹簧座底部在同一直线上，如图 7-23 所示。

(2)拧紧 SST，使其压缩弹簧并拆卸两块气门锁片。

(3)松开 SST，拆卸弹簧座和弹簧，然后将气门朝燃烧室的方向往外拉拆卸气门。

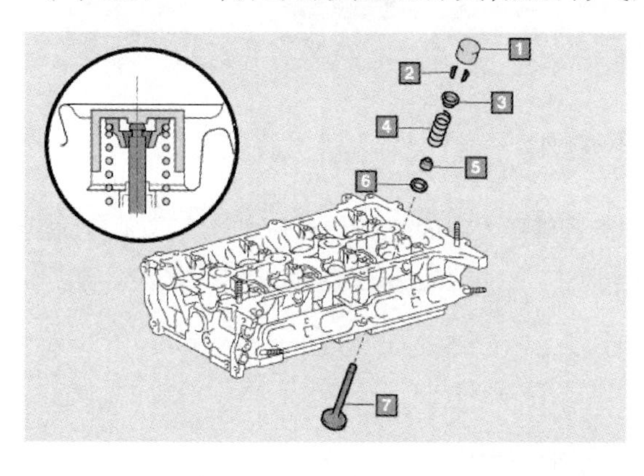

图 7-22　气门组

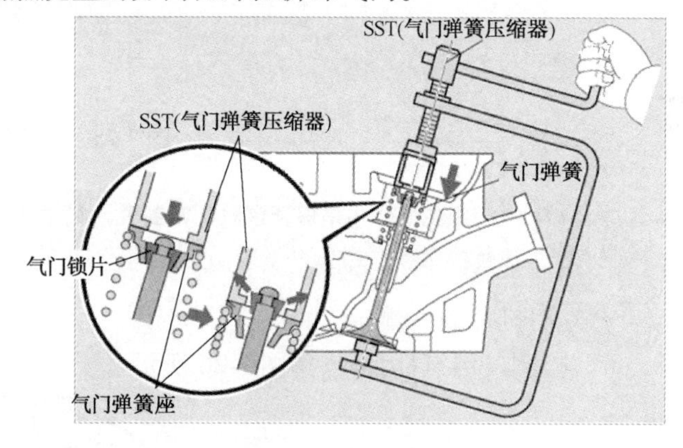

图 7-23　拆卸气门组

小提示

拆卸气门组时要防止气门弹簧压缩器滑落而导致气门锁片等零件飞出，可能对人员造成伤害。

3)摆放气门组零件

将拆卸的气门挺杆和其他相应部件按安装位置放于纸上，如图 7-24 所示。

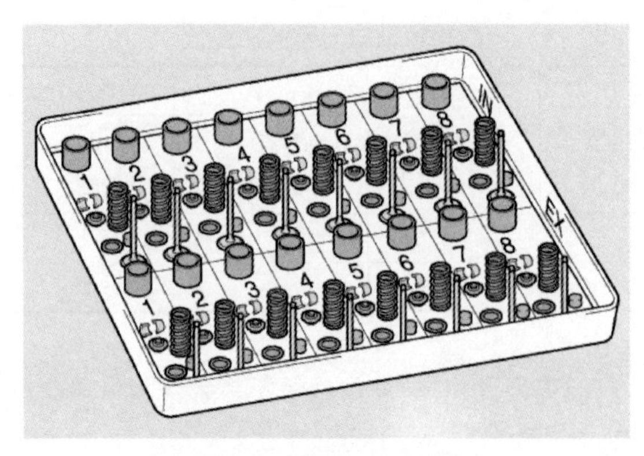

图 7-24　摆放气门组零件

小提示

将气门组件放置在指定的地方,防止碰撞而导致位置的错乱。

4)清洁气门组零部件

配气机构各零部件上有积炭,影响零部件的性能和装配精度,需用清洗液及专用工具洁洗配气机构各零部件,如图 7-25 所示。

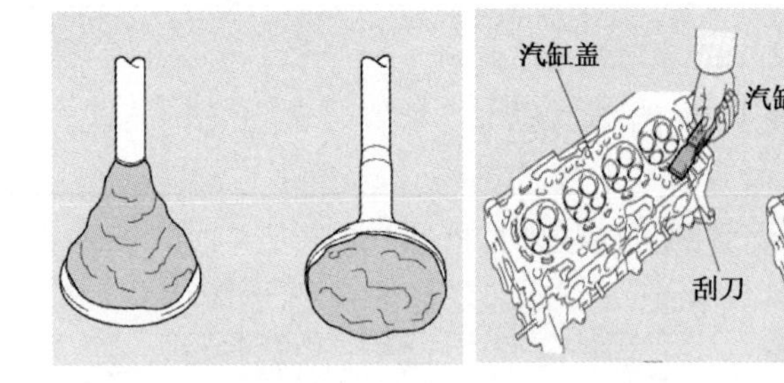

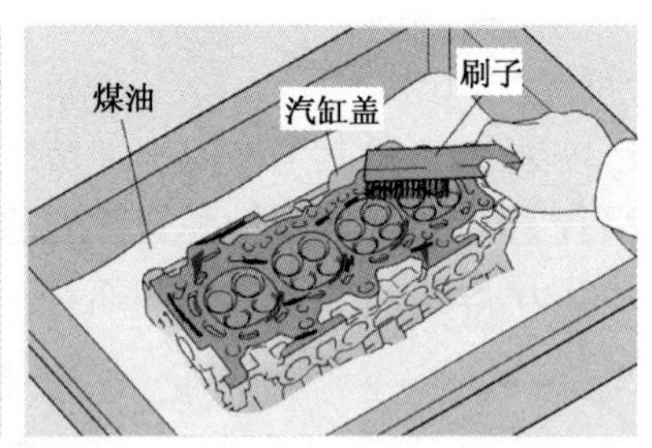

图 7-25　清洁气门组零部件

＊7. 气门组主要作用是保证汽缸的密封性。如果通过湿汽缸压缩压力测试,发现汽缸压力过低,需对气门组件进行检测。

1)气门挺杆的检测

(1)检测气门挺杆直径,如图 7-26 所示。

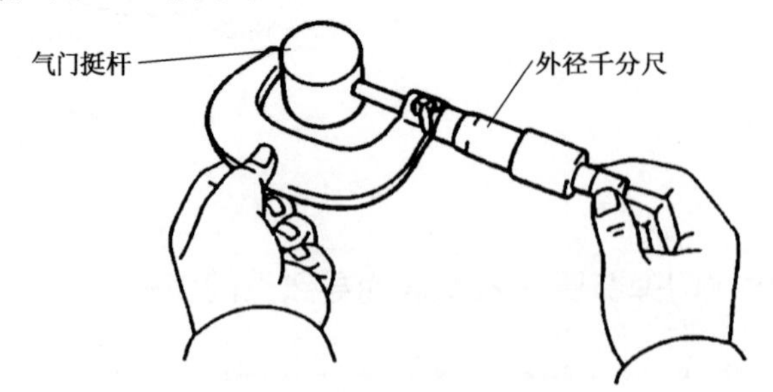

图 7-26　检查气门挺杆直径

(2)检测液力挺杆,如图7-27所示。

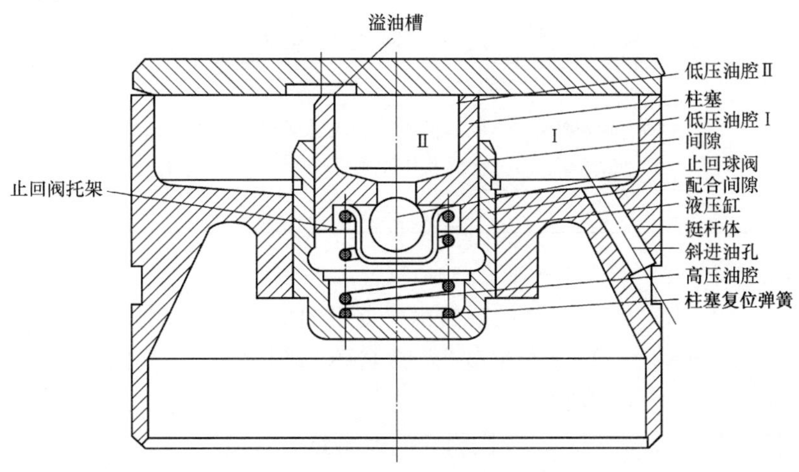

图7-27　液力挺杆

①液力挺杆外观检查:检查挺杆顶平面的磨损情况以及密封情况。

②液力挺杆的密封性检查:挺杆内的柱塞与液压缸密封良好,无渗漏迹象。

请在表7-8中记录气门挺杆的检测结果。查阅维修手册,制订修复方案。

气门挺杆的检测结果　　表7-8

该发动机气门挺杆直径技术要求(mm)	挺杆检测结果		在以下合适的选项中打"√"	
	符合技术要求(个)	不符合技术要求(个)	继续使用(个)	更换(个)

③更换液力挺杆后,发动机为何会有噪声?如何操作能避免这种情况的发生?

(3)检测气门挺杆油膜间隙。

如图7-28所示,首先用测径规测量汽缸盖的挺杆孔直径,然后将此直径与对应气门挺杆直径比较,其差值即为气门挺杆油膜间隙。

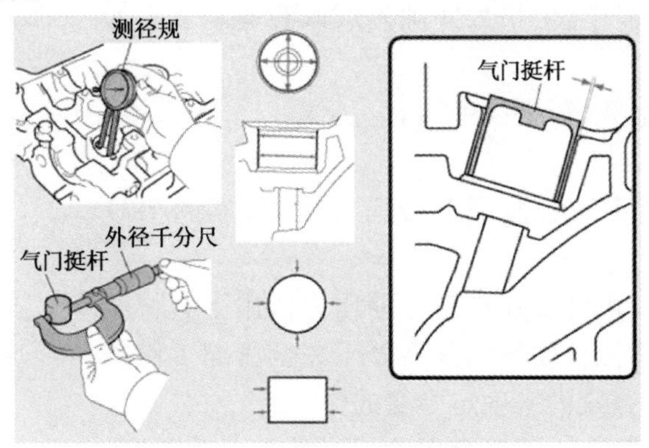

图7-28　气门挺杆油膜间隙的检测

请在表7-9中记录检测数据。查阅维修手册,制订修复方案。

气门挺杆油膜间隙检测结果　　表7-9

该发动机允许的气门挺杆最大油膜间隙(mm)	油膜间隙检测结果		在以下合适的选项中打“√”	
	符合技术要求(个)	不符合技术要求(共几个/哪几个)	更换对应的气门挺杆	更换汽缸盖

2)检测气门弹簧

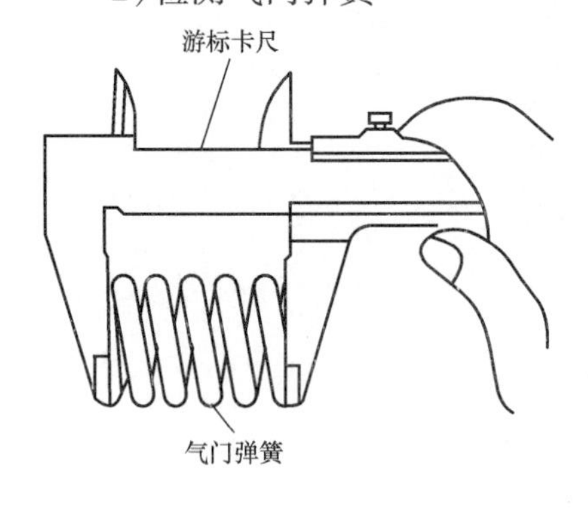

图7-29　气门弹簧自由长度的检测

气门弹簧由于受到冲击力的作用以及装配位置的偏差,会导致弹簧发生变形,弹簧弹力随之减少,气门弹簧的自由长度也会发生变化。

(1)检测气门弹簧自由长度。

如图7-29所示,用游标卡尺测量气门弹簧的自由长度。检测时弹簧的两端应平整地与游标卡尺接触,在游标卡尺上读出弹簧的自由长度。

(2)检测气门弹簧垂直度。

将满足气门弹簧自由长度检测要求的气门弹簧进行垂直度的检测,如图7-30所示。

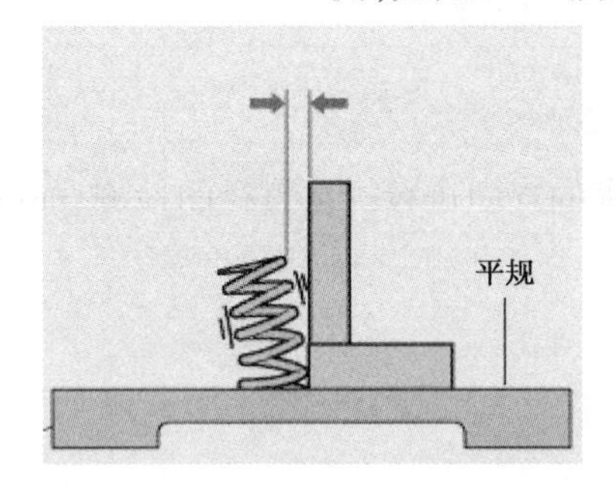

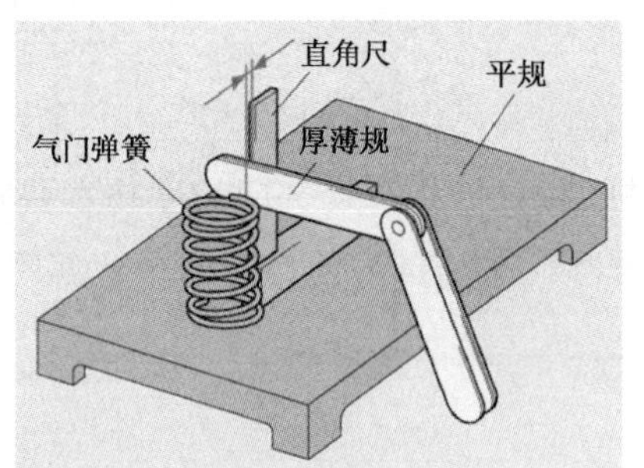

图7-30　气门弹簧垂直度的检测

①把弹簧放到平规上;

②将直角尺抵住弹簧;

③检查能否在转动弹簧时产生的最大间隙处放入有规定读数的厚薄规。

如果规定值的厚薄规能放入,需更换弹簧。

(3)检测气门弹簧弹力。

将满足以上垂直度要求的气门弹簧进行弹力检测,如图7-31所示。

弹簧弹力检测仪专用于检测弹簧在规定压缩压力作用下其长度是否符合要求。检测时通过检测仪使气门弹簧处于完全压缩工作条件下所对应的长度,用此时的张紧力来确定弹簧的弹力。

请在表7-10中记录气门弹簧处于完全压缩工作条件下的长度。查阅维修手册,制订修复方案。

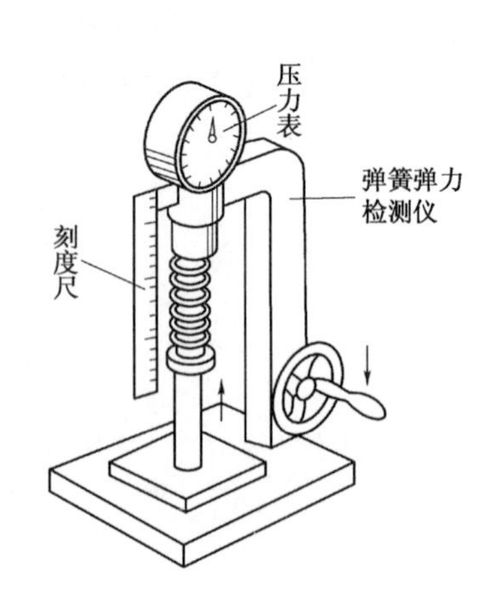

图7-31　弹簧弹力检测仪

气门弹簧弹力检测结果　　表 7-10

气门弹簧技术要求（自由长度、垂直度、弹力）（mm）	符合技术要求弹簧数目（个）	不符合技术要求弹簧数目（个）	在以下合适的选项中打“√”	
			更换（个）	继续使用（个）

3）检测气门及气门油膜间隙

气门是发动机配气机构的重要零件之一，气门与气门座的密封状况直接影响发动机的动力性、经济性和尾气排放。

（1）检测气门长度。

用游标卡尺对气门的长度（L）进行检测，如图 7-32 所示。检测时使气门头部端面和气门杆部端面平整地与游标卡尺接触，并记录数据。

标准长度：____________；

极限长度：____________；

测量值：____________。

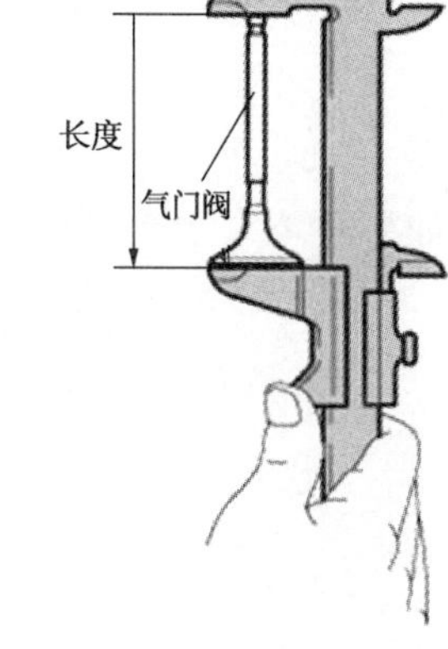

图 7-32　气门长度的检测

小提示

在测量气门长度之前，应用衬垫刮刀，刮除气门头部上所有积炭，如图 7-33 所示。

（2）检测气门杆部直径，将符合气门长度技术要求的气门进行杆部直径的检测，如图 7-34 所示。

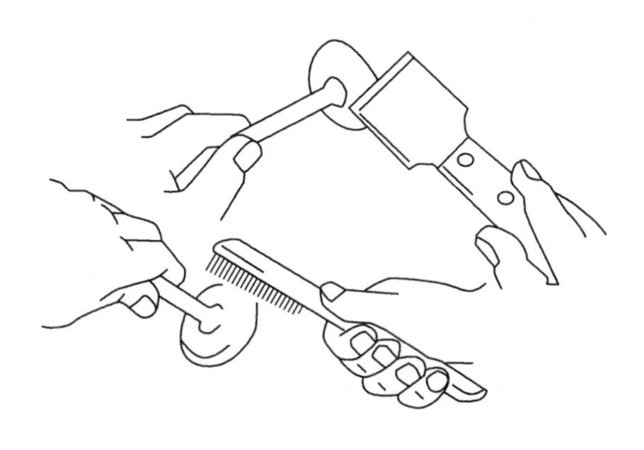
图 7-33　清洁气门

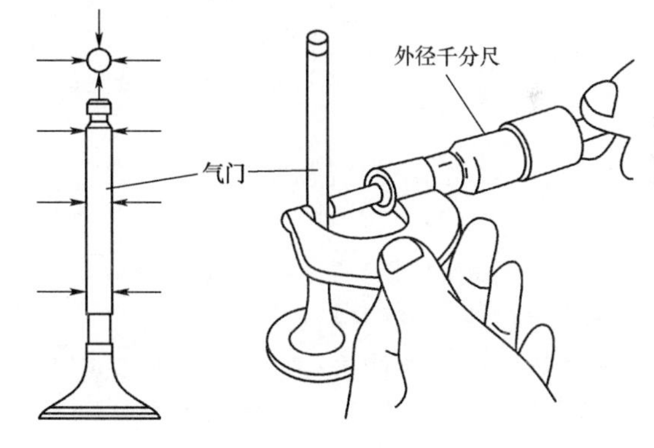

图 7-34　气门杆部直径的检测

使用外径千分尺测量气门杆部直径，并记录数据。

极限值：____________；测量值：____________。

小提示

如果气门杆部直径不符合要求，则检查油膜间隙。

（3）检测气门头部边缘厚度，如图 7-35 所示。

气门头部锥面与气门座接触时，不仅仅具有密封的作用而且还能通过气门座带走气门的部分热量。

因此,长时间的工作必然会造成磨损。请测量气门头部边缘厚度并将测量数据记录下来。

标准边缘厚度:____________;

最小边缘厚度:____________。

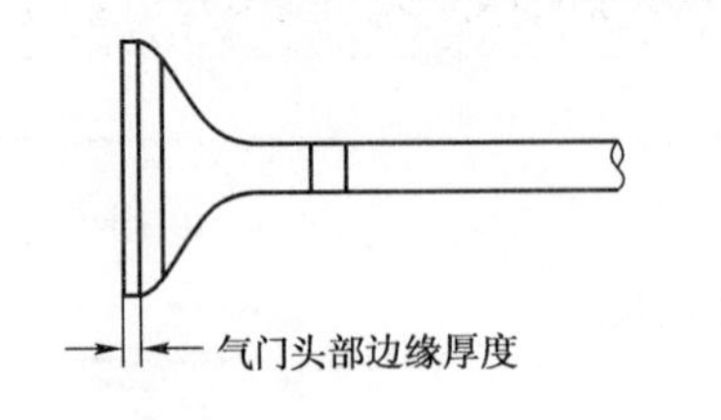

图 7-35　气门头部边缘厚度的检测

(4)检测气门油膜间隙,如图 7-36 所示。

用测径规测量气门导管衬套直径,气门导管衬套直径减去气门杆直径测量值即为气门油膜间隙。请将测量的数据记录下来,并通过查阅维修手册确认气门油膜间隙是否异常。

极限值:________________。

标准油膜间隙:进气____________;排气 ____________。最大油膜间隙:进气____________;排气 ____________。

如果间隙大于最大值,则更换气门和导管衬套。

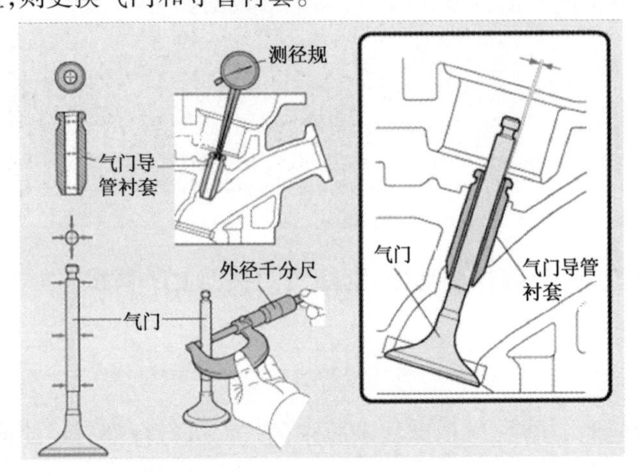

图 7-36　气门油膜间隙的检测

4)气门与气门座的接触面的检查与修复

(1)检查气门和气门座之间的接触面,如图 7-37 所示。

①在气门表面周围薄薄地涂成普鲁士蓝(或铅白);

②将气门推入气门座;

③检查粘贴在气门表面的普鲁士蓝(或铅白)。

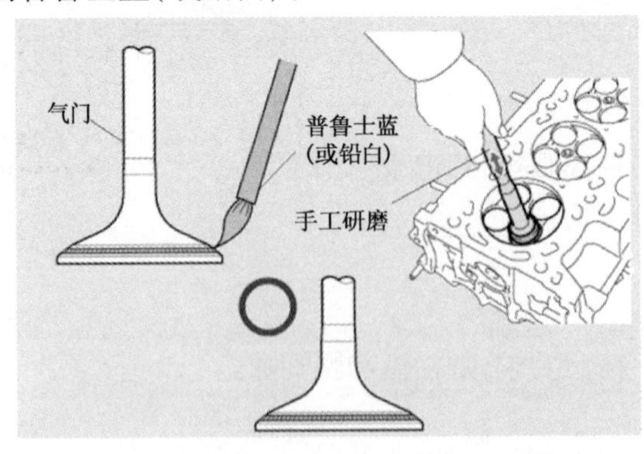

图 7-37　气门和气门座之间接触面的检查

小提示

①不要涂太多的普鲁士蓝(或铅白);

②气门被压在气门座上后,不要转动气门;

③如果气门弯曲或者气门导管衬套油隙太大,则不能进行正确的检查。

(2)气门接触宽度和接触位置的检查,如图7-38所示。

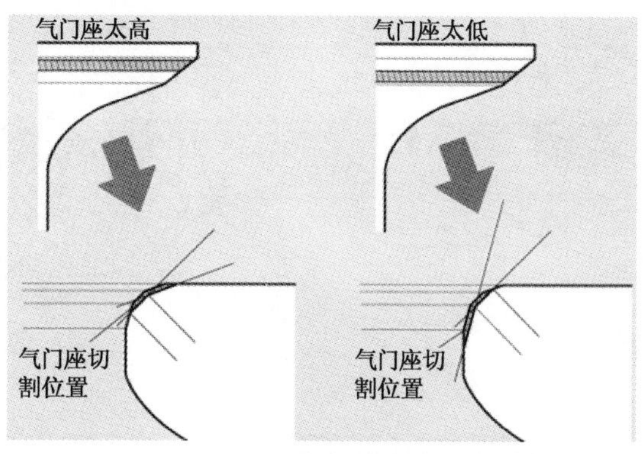

图7-38　气门接触宽度和接触位置的检查

小提示

如果气门座的接触宽度太大,积炭将很容易黏附在气门上并降低密封性。相反,如果气门座上的接触宽度太小,将会导致不均匀的磨损从而在气门周围形成一个坡度。

请在表7-11中记录气门与气门座的密封情况。查阅维修手册,制订修复方案。

气门与气门座的密封检测　　表7-11

气门与气门座的密封技术要求(接触宽度:mm)		在以下合适的选项中打"√"		
进气门	排气门	可继续使用	研磨修复	更换气门与气门座

(3)气门座的维修。如果气门与气门座之间的密封不理想,可对气门座进行维修,如图7-39a)所示。

①用45°铰刀修正气门座表面,使气门座宽度大于规定值。

②用30°和75°度铰刀修整气门座,使气门可以接触气门座的整个圆周,且气门座宽度应保持气门座在整个圆周的规定范围之内,如图7-39b)所示。

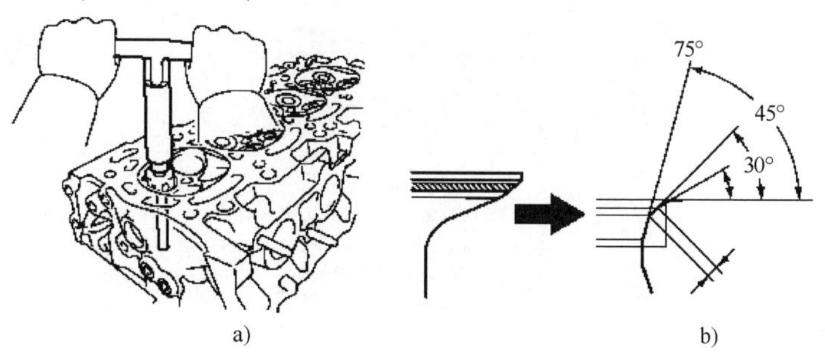

a)　b)

图7-39　气门座的维修

*8. 配气机构的零件经过检测后,对存在缺陷的零件进行更换或修复后再进行装配。如何装配才能保证配气机构的装配质量?

1)装配气门组步骤

(1)更换所有气门油封,清洁零件并涂上润滑油。

(2)逐一装配气门组及驱动组零件,如图 7-40、图 7-41 所示。

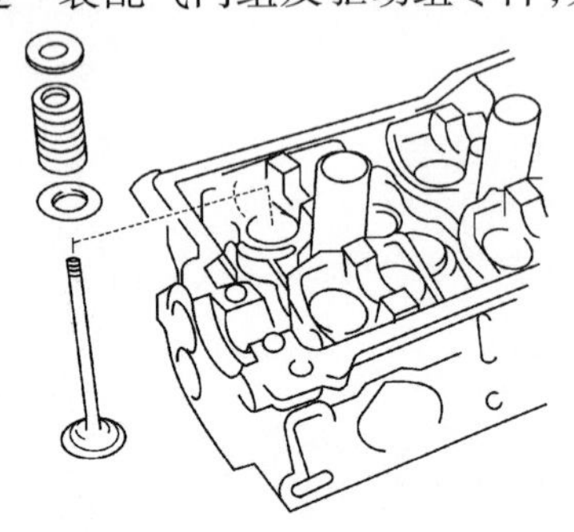

图 7-40　气门组零件

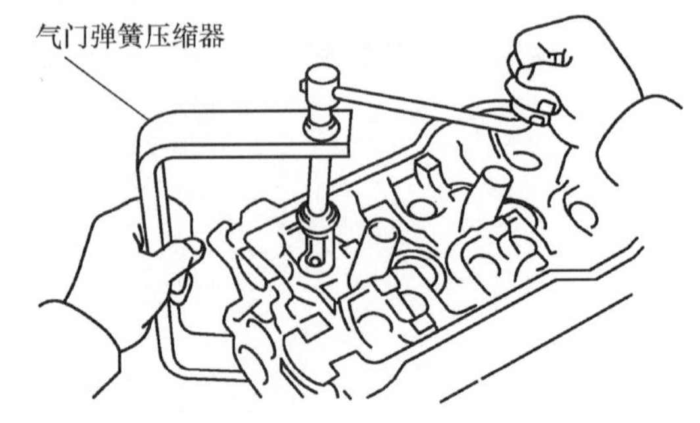

图 7-41　装配气门组件

小提示

气门锁片安装完毕后,用抹布盖在气门弹簧座上,用橡胶锤或手锤木柄轻轻敲击气门杆端部,检查气门锁片是否安装牢固。

2)安装汽缸盖

(1)用铲刀清洁汽缸盖和汽缸体接合平面,用干净抹布擦净汽缸盖和汽缸体的接合平面,如图 7-42 所示。

(2)更换汽缸垫,如图 7-43 所示。

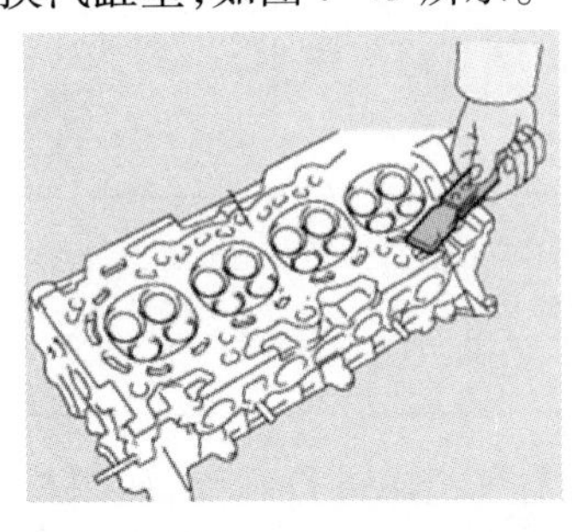

图 7-42　清洁汽缸盖和汽缸体接合平面

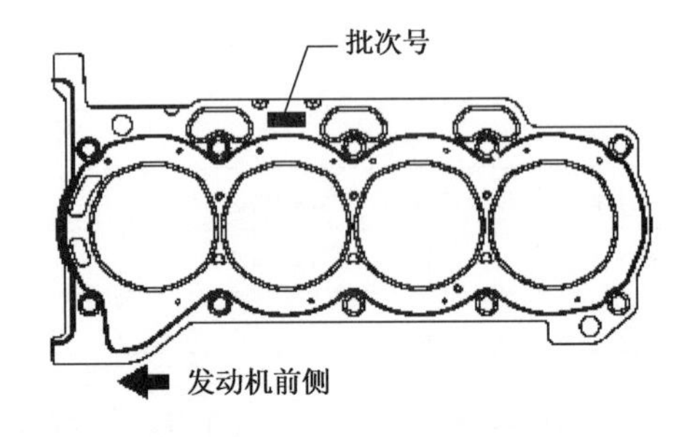

图 7-43　更换汽缸垫

(3)紧固汽缸盖螺栓,用套筒和扭力扳手按由里到外的正确顺序分几次紧固汽缸盖螺栓,如图 7-44 所示。

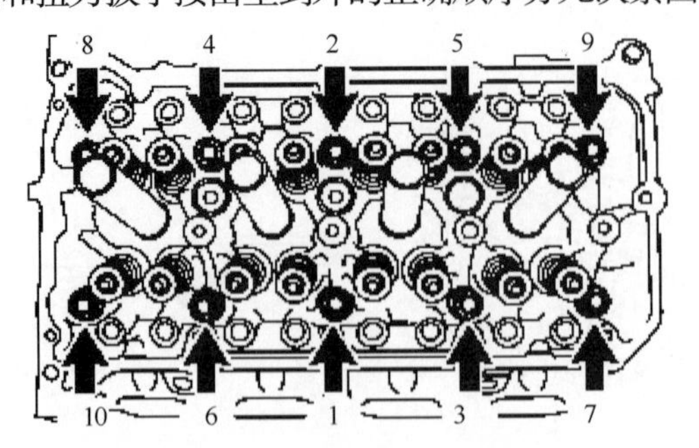

图 7-44　紧固汽缸盖螺栓

小提示

塑性域螺栓用在汽缸盖或轴承盖组件的部位，以获得稳定的螺栓轴向拉紧力。可以直接将其直接拧紧到其材质塑性发展阶段，如图7-45所示。疲劳试验结果表明，塑性域螺栓紧固法，可使螺栓连接体的疲劳强度提高15%～60%。这是由于施加较大的预紧力，而使得由外力引起的螺栓连接体的变形受到约束。这种紧固法已通过发动机的耐久性试验，证明该紧固法在实用中是可靠的。

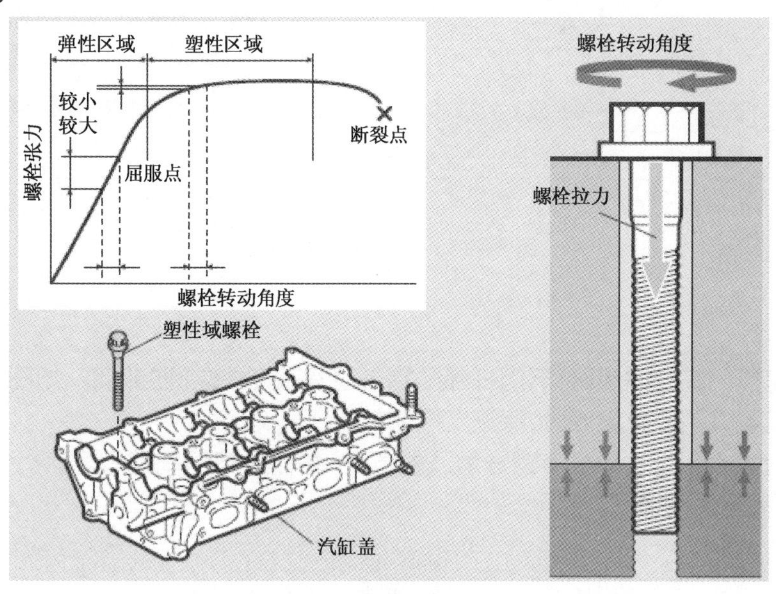

图7-45　塑性域螺栓的紧固方法

3）安装凸轮轴

清洁凸轮轴和轴承盖，在凸轮轴轴颈及座上涂上润滑油，把凸轮轴放在座上，盖上轴承盖。使用套筒和扭力扳手，按正确的顺序由中间向两端分次紧固轴承盖螺栓，达到规定要求，如图7-46所示。

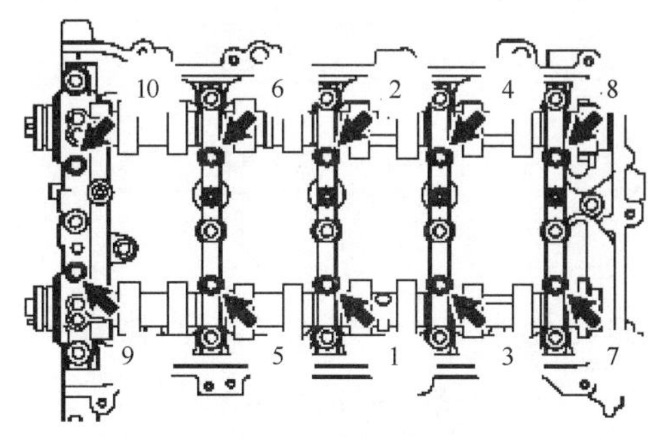

图7-46　紧固轴承盖螺栓

＊9. 气门间隙用于满足气门膨胀的需要，对于采用非液压挺杆的配气机构，如何对气门间隙进行调整？

1）气门间隙调整类型

气门间隙调整类型如图7-47所示。

(1)更换气门挺杆型,如图 ____ 所示。

(2)更换调整垫片型,如图 ____ 所示。

(3)调整螺钉型,如图 ____ 所示。

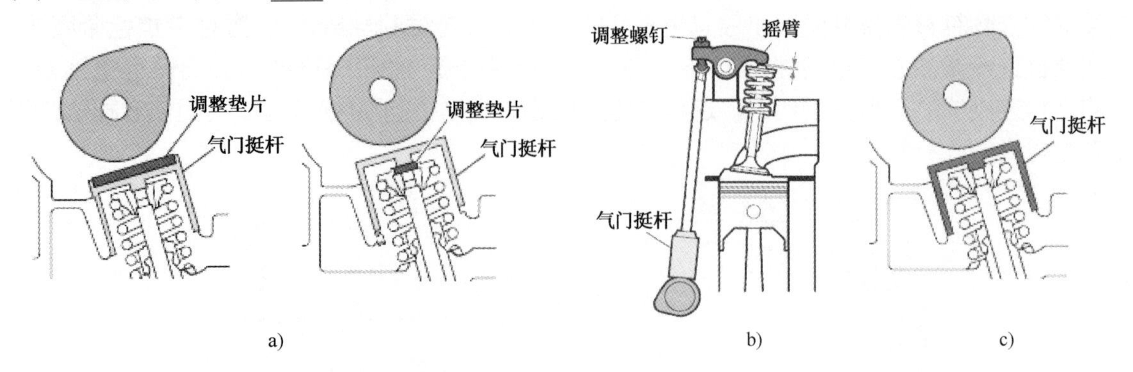

图 7-47　气门间隙调整类型

小提示

气门间隙指气门完全关闭时,气门杆部尾端与摇臂或挺柱之间的间隙,如图 7-48 所示。气门间隙的作用是当气门受热膨胀时,保证气门密封。

气门间隙过大会引起发动机声响异常及配气正时失准;气门间隙不足,会引起活塞强推气门,出现气门不完全关闭情况。

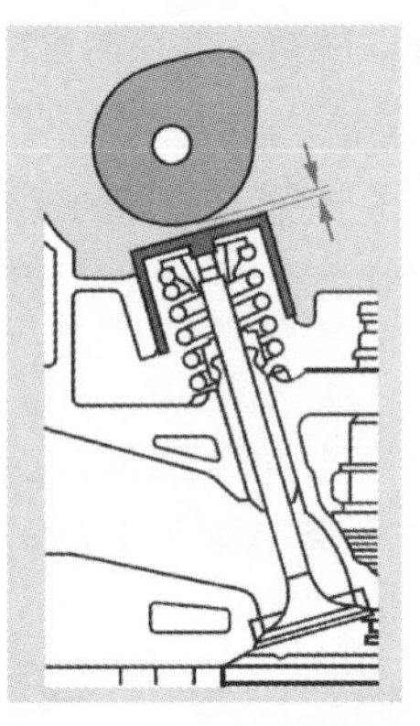

图 7-48　气门间隙

2)气门间隙的调整方法

(1)请查阅维修手册,将所检修的发动机进排气门的气门间隙的技术要求填写在表 7-12 中。

气门间隙技术要求　　表 7-12

发动机做功顺序	气门间隙技术要求(mm)		在以下合适的选项中打“√”		
			逐缸调整法	两次调整法	
	进气门	排气门		第一次可调气门(写上气门序号)	第二次可调气门(写上气门序号)

(2)逐缸调整法调整气门间隙,如图7-49所示。

①转动发动机曲轴,确认该汽缸进排气门都处于完全关闭状态(对于四缸发动机,如果第四缸的进气门刚打开,此时可调整第一缸的进排气门间隙)。

②把相应厚度的厚薄规片放入准备调整的气门杆端面与摇臂之间。

③用梅花扳手拧松锁紧螺母,用一字螺丝刀转动调整螺钉至气门间隙符合要求为止。

④用一字螺丝刀把调整螺钉固定,转动梅花扳手拧紧锁紧螺母。

⑤用厚薄规再次检测气门间隙是否符合技术要求。如果不符合,则重新调整;如果符合技术要求,则继续调下一缸气门间隙。

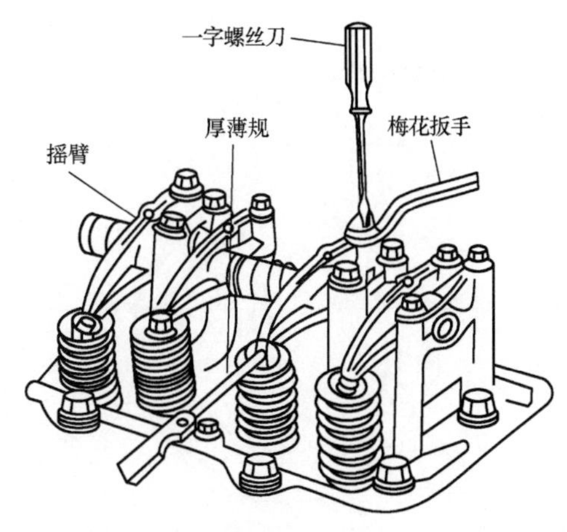

图7-49　逐缸调整法调整气门间隙

(3)两次调整法调整气门间隙,如图7-50所示。

所谓"两次调整法"是指只要把发动机的曲轴摇转两次,就能把多缸发动机的所有气门全部检查调整好。操作时首先根据发动机的做功顺序确定同一个曲轴位置可调整哪些气门的气门间隙,然后再进行以下操作。

例如:四缸发动机,做功顺序为1—3—4—2。

①第一次调整。摇转曲轴,根据正时记号找出第一缸压缩行程上止点(第四缸进气门刚打开),可调整间隙的气门有:第一缸的进、排气门;第二缸的进气门;第三缸的排气门。

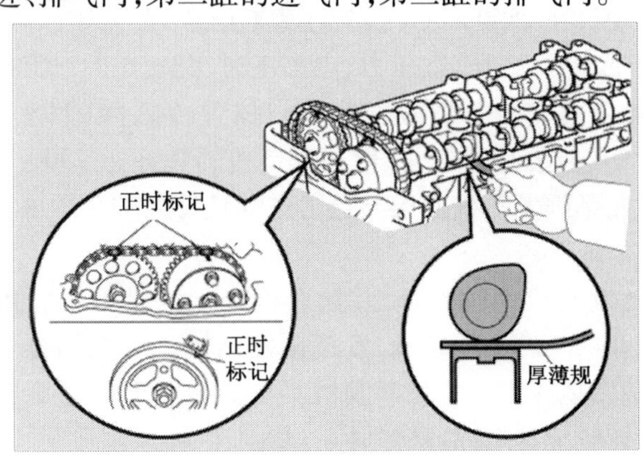

图7-50　两次调整法调整气门间隙

②将曲轴再转一圈,使正时记号对准,此时第四缸处于压缩结束时(第一缸进气门刚打开),便可调

整剩余的气门间隙。

③对于顶置凸轮轴的凸轮直接驱动气门挺杆(非液力挺杆)的发动机,可在拆卸凸轮轴前测量气门间隙并记录超出规定的气门间隙测量值,用于确定需要更换的调整垫片或气门挺杆的规格。参照维修手册选择合适的调整垫片或气门挺杆。

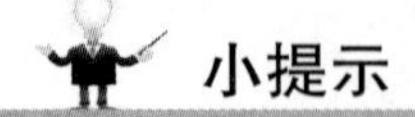

小提示

用曲轴转角来表示气门开始开启至气门完全关闭的整个过程为配气相位,如图7-51所示。发动机气门间隙的测量和调整应在冷车时进行。

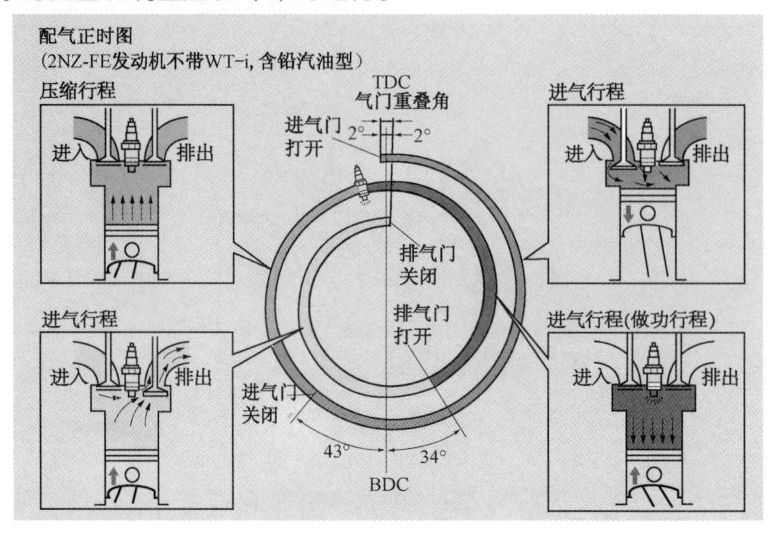

图7-51 配气相位图

三、评价反馈

1. 案例分析

故障症状:一辆北京切诺基越野车高速严重回火,只有怠速至中速时正常。

故障排除:经检查发现发动机在2500r/min以下时基本正常,首先用故障诊断仪读取该车故障码,显示电控系统正常,无故障码记录。然后对汽缸压力、点火正时、配气正时、燃油压力、各缸动力平衡等进行检测,结果也都在规定的范围之内。接下来检测节气门位置传感器(TPS)和进气管绝对压力传感器(MAP)的电压信号。发现TPS传感器信号正常,但当发动机转速超过2500r/min时,MAP传感器的信号电压剧烈跳变。据此分析,可能是因发动机回火导致了进气歧管内的气压波动,从而影响了MAP传感器的信号电压。

根据以上的检查决定分解发动机进行检查,并重点检查配气机构。拆卸汽缸盖检查气门、挺柱、推杆、摇臂等,一切正常。拆下油底壳,转动凸轮轴,发现该发动机2、4缸的排气凸轮高度明显低于1、3缸的排气凸轮高度。取出凸轮轴发现该汽车因长期润滑不良导致凸轮轴过度磨损,从而造成排气不畅,燃烧不充分。更换凸轮轴后,重新装配试车,故障排除。

(1)配气机构的作用是什么?

(2)请查阅资料分析凸轮轴排气凸轮磨损会导致发动机高速时回火的原因。

2. 学习自测题

(1)配气机构由气门组与(　　)所组成。

A. 活塞连杆组　　B. 曲轴飞轮组

C. 气门传动组　　D. 曲柄连杆组

(2)当发动机运转时,如果(　　)液压气门挺柱可能产生滴嗒声。

A. 气门间隙过小　　B. 气门间隙过大

C. 凸轮中心线超过110°　　D. A与C

(3)四冲程发动机凸轮轴的转速是曲轴转速的(　　)。

A. 4倍　　B. 25%

C. 2倍　　D. 50%

(4)气门间隙的调整类型有哪些。(　　)

A. 更换气门挺杆型　　B. 自动调节型

C. 调整螺钉型　　D. 更换调整垫片型

(5)常见的气门间隙调整方法有哪些。(　　)

A. 逐缸调整法　　B. 两次调整法

C. 三次调整法　　D. 四次调整法

(6)气门间隙过小或过大的危害有哪些?

3. 维修信息获取练习

(1)配气机构凸轮轴的驱动形式有哪几种?通过查找维修手册分析丰田威驰汽车5A-FE发动机和皇冠汽车3GR-GE发动机配气机构凸轮轴的驱动属于哪一种形式?

(2)某发动机动力下降,经检测,汽缸压缩压力不符合要求,说明汽缸密封性不良。进行故障排查,证实活塞与汽缸壁之间、汽缸盖与汽缸体接合面之间、火花塞安装孔等三个部位并无发生泄漏。请查找资料分析可能会发生泄漏的部位?导致该位置发生泄漏的原因是什么?

4. 学习目标达成度的自我检查(表7-13)

自我检查表　　表7-13

序号	学习目标	达成情况(在相应的选项后打"√")		
		能	不能	如果不能,是什么原因
1	叙述发动机配气机构各零部件的名称、安装位置及作用			
2	叙述发动机配气机构各零件损坏的原因			
3	根据发动机动力下降的现象,查找配气机构方面可能的故障			
4	安全规范地对配气机构各零件进行检测			
5	安全规范地安装配气机构并调整气门间隙			

5. 日常表现评价(由小组长或者组内成员评价)

(1)工作页填写情况。(　　)

A. 填写完整　B. 缺失0~20%　C. 缺失20%~40%　D. 缺失40%以上

(2)工作着装是否规范?(　　)

A. 穿着校服(工作服),佩戴胸卡　B. 校服或胸卡缺失一项

C. 偶尔会既不穿校服又不戴胸卡　D. 始终未穿校服和佩戴胸卡

(3)能否主动参与工作现场5S工作?(　　)

A. 积极主动参与5S工作　B. 在组长的要求下能参与5S工作

C. 在组长的要求下能参与5S工作,但效果差　D. 不愿意参与5S工作

(4)使用气门弹簧压缩器时,有无警示其他同学?(　　)

A. 有安全警示　B. 无安全警示

(5)学习该任务是否达到全勤?(　　)

A. 全勤　B. 缺勤0~20%(有请假)

C. 缺勤0~20%(旷课)　D. 缺勤20%以上

(6)总体评价该同学。(　　)

A. 非常优秀　B. 比较优秀　C. 有待改进　D. 急需改进

(7)其他建议:

小组长签名:____________　______年______月______日

6. 教师总体评价

(1)对该同学所在小组整体印象评价。

A. 组长负责,组内学习气氛好

B. 组长能组织组员按要求完成学习任务,个别组员不能达到学习目标

C. 组内有30%以上的学员不能达到学习目标

D. 组内大部分学员不能达到学习目标

(2)对该同学整体印象评价:

教师签名:____________　______年______月______日

学习拓展

(1)配气相位失准的原因有哪些？如何进行诊断？

(2)下置凸轮轴式配气机构各零件的检测与更换。

(3)对于通过更换垫片来调整气门间隙的顶置凸轮轴式配气机构的发动机(如丰田5A发动机),如何就车调整气门间隙？

学习任务8　发动机汽缸盖与汽缸体的检测与修理

学习目标

完成本学习任务后，你应当能：

1. 叙述发动机汽缸盖与汽缸体各零部件的名称、安装位置及作用；
2. 对汽缸盖和汽缸体平面的变形、裂纹及汽缸的磨损进行检测；
3. 对汽缸盖平面、汽缸体平面和汽缸磨损等进行修复处理；
4. 借助维修手册，安全规范地诊断发动机汽缸盖与汽缸体的故障。

建议完成本学习任务为10学时

学习内容的结构

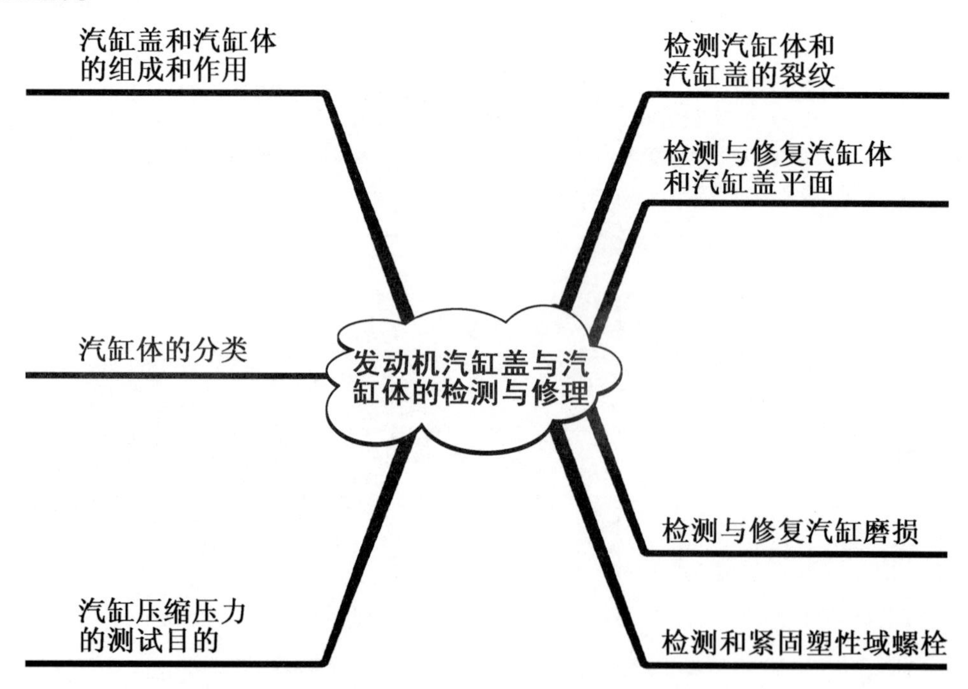

学习任务描述

某客户反映其汽车的动力性很差，燃油及机油消耗较大。该车使用年限较长，发动机无大修记录。经检测发现发动机汽缸压缩压力低于技术要求，从火花塞孔向汽缸注入少量机油后进行湿汽缸压缩压力测试，发现汽缸压缩压力值明显提高。初步判断为活塞环或汽缸磨损，需要解体发动机进行检测。

发动机汽缸体是发动机的装配基体，并由它来保持发动机各运动件相互之间的准确位置关系。汽缸盖安装在汽缸体上面，为了使汽缸体与汽缸盖之间的接合处保持良好的密封，在接合处用汽缸垫来减少由于机加工引起的误差。发动机在长期使用后，往往会破坏机体的几何形状，形成拱曲变形，使其相配合的表面位置偏差增大。或因结冰冻裂、冷热急剧变化、碰撞受振等原因，也会在水套薄壁、气门座、燃烧室附近发生损伤，因而导致漏水、漏气、损坏衬垫等现象。

一、学习准备

＊1. 汽缸盖和汽缸体是发动机最重要的基础件，它由哪几部分组成的？

汽缸盖和汽缸体的结构如图8-1所示。汽缸盖安装在汽缸体的上面，是燃烧室的组成部分。汽缸盖上装有进气门、排气门、火花塞（汽油机）和凸轮轴。汽缸体上部圆柱形的空腔为汽缸，下半部为支撑曲轴的曲轴箱，其内腔为曲轴运动的空间。在汽缸体内部铸有许多加强肋、冷却水套和润滑油道等。

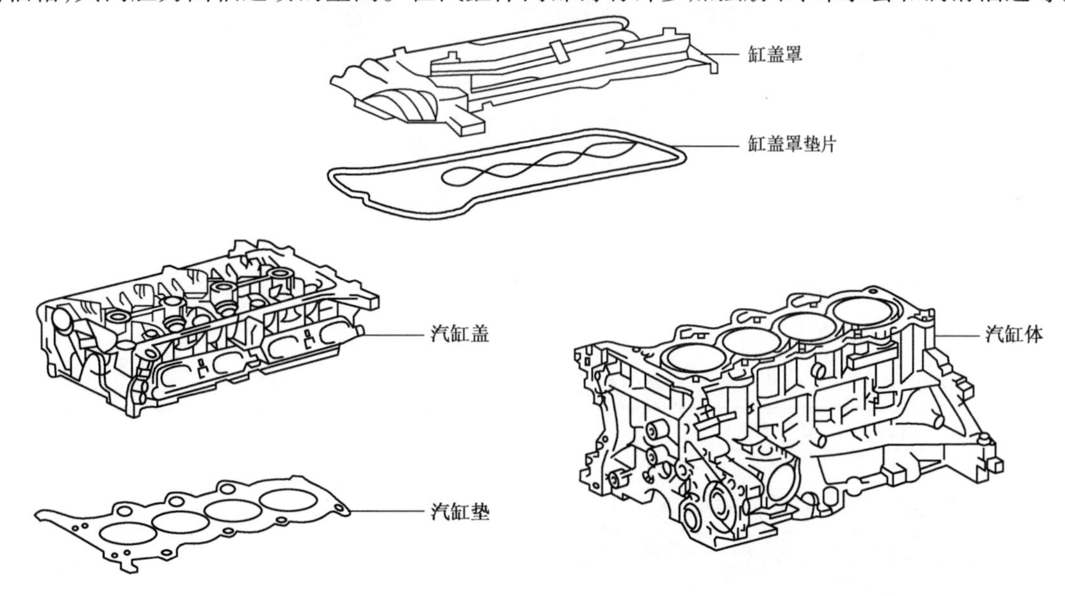

图8-1　汽缸盖、汽缸体组件

＊2. 根据汽缸排列方式的不同，汽缸体分为哪几种类型？

汽缸体指的是汽缸高度所对应的缸体部分，缸体往下部分是上曲轴箱，由于缸体和上曲轴箱以同一材料一体铸造出来，因此人们将它统称为汽缸体。

汽缸体按照布置形式分为直列式、V形、对置式三种形式，如图8-2所示。

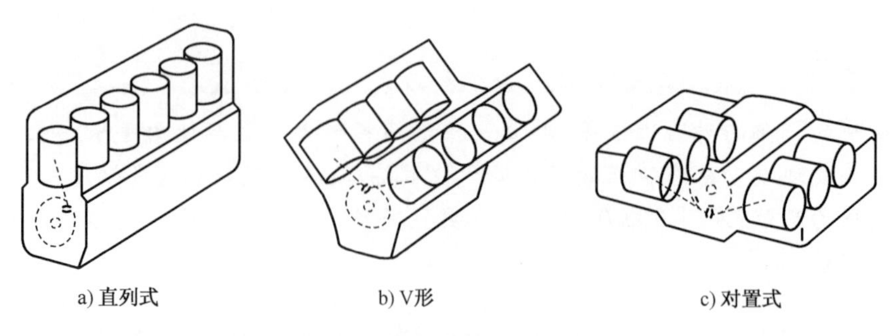
a) 直列式　b) V形　c) 对置式

图 8-2　汽缸体的布置形式

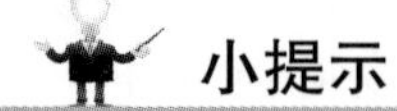
小提示

汽缸体的材料采用铝合金或铸铁。现代发动机汽缸体的材料也有采用镁铝合金。两列汽缸的轴线夹角一般为 60°或 90°,如图 8-3 所示。当夹角为 180°时,为对置式汽缸体。

图 8-3　V 形汽缸体

*3. 按汽缸套类型的不同,汽缸体分为哪几种形式?

按汽缸套类型的不同发动机汽缸有三种构成方式:无缸套汽缸(图 8-4)、干式缸套汽缸(图 8-5)、湿式缸套汽缸(图 8-6)。见表 8-1。

按汽缸套类型的不同进行汽缸体分类　表 8-1

分类	图　示	优　点	缺　点
无缸套汽缸	图 8-4　无缸套汽缸	汽缸与缸体制成一体,与活塞接触的内表面没有镶缸套,多数汽油发动机铸铁缸体采用这种形式,它结构简单,加工面少,汽缸刚度也较好	为了提高汽缸表面的抗磨性,整体式结构缸体全部采用合金铸铁。而有缸套的汽缸只需缸套采用较好的耐磨材料,而其缸体则采用一般铸铁或铝合金

续上表

分类	图　示	优　点	缺　点
干式缸套汽缸	缸盖 缸套 冷却液 图 8-5　干式缸套汽缸	缸套压入汽缸体后，再对内表面进行精加工。干式缸套不与冷却液直接接触	导热性较差，汽缸套与汽缸孔加工要求较高。汽缸直径小于 120mm 的高速发动机多采用干式缸套
湿式缸套汽缸	缸套 冷却液 密封圈 图 8-6　湿式缸套汽缸	汽缸套直接与冷却液接触，导热性好，便于更换，汽缸体铸造简单，材料可按需选择	汽缸体刚度差，容易漏水

二、计划与实施

工具和材料：

干净的抹布，常用工具，汽缸压力表，刀形尺，厚薄规，量缸表，游标卡尺，外径千分尺，汽车维修手册。

保护性衣物：

标准作业着装（安全鞋、工作服等）。

汽车的相关信息填写：

生产年份＿＿＿＿＿＿＿；车牌号码＿＿＿＿＿＿＿；车型及行驶里程＿＿＿＿＿＿＿；汽车识别码（VIN）＿＿＿＿＿＿＿；发动机型号和排量＿＿＿＿＿＿＿。

＊4. 汽缸的密封性不良会导致汽缸压缩压力下降，如何通过测试汽缸压缩压力检测汽缸的密封性？

1）测试发动机汽缸压缩压力

图 8-7 所示为测试发动机汽缸压缩压力。当发动机运转时，请将所测量的数值记录在表 8-2 上，查阅维修手册并判断汽缸压缩压力是否正常。

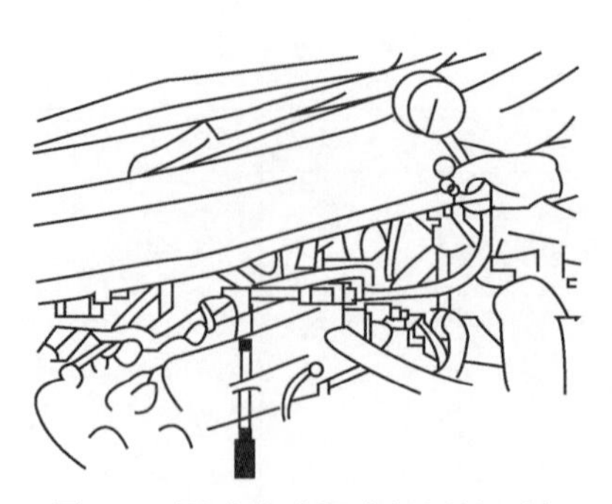

图 8-7　测试发动机汽缸压缩压力

汽缸压缩压力的测量值　　表 8-2

项目＼缸数	一缸	二缸	三缸	四缸
压缩压力(kPa)				
是否正常				

汽缸压缩压力测试是发动机诊断的一种基本方法,发动机正常工作要求各汽缸压缩压力达到标准压力且基本相同。发动机汽缸压缩压力低于标准压力时,可能的原因有(请在正确的“□”选项内打“√”):

□ 进气门密封不严;

□ 排气门密封不严;

□ 汽缸壁磨损严重;

□ 活塞环磨损严重;

□ 汽缸垫密封不严;

□ 汽缸盖弯曲变形;

□ 汽缸体有裂纹。

如果一个或多个汽缸压缩压力值较低,可通过湿汽缸压缩压力测试进一步判断泄漏的位置。

2)湿压缩压力测试

如果汽缸压缩压力偏低,可从火花塞孔向汽缸内注入少量的机油后再做压缩压力测试。如果添加机油后压缩压力明显增大,则说明活塞、活塞环、汽缸壁之间密封不良。

***5. 发动机在长期使用后,由于受温度和摩擦的影响,汽缸体和汽缸盖的形状会发生改变,甚至出现裂纹,如何检测汽缸体和汽缸盖裂纹及变形?**

1)汽缸体和汽缸盖的裂纹

(1)裂纹常见部位和产生的原因。

汽缸体产生裂纹的原因主要有:曲轴在高速转动时产生的振动使汽缸体的薄弱部位产生裂纹;发动机高温状态时突然加入大量冷水、水垢积聚过多而散热不良或由于穴蚀使水道壁产生裂纹;镶换汽缸套时,过盈量过大或压装工艺不当造成汽缸局部裂纹;装配螺栓时拧紧力矩过大产生螺纹孔裂纹等。

小词典

穴蚀是快速运动或振动的表面因压力和温度急剧变化而引起冷却液中产生的真空小气泡突然破裂而剥离金属材料表面层的腐蚀现象。

(2)检查汽缸体和汽缸盖的裂纹。

①采用水压试漏是简单有效的水套裂纹检测方法,如图 8-8 所示。

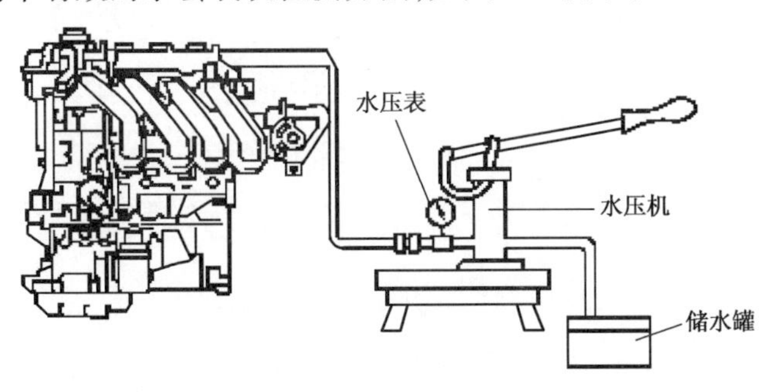

图 8-8　汽缸体和汽缸盖的水压试漏

向发动机水套内施加 343 ~ 441kPa 压力的水,保持 5min,认真检查汽缸体和汽缸盖是否有渗漏。如有渗漏确定渗漏位置。

②采用染色渗透剂法检测汽缸盖和汽缸体裂纹。

汽缸盖和汽缸体经清理并洗净后,用染色渗透剂喷射至被检测部位,如燃烧室、进气口、排气口等。若渗透剂渗入汽缸盖和汽缸体内部,表面会显现纹迹,则表示有裂纹存在。

若存在裂纹,请在表 8-3 中记录裂纹所在位置,查阅维修手册,制订修复方案。

汽缸盖和汽缸体裂纹位置　　表 8-3

<table>
<tr><td>裂纹出现的部位(填写)</td><td colspan="2"></td></tr>
<tr><td colspan="3">在以下合适的选项中打“√”</td></tr>
<tr><td>焊接修复</td><td>粘接修复</td><td>更换汽缸体或汽缸盖</td></tr>
<tr><td></td><td></td><td></td></tr>
</table>

2)汽缸体和汽缸盖的变形

(1)产生变形的位置和原因。

①汽缸体和汽缸盖接合平面的翘曲变形。此类变形通常是由于拆装汽缸盖时操作不当,未按汽缸盖螺栓规定的拆装顺序和力矩进行操作所造成的。

②汽缸体上、下平面螺纹口周围凸起。此类变形通常是由于装配时拧紧力矩过大,或螺纹孔未清理干净所造成的。

安装汽缸盖螺栓前,为什么要将螺纹孔内的液体或杂质用压缩空气吹干净?

(2)检测汽缸体和汽缸盖平面的变形状况。

用刀形尺和厚薄规检测汽缸体和汽缸盖的平面度,如图 8-9 所示。

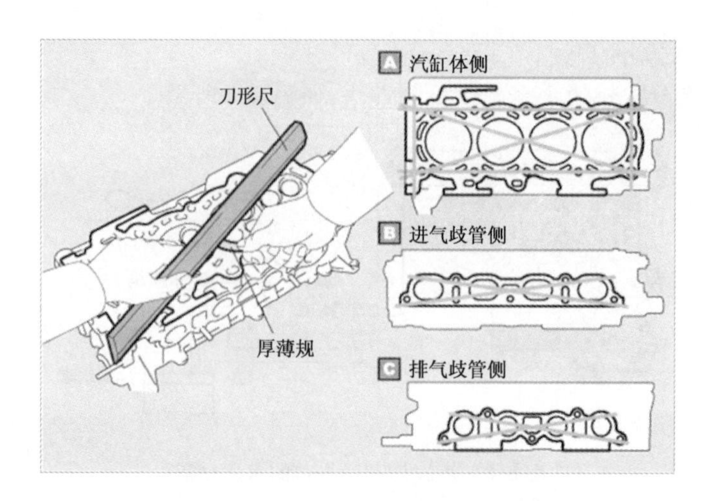

图 8-9　检测汽缸体和汽缸盖的平面度

请按如图 8-10 所示检测顺序,将汽缸体和汽缸盖平面六个方向的最大变形量记录在表 8-4 中。

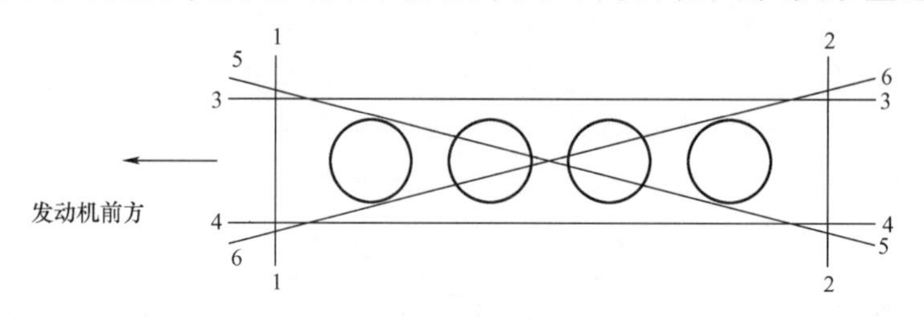

图 8-10　汽缸体平面变形检测顺序

汽缸体和汽缸盖平面变形检测记录　　表 8-4

方向 变形量	位置 1(mm)	位置 2(mm)	位置 3(mm)	位置 4(mm)	位置 5(mm)	位置 6(mm)
汽缸体上平面						
汽缸盖下平面						
进气歧管侧	对角线 1	对角线 2	排气歧管侧		对角线 1	对角线 2

(3)查阅维修手册,判断所检测的汽缸体和汽缸盖平面度是否满足技术要求?

(4)为避免汽缸盖变形,如何正确拆装发动机汽缸盖螺栓?

(5)汽缸体和汽缸盖接合平面翘曲变形所产生的危害有哪些?

（6）汽缸体和汽缸盖接合平面的修整。

当检测汽缸体或汽缸盖的平面度超过技术要求，但又小于允许的修整量时，可对平面进行修磨，部分发动机汽缸体或汽缸盖的平面度超过技术要求时需要更换，所以确定能否修复要符合维修手册的规定。

根据发动机型号，查阅维修手册，制订汽缸体和汽缸盖平面的修复方案，并填写在表8-5中。

汽缸体和汽缸盖平面的修复计划　　表8-5

发动机型号	汽缸盖、汽缸体平面（整个平面）变形技术要求（mm）	允许修整量（mm）		发动机汽缸排列形式		
		汽缸盖	汽缸体	直列式	V形	对置式
汽缸盖最大的变形量（整个平面）（mm）	汽缸体最大的变形量（整个平面）（mm）	在以下合适的选项中打"√"			汽缸体、汽缸盖材料	
		更换	修整	可继续使用	铸铁	铝合金

在一定的变形范围内，可采用磨削修复的方法来修复，如果修整汽缸体平面后导致活塞头部凸出，需要用加厚发动机汽缸垫来解决。如果修整汽缸盖后引起燃烧室容积变化较大，也可通过加厚汽缸垫来解决或在燃烧室非重要的位置去除部分的材料来解决。

＊6. 汽缸的磨损程度是衡量发动机是否需要大修的重要依据之一，如何检测汽缸磨损？

1）汽缸磨损的规律及原因

汽缸正常的磨损是不均匀的，如果将汽缸分为上中下三个截面，如图8-11所示。上截面由于温度高和润滑条件差等原因容易造成严重的腐蚀磨损。汽缸磨损的最大部位是活塞上止点位置时第一道活塞环相对应的汽缸壁，如图8-12所示。中截面是由于侧向力的作用，使活塞裙部与汽缸壁接触而造成摩擦磨损，如图8-13所示。如果润滑油质量不好，在飞溅润滑中由于润滑油中的杂质黏附在汽缸壁的下部，从而造成汽缸下部的磨料磨损。

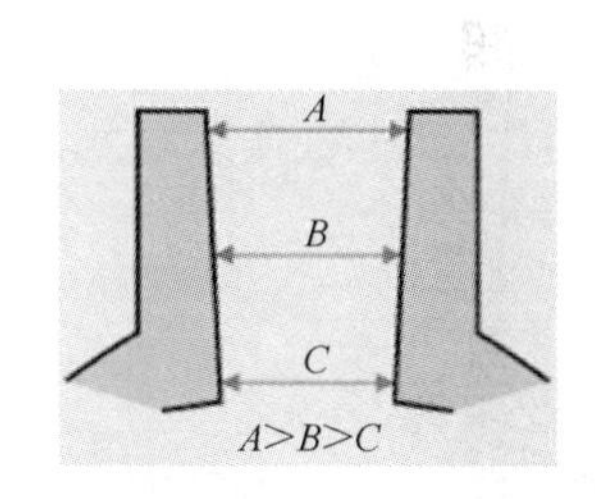

图8-11　汽缸截面

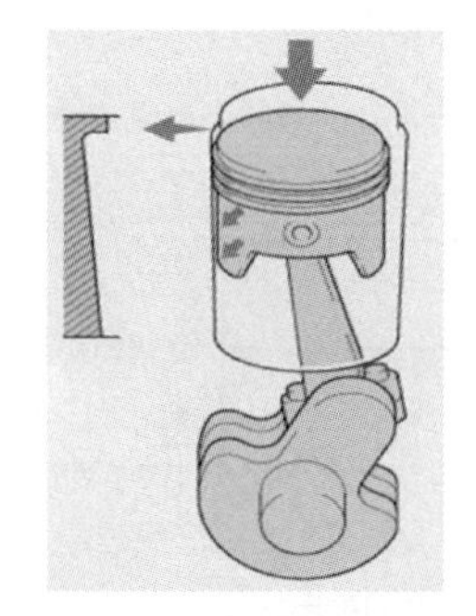

图8-12　汽缸磨损的最大部位

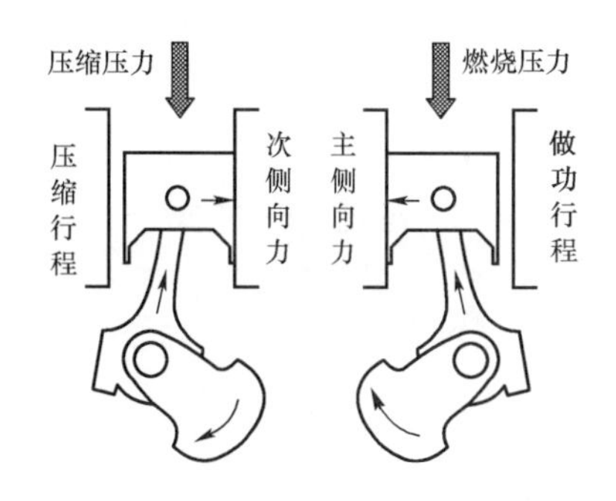

图8-13　侧向力

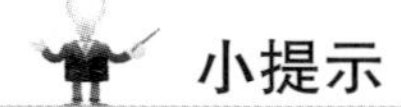

小提示

侧向力是发动机在压缩与做功行程时，活塞作用到汽缸壁上的推力。由于侧向力的作用，使活塞与汽缸壁接触而造成汽缸中部的磨损。

2)检测汽缸磨损

(1)量缸表的结构与装配。

①量缸表结构如图 8-14 所示。

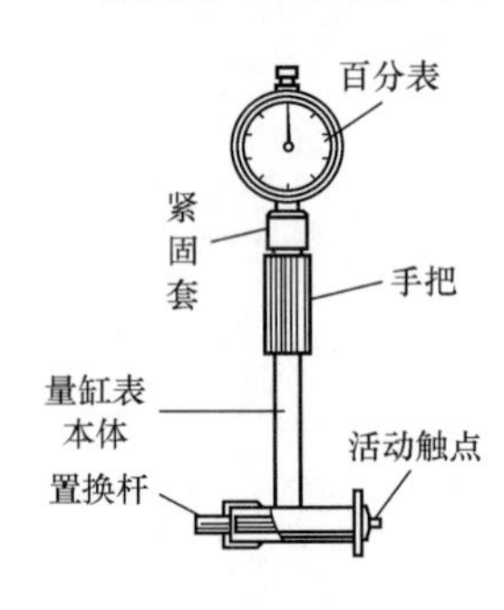

图 8-14　量缸表的结构

量缸表由百分表和测量附件组成,百分表的表面上有 100 个小格,每小格为 0.01mm。表面上的大指针偏转一圈(即表面上小指针偏转一格)相当于 1mm,表盘可以转动,上面刻有“0”刻度标识。

②装配量缸表。将量缸表的芯轴插入表杆内孔,使芯轴与表杆内孔推杆接触,表芯轴插入的深度一般使百分表大表针转动 0.20 ~0.50mm。根据汽缸的标准直径(或用游标卡尺测量发动机轴向和活塞推力方向的所有汽缸缸口直径,取最小缸口直径定为该发动机的原始缸径),选择合适的置换杆装入量缸表的下端。

(2)校正量缸表尺寸。用台虎钳固定外径千分尺,将外径千分尺校正到被测汽缸的标准尺寸,再将量缸表校正到外径千分尺的尺寸,并使置换杆有 1 ~2mm 的压缩行程,调整完毕应锁紧置换杆,旋转表盘使大指针对准“0”位,如图 8-15 所示。

3)测量汽缸

(1)每个汽缸确定三个测量截面(A、B、C),如图 8-16 所示。

将量缸表测杆伸入汽缸的上部测量第一道活塞环在上止点位置时所对应的汽缸壁,摆动量缸表,当指针指示到最小读数时即表示测杆已垂直汽缸轴线,记录测量数值。将量缸表下移,测量中部、下部(通常是距离汽缸下边缘 10mm 处,具体位置要见维修手册)的读数,每个截面分别测量发动机轴向和活塞推力方向两个汽缸直径,如图 8-17 所示。

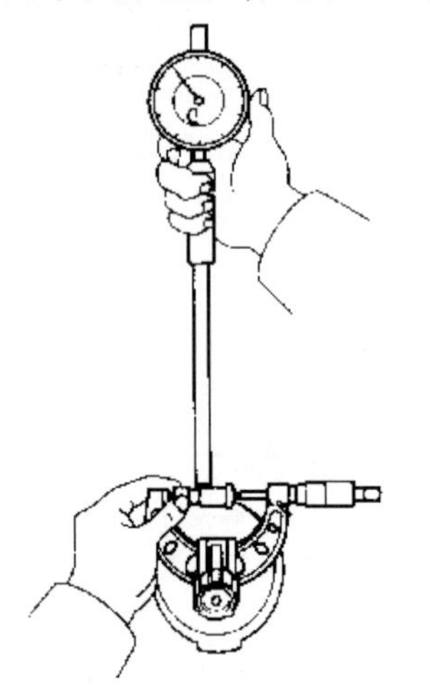
图 8-15　校正量缸表尺寸

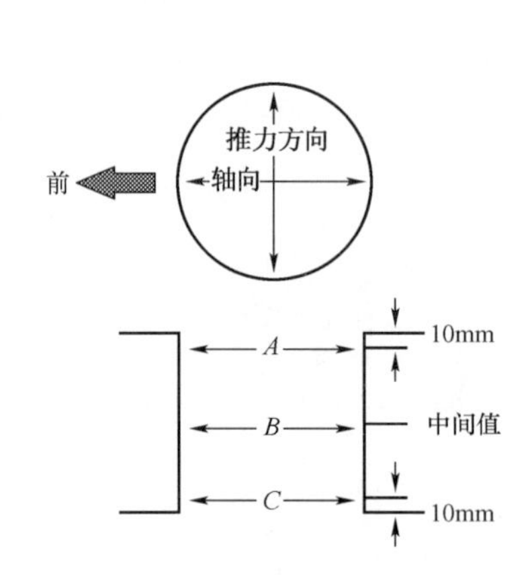

图 8-16　汽缸磨损的检测位置

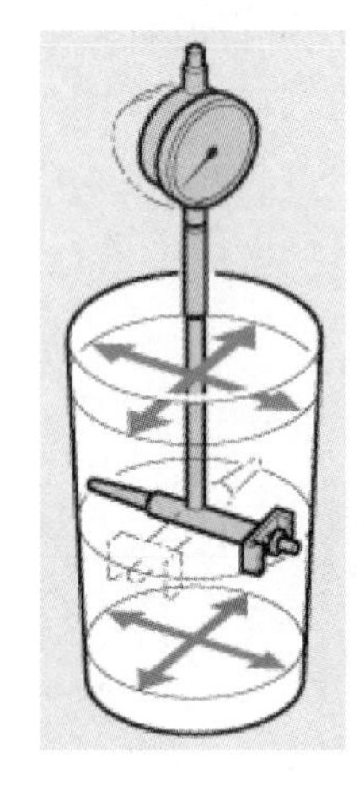
图 8-17　汽缸磨损测量

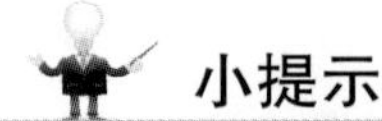

小提示

测量完一个截面后,不能垂直拉动量缸表到新的测量位置,应倾斜量缸表至新的测量位置,以防损坏汽缸壁和量缸表。

(2)请在表 8-6 中记录各截面的缸径。

各截面的缸径记录表　　表8-6

缸径＼汽缸		第一缸	第二缸	第三缸	第四缸	第五缸	第六缸
上截面	轴向方向直径(mm)						
	推力方向直径(mm)						
中截面	轴向方向直径(mm)						
	推力方向直径(mm)						
下截面	轴向方向直径(mm)						
	推力方向直径(mm)						

4)计算各汽缸的圆度值、圆柱度值和汽缸最大的磨损量

(1)计算汽缸的圆度误差。

在同一汽缸三个横截面上,计算出每个截面两个测量值的差值的一半,最大值则为该汽缸的圆度误差。

$$圆度误差值 = (\phi_{大} - \phi_{小})/2$$

(2)计算汽缸的圆柱度误差。

在所有测量值中(同一截面除外),最大值与最小值之差的1/2即为汽缸的圆柱度误差。

$$圆柱度值 = (\phi_{max} - \phi_{min})/2$$

圆度与圆柱度的技术要求一般小于0.05mm。

(3)计算汽缸的最大磨损量。

$$汽缸最大磨损量 = \phi_{max} - \phi_0$$

ϕ_{max}是各汽缸直径中最大的直径,ϕ_{min}是各汽缸直径中最小的直径,ϕ_0是汽缸标准直径。

汽缸最大的磨损量一般小于0.20mm。

请计算出各汽缸的圆度、圆柱度及最大的磨损量并填写在表8-7中。

汽缸的圆度、圆柱度及最大磨损量计算值　　表8-7

指标＼汽缸	第一缸	第二缸	第三缸	第四缸	第五缸	第六缸
圆度值(mm)						
圆柱度值(mm)						
最大磨损量(mm)						
汽缸最大圆度值(mm)			汽缸最大圆柱度值(mm)		汽缸最大的磨损量(mm)	

部分发动机要求测量与汽缸相配合的活塞直径,进而计算出汽缸与活塞配合的油膜间隙。

***7. 根据上述检测及计算结果确定发动机汽缸能否修复,如何修复?**

1)查阅维修手册并制订修复计划

(1)记录所测量汽缸的技术参数要求。

(2)根据检测结果与汽缸的技术参数要求确定所测量汽缸的修复方案,并将结果记录在表8-8中。

某车型发动机汽缸修复计划　　表8-8

该车型发动机汽缸修理等级的级差(mm)	在以下合适的选项中打“√”			
	镗削汽缸	镶缸套	更换汽缸体	继续使用
有修理等级的级差				
无修理等级的级差				

例如:丰田ACV30、31车型的2AZ-FE发动机汽缸技术参数为:汽缸标准值为88.500~88.513mm,活塞直径标准值为88.439~88.449mm,标准油膜间隙为0.051~0.074mm,最大油膜间隙为0.10mm。如果油膜间隙大于最大值,则更换全部四个活塞。如更换全新活塞后油膜间隙仍大于最大值,则更换汽缸体。

表8-9所示为部分车型汽缸修复修理等级的级差。

部分车型汽缸修复修理等级的级差　　表8-9

车　型	发动机型号	修理级差(mm)
别克君威	LB8/LW9	0.50
广州本田雅阁	F23A3	0.25
宝马7E32	M30	0.25

2)汽缸的镗削修复

采用镗缸修复法对汽缸进行修复,修复前必须要确定修理等级。

(1)汽缸修理等级的级差。

国产汽车一般为四级,每0.25mm为一级。进口汽车有的只有两级,每0.25mm或0.50mm为一级,有的没有修理等级,一旦汽缸磨损大于允许值范围就需要更换缸套、镶缸套或更换汽缸体。

(2)汽缸镗削修复修理等级的确定。

汽缸最大的磨损直径-发动机原汽缸缸径+加工余量

加工余量一般选0.10~0.15mm。

例如:汽缸的标准缸径是92.00mm,磨损后其最大的缸径是92.20mm,确定对汽缸进行镗削修复的修理等级。(92.20-92.00)+0.10=0.30(mm),由于每0.25mm为一级,所以对该发动机所有的汽缸进行加大二级修理尺寸的修复,并选配同一修理尺寸的同组活塞与活塞环。为保证最好效果,镗缸时尽可能使加工尺寸最小。

发动机汽缸的圆度、圆柱度或最大磨损量中只要有一个数值大于技术要求,则所有汽缸都必须按同一修理尺寸进行修复。

3)汽缸的珩磨

镗缸获得合适的缸径,而珩磨获得合适的油膜间隙。许多发动机修理商和制造商镗出的缸径恰好是加大活塞的尺寸。当缸体经过镗缸达到标准的加大尺寸(加大的活塞直径)后,缸体需要珩磨加工。有经验的操作人员使用珩磨设备将缸径再扩大0.03~0.08mm(参照标准油膜间隙),这一尺寸正好是活塞和汽缸的标准油膜间隙。

4)更换汽缸套

汽缸的磨损大于技术要求时,除了进行镗削修复或更换汽缸体外还可以采用更换汽缸套的方法进行修复。

湿式汽缸套的更换:取出旧缸套后,清洁汽缸体内的锈蚀与污垢,尤其是汽缸体与汽缸套的配合定位位置和密封圈接触的位置。压入新汽缸套前先把密封圈和垫片放置好再把汽缸套压进汽缸体中。

5)镶缸套

汽缸进行第一次镶缸套时,应选用外径尺寸最小的汽缸套,并根据选用的汽缸套外径尺寸和维修手册的要求,加工发动机的汽缸(加工后成为汽缸套的承孔)到稍微小于汽缸套的外径约0.08mm,以保证汽缸套与承孔接合紧密牢固,导热性能好。将汽缸体加热到90℃,同时将汽缸套置于冰水中,之后将汽缸套压入汽缸体中。

汽缸套镶进发动机后要重新检测汽缸直径,然后再对汽缸进行机械加工。

通常更换干式汽缸套、镶缸套、汽缸镗削和珩磨由汽车维修企业外部协助的专项维修厂家进行。

***8. 部分发动机的一些重要部位采用塑性域螺栓连接,如连杆轴承盖、曲轴主轴承盖、发动机汽缸盖等。如何对塑性域螺栓进行检测和紧固?**

1)检测塑性域螺栓

疲劳试验结果表明,塑性域螺栓紧固法可使螺栓连接体的疲劳强度提高15%~60%。同时还避免了塑性应变集中,因此螺栓的重复使用性在实用中也无问题。

塑性域螺栓一般用于汽缸盖螺栓和轴承螺栓,螺栓头为外侧或内侧的12边形,如图8-18所示。

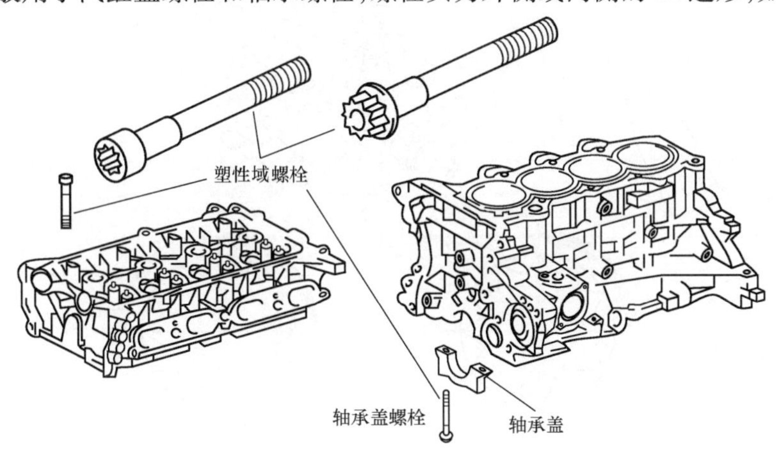

图8-18　塑性域螺栓

(1)检测塑性域螺栓,如图8-19所示。

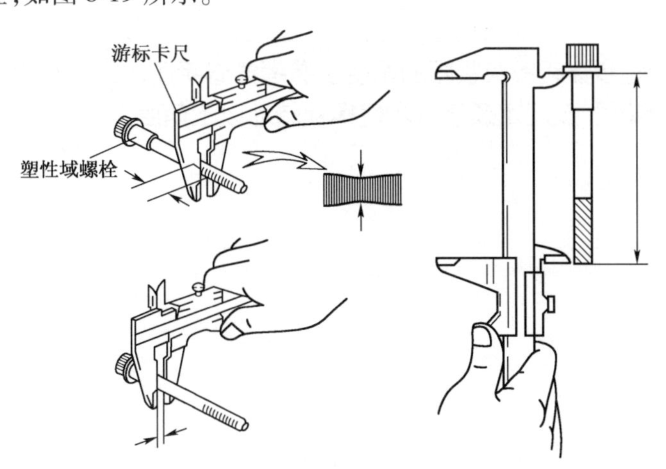

图8-19　检测塑性域螺栓

方法一:测量塑性域螺栓的长度,与规定值对比。

方法二:测量塑性域螺栓螺杆最小直径,与规定值对比。

(2)请查阅维修手册,明确塑性域螺栓的技术要求,将检测汽缸盖塑性域螺栓的数据记录在表8-10中。

塑性域螺栓检测记录　　表8-10

螺栓直径的技术要求(mm)	螺纹部分质量的技术要求	螺栓全长尺寸的技术要求(mm)	更换(件数)	可继续使用(件数)

2)塑性域螺栓的紧固方法

拧紧塑性域螺栓的方法不同于拧紧普通螺栓,如图8-20示。具体操作步骤如下:

(1)在螺纹和螺栓头部的下面涂抹薄薄一层机油;

(2)安装时用力均匀地拧紧螺栓;

(3)紧固到某一规定力矩后,给每一只螺栓作油漆标记;

(4)一次或分次将紧固螺栓拧紧到规定的角度即让螺栓进入塑性域工作区。

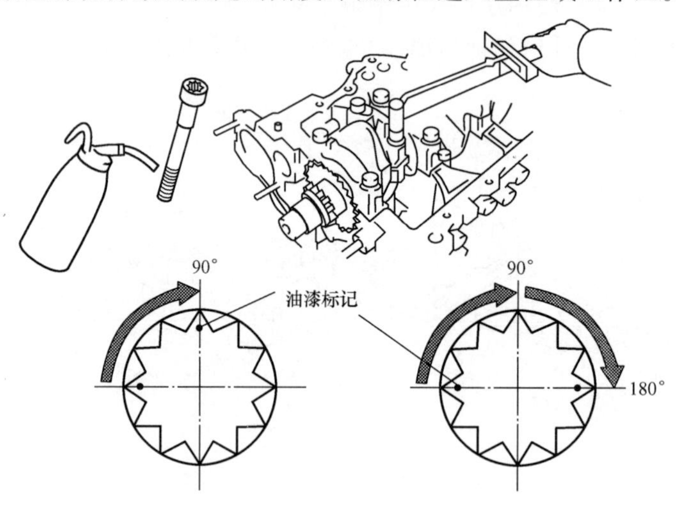

图8-20　紧固塑性域螺栓

小提示

塑性域螺栓的紧固步骤和每次紧固的角度要参考维修手册。常见有以下几种方式。

先紧固到某一力矩后,按规定顺序分次使螺栓转动以下角度。

①90°+90°;

②90°;

③45°+45°等。

三、评价反馈

1. 案例分析

故障症状:别克赛欧轿车在发动机大修后半年,起动发动机后很快出现冷却液温度过高、排气管冒白烟且有水滴排出等症状。

故障排除：首先使用故障诊断仪读取该车冷却液温度，显示温度过高。然后根据排气管冒白烟且有水滴排出这一现象初步怀疑发动机汽缸漏水。解体发动机后发现汽缸垫已经损坏，更换汽缸垫后故障排除。

（1）汽缸垫的作用是什么？

（2）请查阅维修手册制订更换汽缸垫的工作计划。

2. 学习自测题

（1）按照布置形式的不同汽缸体分为哪些不同类型。（　　）

A. 直列式　　B. 反向式　　C. V 形　　D. 对置式

（2）汽缸体产生裂纹的原因有哪些。（　　）

A. 曲轴在高速转动时产生的振动

B. 发动机在高温时突然加入大量冷水

C. 镶换汽缸套时，过盈量选择过大或压装工艺不当

D. 装配螺栓时拧紧力矩过大

（3）检查汽缸体与汽缸盖裂纹的常见方法有哪些。（　　）

A. 水压试漏法　　B. 目视法　　C. 染色渗透剂法　　D. 游标卡尺测量法

（4）发动机第一缸一般是指（　　）。

A. 最前面的汽缸　　B. 离发动机输出端最远的汽缸

C. 最先点火的汽缸　　D. 以上都不是

（5）汽缸磨损的规律是什么？

3. 维修信息获取练习

（1）如果丰田 1ZZ－FE 发动机汽缸的磨损超过最大磨损量技术要求，请查阅维修资料，制订恢复发动机技术性能的工作计划。

(2)通过查找资料,写出发动机汽缸盖和汽缸体的检测项目和对应的量具。

4. 学习目标达成度的自我检查(表8-11)

自我检查表　　表8-11

序号	学习目标	达成情况(在相应的选项后打"√")		
		能	不能	如果不能,是什么原因
1	叙述发动机汽缸盖与汽缸体各零部件的名称、安装位置及作用			
2	检测汽缸盖和汽缸体平面的变形、裂纹及汽缸的磨损			
3	修复处理汽缸盖平面、汽缸体平面和汽缸磨损			
4	安全规范地诊断发动机汽缸盖与汽缸体的故障			

5. 日常表现性评价(由小组长或者组内成员评价)

(1)工作页填写情况。(　　)

A. 填写完整　　B. 缺失0~20%

C. 缺失20%~40%　　D. 缺失40%以上

(2)工作着装是否规范?(　　)

A. 穿着校服(工作服),佩戴胸卡　　B. 校服或胸卡缺失一项

C. 偶尔会既不穿校服又不戴胸卡　　D. 始终未穿校服、佩戴胸卡

(3)能否主动参与工作现场5S工作?(　　)

A. 积极主动参与5S工作　　B. 在组长的要求下能参与5S工作

C. 在组长的要求下能参与5S工作,但效果差　　D. 不愿意参与5S工作

(4)使用量缸表测量汽缸磨损时,是否按照正确的方法进行操作。(　　)

A. 严格按照规范操作　　B. 没有按照规范操作

(5)学习该任务是否达到全勤?(　　)

A. 全勤　　B. 缺勤0~20%(有请假)

C. 缺勤0~20%(旷课)　　D. 缺勤20%以上

(6)总体评价该同学。(　　)

A. 非常优秀　　B. 比较优秀　　C. 有待改进　　D. 急需改进

(7)其他建议：

小组长签名：____________　　____年____月____日

6. 教师总体评价

(1)对该同学所在小组整体印象评价。

A. 组长负责,组内学习气氛好

B. 组长能组织组员按要求完成学习任务,个别组员不能达到学习目标

C. 组内有30%以上的学员不能达到学习目标

D. 组内大部分学员不能达到学习目标

(2)对该同学整体印象评价：

教师签名：____________　　____年____月____日

学习拓展

(1)为避免发生敲缸现象,活塞在结构设计上采取了哪些措施?

(2)分析发动机汽缸偏磨的原因。

学习任务9　曲柄连杆机构的检测与修理

学习目标

完成本学习任务后，你应当能：

1. 叙述曲柄连杆机构各零部件的名称、安装位置及作用；
2. 按照技术要求检查活塞连杆组与曲轴飞轮组；
3. 按照技术要求装配曲柄连杆机构；
4. 借助维修手册，安全规范地诊断发动机曲柄连杆机构的故障。

建议完成本学习任务为14学时

学习内容的结构

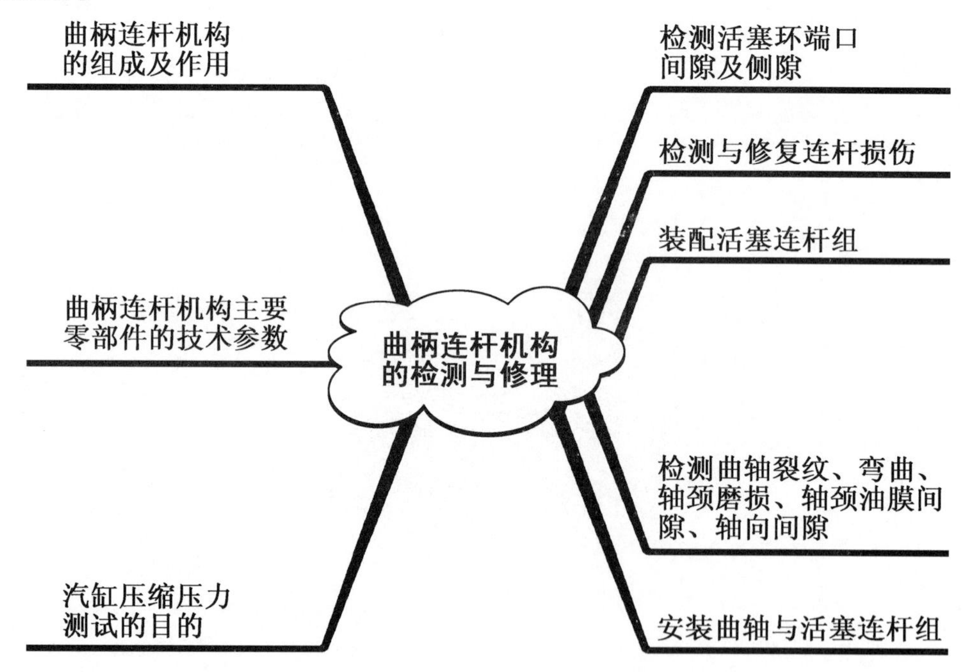

学习任务描述

一位客户反映其汽车发动机耗油量增大，并有明显的振动与噪声，发动机机油压力警告灯闪烁。经检测发现汽缸压缩压力低于技术要求，从火花塞孔注入少量机油进行湿汽缸压缩压力测试，发现汽缸压缩压力明显增加。初步判断汽缸与活塞之间间隙过大。另外异常的振动与噪声来自曲轴箱，需要解体发动机进行检测。

发动机在工作时，汽缸内的最高温度可以达到2200℃以上，最高压力可达3～5MPa，发动机最高转速达到3000～6000r/min。由此可见曲柄连杆机构的工作条件非常恶劣，它要承受高温、高压、高速和高腐蚀性作用。为了保证各零件的工作可靠，减少磨损，曲柄连杆机构在零部件结构上采取了相应的措施。如在曲轴上安装了平衡块保障曲轴工作稳定；将连杆的横截面加工成“工”字形能防止连杆弯曲变形；活塞采用铝合金材料质量小，可以减小惯性力。

一、学习准备

＊1. 曲柄连杆机构是由哪些零部件组成的？其作用是什么？

如图9-1所示，曲柄连杆机构由机体组、活塞连杆组和曲轴飞轮组所组成。其作用是将燃烧室内可燃混合气的热能转变为使曲轴旋转的机械能对外输出。

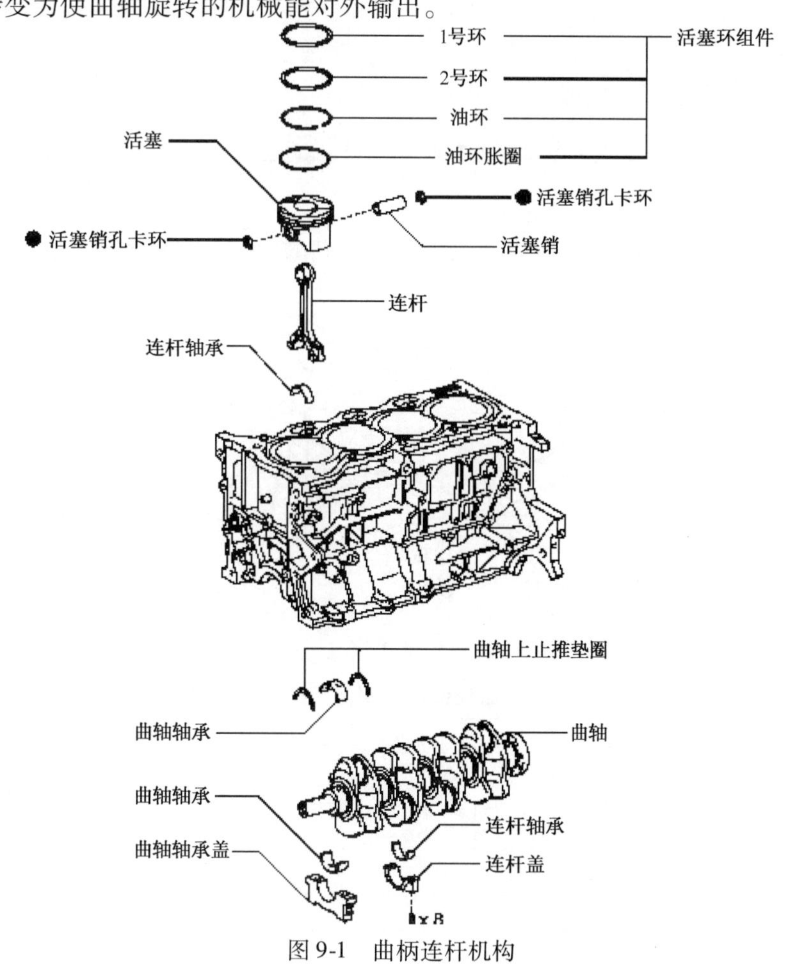

图9-1 曲柄连杆机构

＊2. 为了使发动机工作平顺,曲柄连杆机构应满足哪些技术方面的要求?

为了使发动机工作平顺,各汽缸的进气量、点火正时、点火能量、喷油脉宽要求一致,还应对曲柄连杆机构有以下两方面的要求。

(1)各汽缸的活塞、活塞环和连杆的质量要尽量一样,且质量要与曲轴的平衡重相适应;

(2)各汽缸的燃烧室容积、汽缸直径或各汽缸磨损情况一致,各汽缸压缩压力尽可能相同。

为了能正确对曲柄连杆机构进行检测与修理,需要清楚各零部件的作用和技术要求,以及其技术状况发生变化时对发动机运行的影响。

二、计划与实施

工具和材料:

干净抹布,常用工具,汽缸压力表,量缸表,支架百分表,游标卡尺,外径千分尺,磁力探伤仪,塑料间隙规,厚薄规,汽车维修手册。

保护性衣物:

标准作业着装(安全鞋、工作服等)。

汽车的相关信息填写:

生产年份__________;车牌号码__________;车型及行驶里程__________;汽车识别码(VIN)__________;发动机型号和排量__________。

发动机解体后,对活塞连杆组和曲轴飞轮组进行检测。

＊3. 汽缸的密封性不良会导致汽缸压缩压力下降,如何通过测试汽缸压缩压力检测汽缸的密封性?

1)测试发动机汽缸压缩压力

图9-2所示为测试发动机汽缸压缩压力。当发动机运转时,请将所测量的数值记录在表9-1,查阅维修手册并判断汽缸压缩压力是否正常。

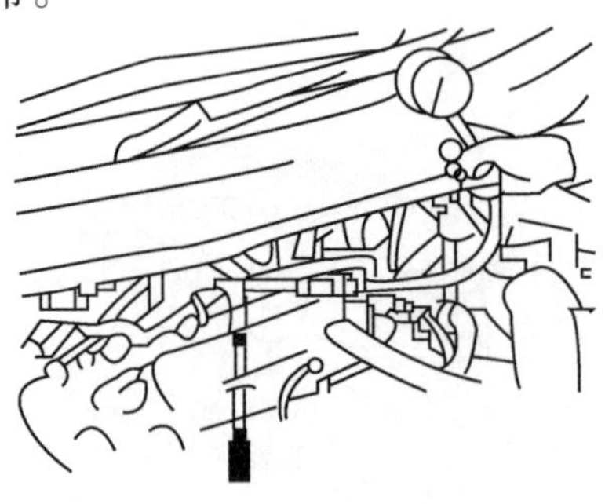

图9-2　测试发动机汽缸压缩压力

汽缸压缩压力测量数据　　表9-1

缸数 / 项目	一缸	二缸	三缸	四缸
压缩压力(kPa)				
是否正常				

汽缸压缩压力测试是发动机诊断的一种基本方法，发动机正常工作要求各汽缸压缩压力达到标准压力且基本相同。发动机汽缸压缩压力低于标准压力时，可能的原因有哪些？请在正确的“□”选项中打“√”：

□ 进气门密封不严；

□ 排气门密封不严；

□ 汽缸壁磨损严重；

□ 活塞环磨损严重；

□ 汽缸垫密封不严；

□ 曲轴弯曲变形；

□ 连杆弯曲变形。

如果一个或多个汽缸压缩压力值较低，可通过湿汽缸压缩压力测试进一步判断泄漏的位置。

2）湿压缩压力测试

如果汽缸压缩压力偏低，可从火花塞孔向汽缸内注入少量的机油后再做压缩压力测试。如果添加机油后压缩压力明显提高，则说明活塞、活塞环、汽缸壁之间密封不良。

***4. 活塞环安装后有侧隙与端隙的存在。活塞环侧隙与端隙的大小对发动机工作有什么影响？**

铝合金材料的活塞受热时会膨胀，为了控制膨胀将活塞裙部设计成椭圆形，从而使活塞在正常工作时变成近似圆形。活塞头部暴露在温度最高的地方，因此将活塞头部的直径比其他部分要小，为了保证密封并将热量传递冷却系统，在活塞头部安装活塞环。

如果活塞与活塞环根据汽缸的修理等级重新选配，那么活塞销、卡环、连杆小头衬套必须重新更换。

1）活塞的认识

如图9-3所示，活塞在高温、高压、高速、润滑不良的恶劣条件下工作，因此要求活塞具有以下特点：

（1）要有足够高的刚度和强度；

（2）导热性能好，耐高温、耐高压、耐磨损；

（3）质量小，以减小往复惯性力。

铝合金材料能满足以上要求，因此活塞一般采用铝合金材料制造。

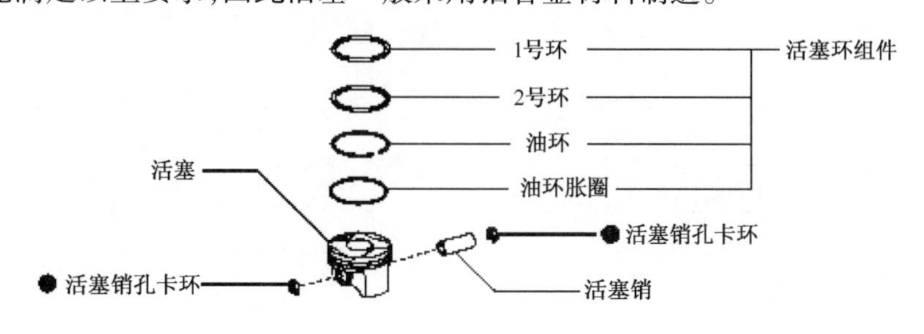

图9-3　活塞结构图

2）检测活塞直径与活塞油膜间隙

如图9-4所示，用外径千分尺测量活塞裙部的直径（查阅维修手册，确定测量点的位置），用量缸表测出汽缸直径，它们的差值即活塞油膜间隙，请在表9-2中记录所测量的活塞油膜间隙。

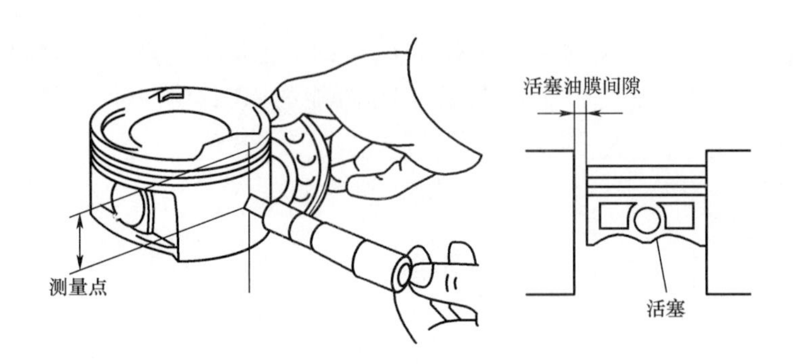

图 9-4　活塞直径与活塞油膜间隙的检测

活塞油膜间隙检测　　表 9-2

项目 \ 缸数	一缸	二缸	三缸	四缸
活塞裙部的直径				
汽缸直径				
活塞油膜间隙				

若活塞油膜间隙过大会加大泵油效应和工作噪声,零件寿命减少。应根据汽缸的尺寸等级,重新选配整组活塞和活塞环,或者重新更换汽缸套或更换汽缸体。

3)活塞环泵油效应

活塞环的泵油效应,如图 9-5 所示。当发动机工作时,活塞环在环槽中的位置发生改变,这就形成了活塞环的泵油效应,保证了活塞与缸壁之间的润滑。但如果环槽间隙过大,泵油效应也随之加大,机油消耗量就会增加。

4)检测活塞环间隙

(1)活塞环侧隙的检测,如图 9-6 所示。检测时把活塞环放进对应环槽内,把相应厚度的厚薄规插进活塞环与环槽之间进行检测。

若环槽间隙过大容易造成窜油,若环槽间隙过小容易被卡在环槽中,使密封性能下降。

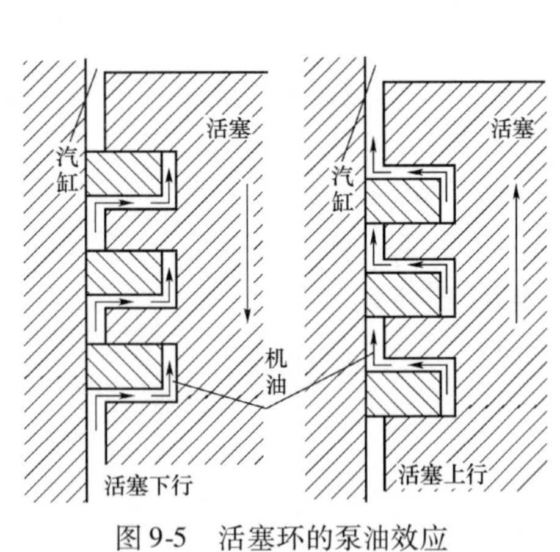

图 9-5　活塞环的泵油效应

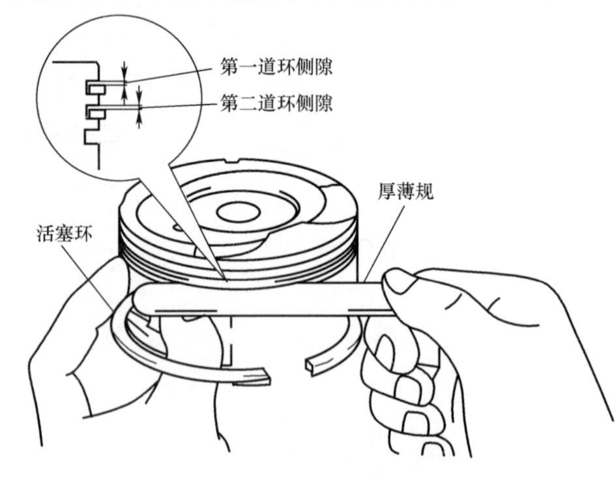

图 9-6　活塞环侧隙的检测

如活塞环侧隙不符合要求,则要重新选配活塞环。

请在表9-3中记录所检测的活塞环侧隙。

活塞环侧隙检测　　表9-3

间隙 缸数	第一道气环环槽侧隙(mm)	第二道气环环槽侧隙(mm)
一缸		
二缸		
三缸		
四缸		

(2)活塞环端口间隙的检测,如图9-7所示。选配活塞环后,将活塞环略压缩放进汽缸中,用活塞从汽缸体的顶部将活塞环推至活塞环底部使,其行程超过50mm,使活塞环处于水平位置,用厚薄规进行端口间隙的检查。每道活塞环都要进行检测。

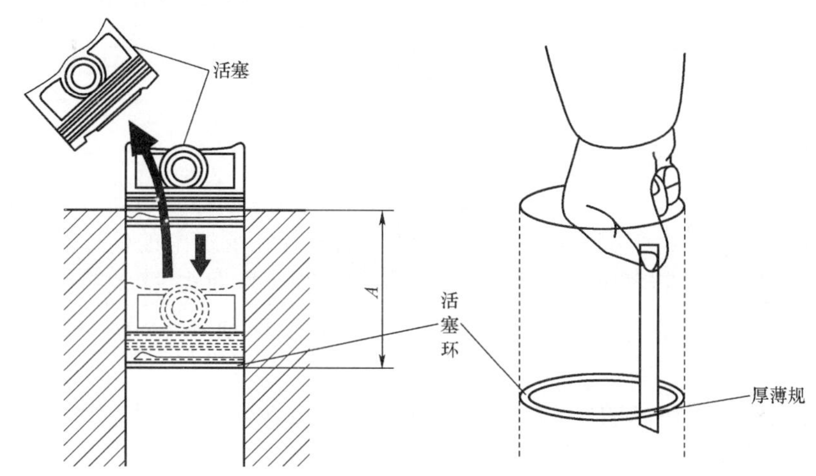

图9-7　活塞环端口间隙的检测

请在表9-4中记录所检测的活塞环端口间隙。

活塞环端口间隙检测　　表9-4

间隙 缸数	第一道环端口间隙(mm)	第二道环端口间隙(mm)	油环刮油片端口间隙(mm)
一缸			
二缸			
三缸			
四缸			

如果端隙大于最大值,则更换活塞环。换上新的活塞环后,如果端隙仍大于最大值,则更换汽缸体。如端口间隙过小,可以用锉刀加工环口进行修复处理,如图9-8所示。

加工环口时,只能用锉刀锉削活塞环端口的一侧。锉刀用力应均匀,加工后应重新检测活塞环的端口间隙。

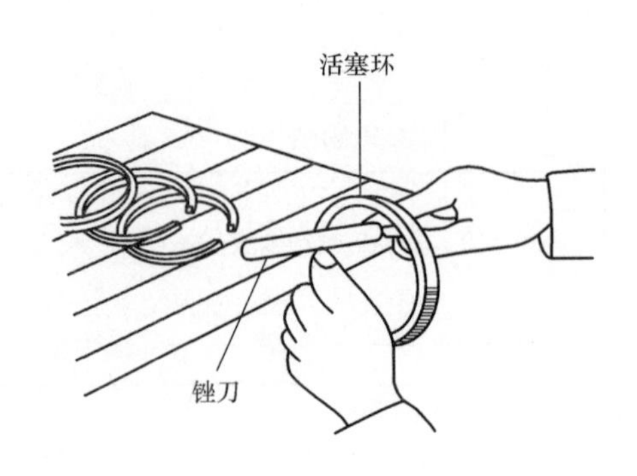

图 9-8　加工活塞环端口

5)查阅维修手册,制订修复计划

请通过查阅维修手册,完成表 9-5。

活塞环修复计划　　表 9-5

技术参数 各道活塞环	活塞环侧隙的标准间隙(mm)	活塞环端隙的标准间隙(mm)	在以下合适的选项打"√"	
			可以使用	重新选配
第一道环				
第二道环				
油环				

*5. 连杆在工作中承受着突变的作用力,这种作用力会导致连杆损伤,那么如何检测连杆的损伤?

连杆的功用是连接活塞与曲轴,把活塞承受的气体压力传给曲轴,使活塞的往复直线运动变成曲轴的旋转运动。

连杆在工作中承受着活塞传来的巨大而变化的作用力。这种突变的作用力有可能导致连杆发生弯曲、扭曲变形;大小头孔磨损;螺栓孔磨损及杆身裂纹等损伤。连杆弯曲或扭曲会导致活塞与汽缸偏磨,活塞组与汽缸之间漏气和窜油。因此必须对连杆进行检查和校正。

1)测量连杆小头孔径

如图 9-9 所示,请测量连杆小头孔径,并在表 9-6 中记录连杆小头的孔径大小。查阅维修手册并确认是否符合要求。

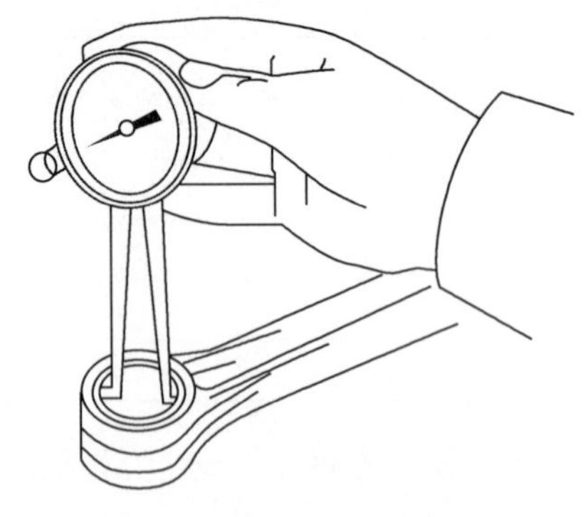

图 9-9　测量连杆小头孔径

连杆小头孔径测量值　　表9-6

测量位置＼数据	标准值(mm)	测量值(mm)	是否正常
上端			
中部			
下端			

2)测量连杆小头油膜间隙

首先测量活塞销直径,如图9-10所示。然后用连杆小头孔径测量值减去活塞销直径值即为连杆小头油膜间隙。如果油膜间隙大于最大值,则更换连杆。如有必要,则成套更换连杆和活塞销。

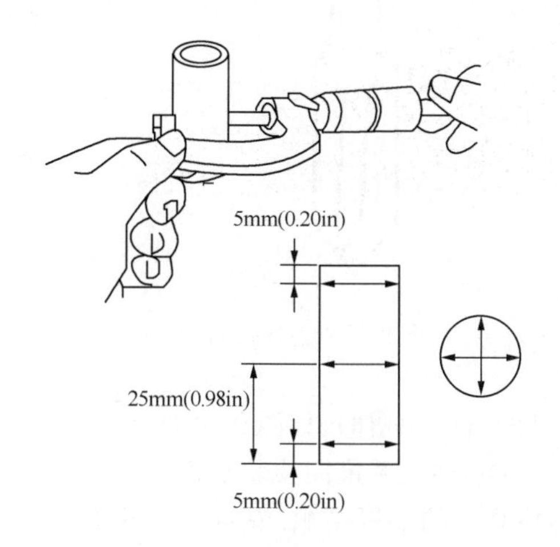

图9-10　测量活塞销直径

请在表9-7中记录活塞销直径,查阅维修手册并确认是否符合要求。

活塞销直径测量值　　表9-7

测量位置＼数据	标准活塞销直径(mm)	活塞销直径测量值(mm)	连杆小头油膜间隙(mm)	是否正常
上端				
中部				
下端				

3)检测和校正连杆变形

连杆弯曲是指连杆小头轴线与大头轴线不平行,如图9-11所示。

连杆扭曲是指连杆小头轴线与大头轴线不在同一平面,如图9-12所示。

(1)安装连杆校验仪。

连杆校验仪能检验连杆的弯曲和扭曲的程度和方向。检测时,将连杆大头的轴承盖按规定力矩拧紧(注意不要装轴承),将标准心轴装入连杆小头衬套承孔中,然后将连杆大头套装在支撑轴上,通过调整定位螺钉使支撑轴扩张,将连杆固定在校验仪上,如图9-13所示。

测量工具是一个带有V形槽的“三点规”,三点规上三点构成的平面与心轴垂直,两下测点的距离为100mm,上测点与下测点连线的距离也是100mm。

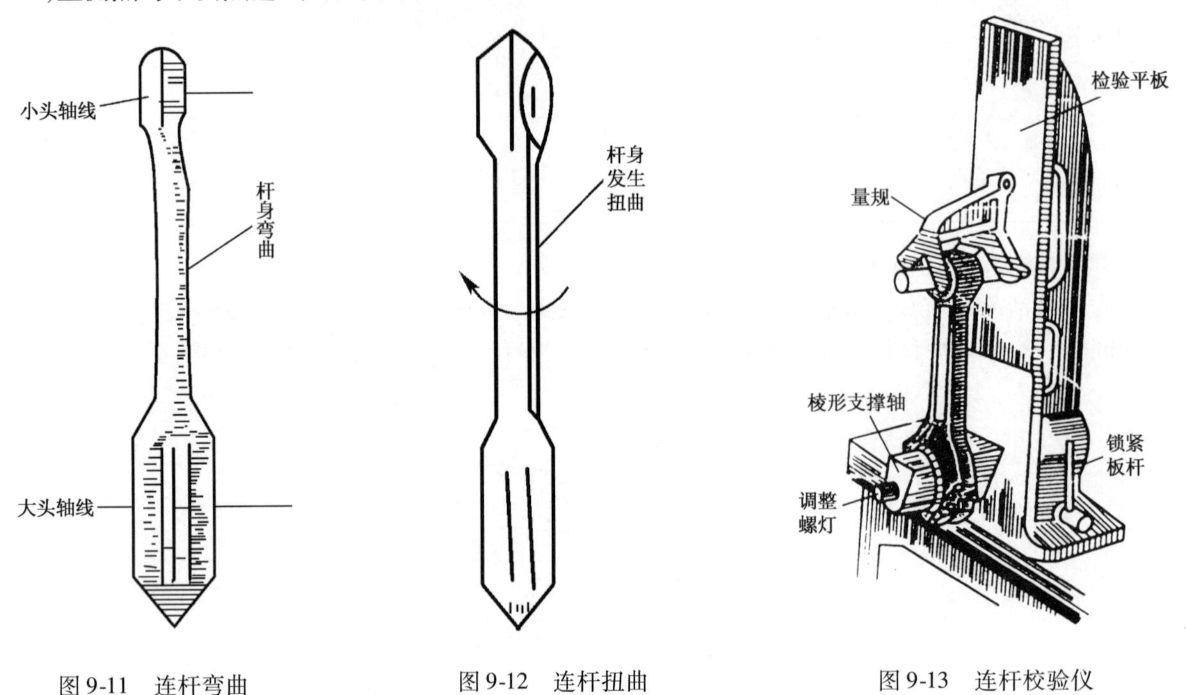

图9-11　连杆弯曲　　图9-12　连杆扭曲　　图9-13　连杆校验仪

(2)使用连杆校验仪检测连杆的弯曲和扭曲,如图9-14所示。

测量时,将三点规的V形槽靠在心轴上并推向检验平板。

①如三点规的三个测点都与检测验的平板接触,说明连杆不变形。

②若上测点与平板接触,两下测点不与平板接触且和平板的距离一致;或两下测点与平板接触,上测点不与平板接触,说明连杆弯曲。可用厚薄规测出测点与平板之间的间隙,为连杆在100mm长度上的弯曲度,如图9-14a)所示。

③若只有一个下测点与平板接触,另一下测点与平板的间隙是上测点与平板间隙的两倍。此时下测点与平板的间隙为连杆在100mm长度上的扭曲度,如图9-14b)所示。

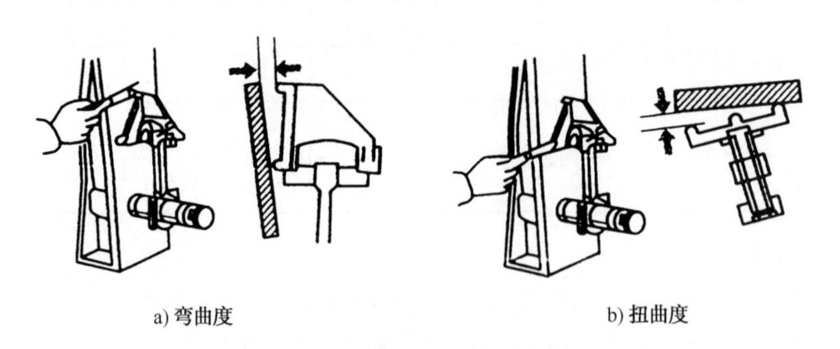

图9-14　连杆弯曲、扭曲的检验

④若一个下测点与平板接触,另一个下测点的间隙不等于上测点间隙的两倍。下测点与平板的间隙为连杆的扭曲度,而上测点间隙与下测点间隙的一半的差值为连杆弯曲度。

⑤请在表9-8中记录连杆弯曲、扭曲量,查阅维修手册,制订修复方案。

连杆弯曲、扭曲测量值　　表9-8

发动机型号	连杆扭曲量（在100mm长度上）（mm）	连杆弯曲量（在100mm长度上）（mm）	该发动机对连杆扭曲的技术要求（在100mm长度上）（mm）	该发动机对连杆弯曲的技术要求（在100mm长度上）（mm）	请在以下合适的选项中打“√”		
					符合技术要求	修复	更换
			<	<			

（3）用百分表检查连杆的弯曲与扭曲。

如图9-15a）所示，将标准的心轴装入连杆大头和小头内，然后竖放在平板上的V形架上。通过百分表测量连杆小头内心轴两端的高度差即为连杆的弯曲值。

如图9-15b）所示，将标准的心轴装入连杆大头和小头内，然后横放在平板上的V形架上。通过百分表测量连杆小头内心轴两端的高度差即为连杆的扭曲值。

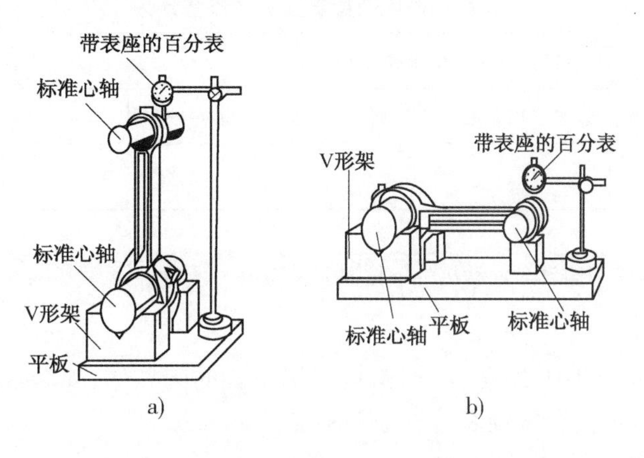

图9-15　用百分表检查连杆的弯曲与扭曲

（4）校正连杆扭曲。

如图9-16所示，将连杆固定在专用夹持器上，校正器夹持着连杆的杆身，然后用力扳转校正器，持续2～4min后再拆出连杆进行检测，如果已经被校正，为了消除残余应力应对连杆进行加温（400～500℃）然后保温0.5～1h。

（5）连杆弯曲的校正，如图9-17所示。

进行连杆弯曲校正时，连杆弯曲拱的一面朝向压头并固定好，然后转动压校仪手柄至压头对连杆杆身有较紧压力时停止，持续2～4min后取出连杆再进行检测。如果已经被校正，则应对连杆进行加温到400～500℃，然后保温0.5～1h，其目的是消除残余应力。

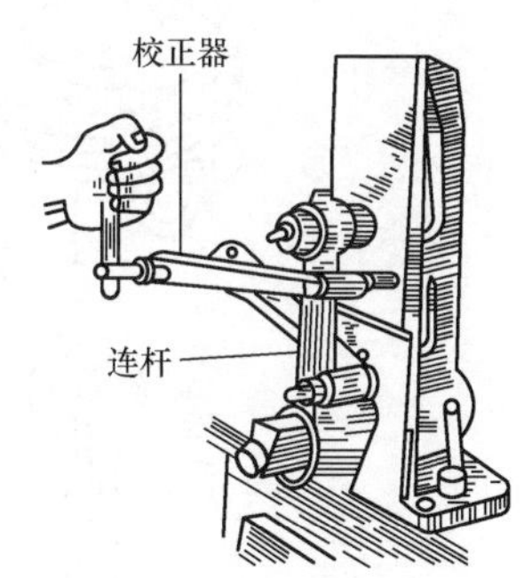

图9-16　连杆扭曲校正

4）检测连杆轴向间隙

连杆安装到曲轴连杆轴颈后要留有轴向间隙。如果连杆安装后没有轴向间隙，在工作时由于膨胀而造成连杆大头端面与曲轴发生摩擦而导致曲轴运动阻力加大。

按要求将连杆安装在曲轴连杆轴颈上，连杆盖螺栓按规定力矩紧固。检测连杆轴向间隙时，百分表作用在连杆盖的前端或后侧，如图9-18所示。百分表要有1～2mm的压缩量，用手移动连杆，观察百分表上的读数。

连杆轴向间隙一般在0.15~0.33mm。

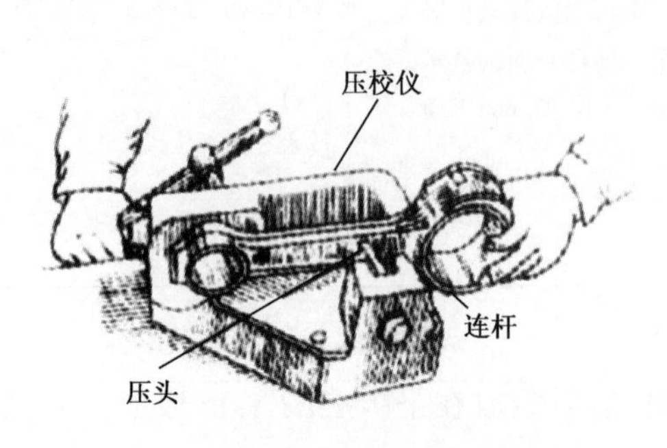

图9-17　连杆弯曲校正

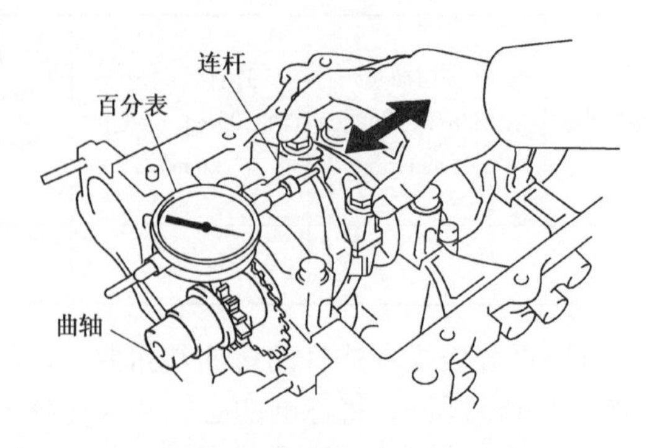

图9-18　检测连杆轴向间隙

请在表9-9中记录连杆轴向间隙数据。查阅维修手册,确认是否需要更换连杆。

连杆轴向间隙检测数据及修复计划　　表9-9

标准轴向间隙(mm)	允许最大间隙(mm)	各汽缸连杆的轴向间隙(mm)				在以下合适的选项打"√"	
		一缸	二缸	三缸	四缸	更换连杆	轴向间隙正常

***6. 活塞连杆组件的装配质量对发动机的工作性能影响很大,如何装配活塞连杆组?**

1)活塞销的检测与装配

(1)活塞销的认识。如图9-19所示,活塞销是一根空心的圆柱体,安装在活塞座孔中。在发动机大修时,更换活塞的同时也需更换活塞销及连杆小头衬套。

(2)检测活塞销及座孔直径,如图9-20所示。

活塞销选配后,在安装前要进行活塞销外径和活塞销座孔内径的检测。

使用测微计检测活塞销座孔直径,用外径千分尺测量活塞销外径,两者差值即为活塞销的油膜间隙。

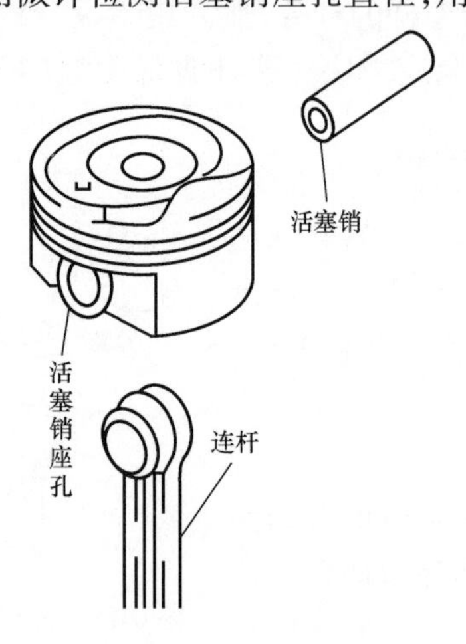

图9-19　活塞销的安装位置

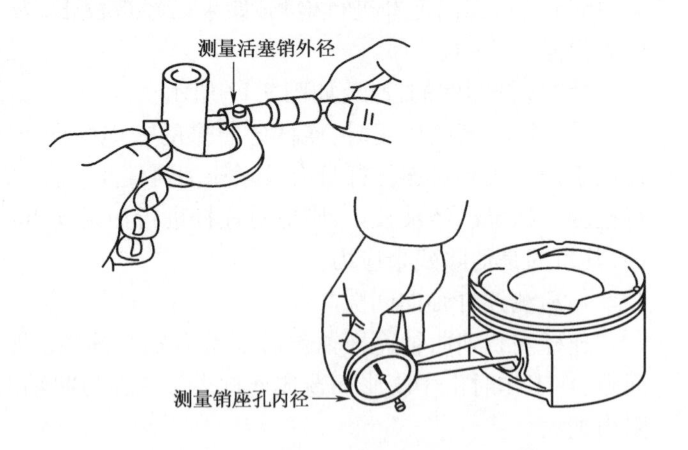

图9-20　活塞销外径、座孔内径的检测

请在表9-10中记录测量活塞销座孔内径的数据。查阅维修手册,确认是否需要更换活塞。

活塞销座孔内径测量值　表9-10

数据 / 测量位置	标准活塞销座孔值（mm）	活塞销座孔测量值（mm）	活塞销油膜间隙（mm）	是否符合要求
上端				
中部				
下端				

(3)检测活塞销与活塞座孔的吻合程度。

全浮式活塞销在常温下,销与座孔的过盈配合量一般为0.0025～0.0075mm。所以不能直接把活塞销装进销座孔内。

首先将活塞加温,如图9-21所示。活塞加温至80～90℃后取出,在活塞销的工作表面和销座孔上涂上机油,用大拇指可以将活塞销推入活塞销座孔内,如图9-22所示。

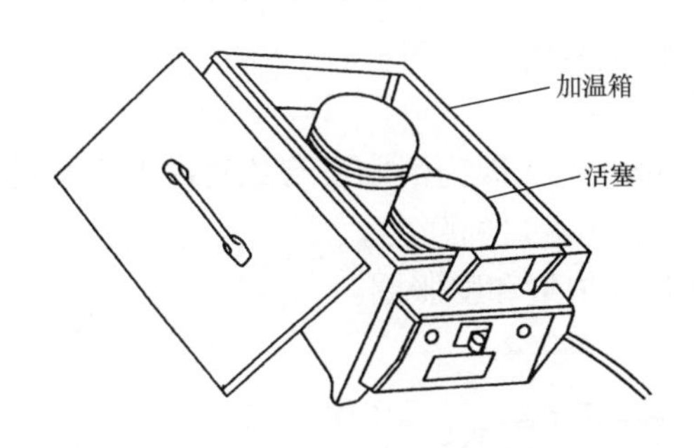

图9-21　给活塞加温

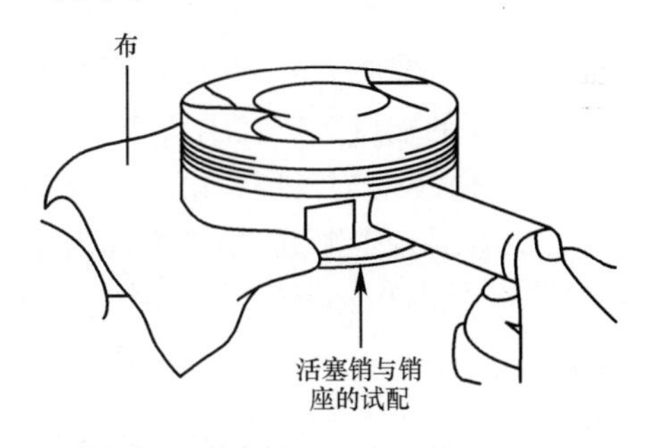

图9-22　活塞销与座孔吻合程度的检测

2)活塞、活塞销、连杆的组装

组装前将活塞加热到80～90℃,零件的工作表面涂上机油,连杆小头孔与活塞销座孔对好,通过专用工具,压入活塞销。

如图9-23所示,活塞与连杆组装一定要注意安装标志,活塞销装配后其两端要装上新的卡环。

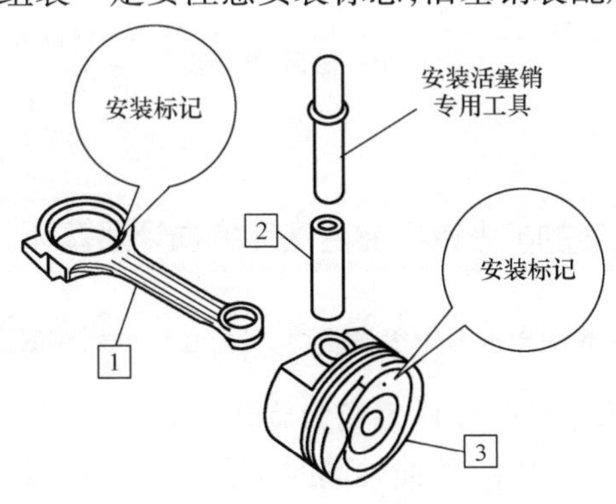

图9-23　活塞、活塞销、连杆的组装

按照图9-23中的数字填写零件名称。

1 ____________;2 ____________;3 ____________。

3)装配活塞环

(1)认识活塞环扩张器。

使用活塞环扩张器时应将扩张口对正活塞环的开口位置,然后按动手把,使活塞环张开,如图 9-24 所示。

(2)安装活塞环,如图 9-25 所示。

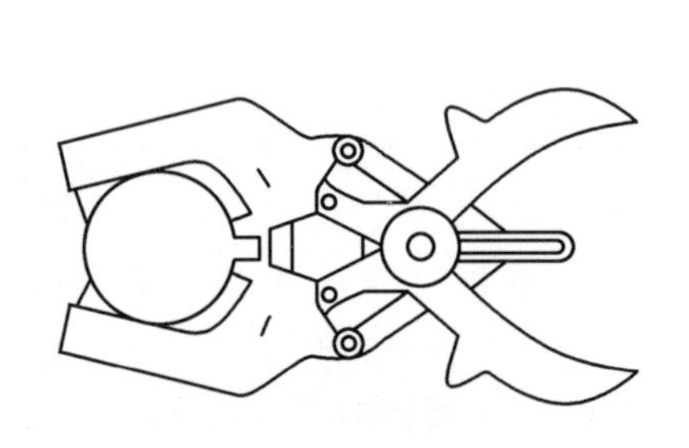

图 9-24　活塞环扩张器

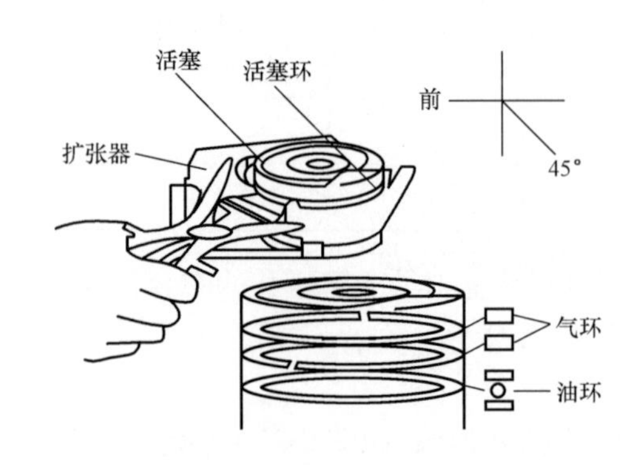

图 9-25　活塞环的安装

①安装活塞环时要注意环的朝向,在环开口端面上有记号,记号的一面朝上。

②各道活塞环的端口应按技术要求错开一定的角度。

③先安装油环,再安装气环。第一道环的端口放在 45°的位置上。因为活塞没有达到最大膨胀量时,活塞销轴线方向容易发生泄漏,推力方向由于侧压力的作用影响环端口的强度。

④安装油环,如图 9-26 所示。注意安装油环时不要过分张开护垫和膨胀圈。

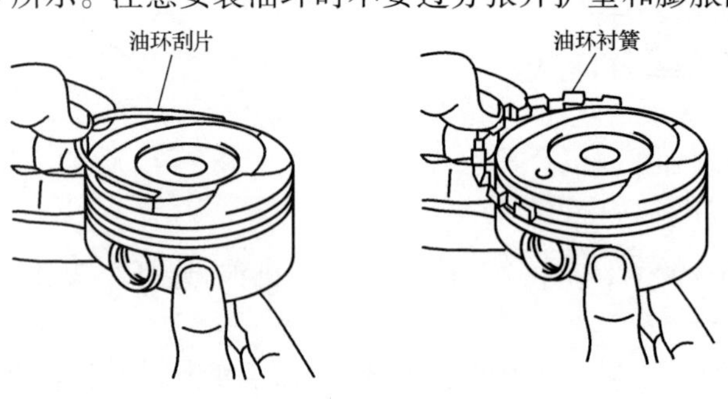

图 9-26　油环的安装

小提示

扩张活塞环时要注意:过度的扩张或扭曲活塞环会损坏活塞环。

***7. 曲轴在工作中因受到不正常的冲击力作用与振动,可能会产生裂纹或变形等,如何检测曲轴的损伤?**

曲轴与连杆配合将作用在活塞上的气体压力变为旋转的动力。曲轴受到旋转质量的离心力、周期性变化的气体压力和往复惯性力的共同作用,使曲轴同时承受弯曲与扭转载荷。曲轴是发动机上所受应力较集中的零件,发动机转速每增加一倍,曲轴所承受的应力将增加原来的 4 倍。为了保证工作可靠性,曲轴应具有足够的刚度和强度,各工作表面要耐磨且润滑良好,还必须有很高的动平衡要求。

轴颈表面擦伤是曲轴常见的损伤形式,擦伤易发生在曲轴轴颈上形成划痕,通常集中在轴颈的中部。

轴颈与曲柄的过度区域由于应力集中容易出现裂纹,如图 9-27 所示。

1）检测曲轴裂纹

（1）用磁力探伤法检测轴颈上的裂纹，如图9-28所示。

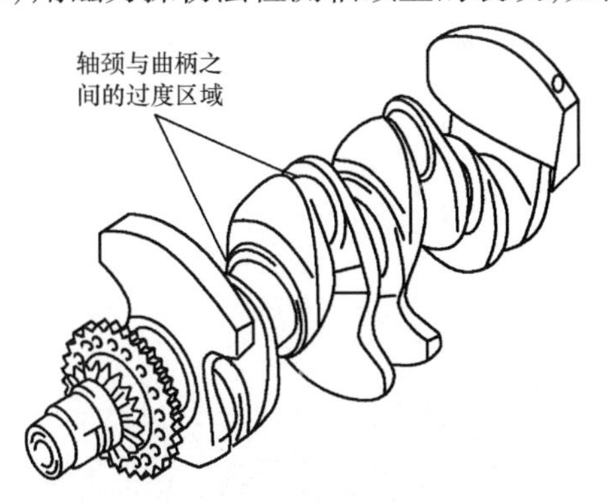

图9-27　曲轴的裂纹部位

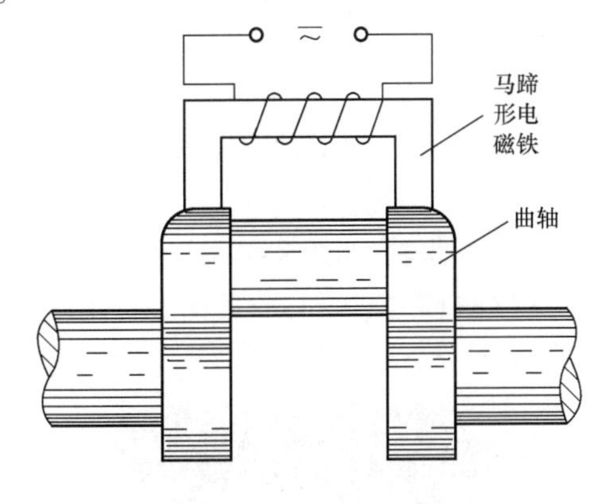

图9-28　磁力探伤法检测轴颈

检测时先把细铁粉撒在轴颈上，将磁力探伤仪马蹄形电磁铁的两极放在轴颈两旁的曲柄上，当接线圈通电流后，铁粉被磁化并附在裂纹处，从而显现出裂纹的位置与大小。

小提示

用磁力探伤仪检测曲轴裂纹前，应先清洁曲轴，查看检测仪是否安全可靠，仪器导线、插座是否完好，确认无误后再进行检测。

（2）用浸油敲击法检测曲轴裂纹。

将曲轴浸入煤油或柴油中片刻，取出后擦净其表面，撒上一层白粉（滑石粉或石灰），然后用小锤子敲击零件非工作面。如有裂纹，由于振动，浸入裂纹处的油溅出使裂纹处的白粉呈现黄色线条状。

曲轴若有横向裂纹，则应立即更换；若有纵向裂纹经过光磨后可用放大镜检查。其技术要求是：各轴颈轴线方向的裂纹未延升至两端圆角处或油孔边缘时，曲轴可以继续使用，否则应予以更换。

若曲轴存在裂纹，请根据裂纹的情况将相关信息填写在表9-11中，并确认曲轴是否可以继续使用。

曲轴裂纹检测及修复计划　　表9-11

裂纹所在位置及大小描述	在以下合适的选项打“√”		
	修复	更换	可继续使用

2）检测曲轴弯曲变形

曲轴弯曲是指发生弯曲变形后，各主轴颈的轴线不重合，如图9-29所示。检测时以两端主轴颈的公共轴线为基准，检查中间主轴颈的径向圆跳动误差。

（1）下面哪些事项会导致曲轴弯曲，请在以下正确选项中打“√”：

①曲轴在工作中各主轴颈受力不均；（　　）

②曲轴主轴颈油膜间隙过大；（　　）

③曲轴轴向间隙过大；（　　）

④各主轴承松紧度不一致；（　　）

⑤各主轴承孔同轴度有偏差。（　　）

图9-29　曲轴弯曲变形

（2）曲轴按支撑形式的不同分为全支撑曲轴与非全支撑曲轴两种

形式。曲轴结构形式不同其弯曲检测的方法也有所不同。

①全支撑曲轴,如图 9-30 所示。

全支撑曲轴主轴颈数目比连杆轴颈数目要多。曲轴由主轴颈、连杆轴颈、曲柄、平衡重、后端凸缘和前端轴颈等部分组成。

按照图 9-30 中的数字填写零件名称。

1__________;2__________;3__________。

②非全支撑曲轴,如图 9-31 所示。

非全支撑曲轴主轴颈的数目比连杆轴颈的数目少。

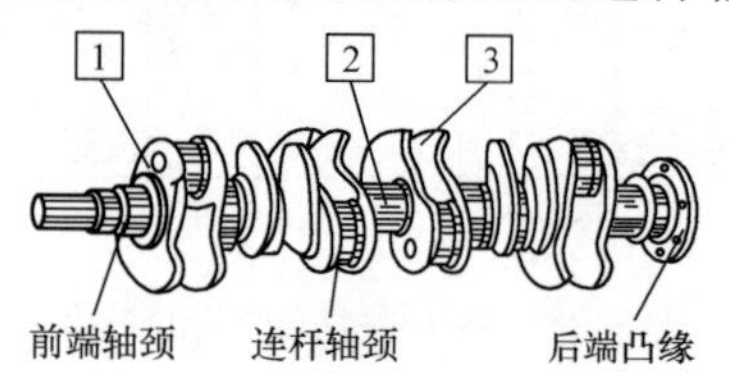

图 9-30　六缸发动机全支撑曲轴

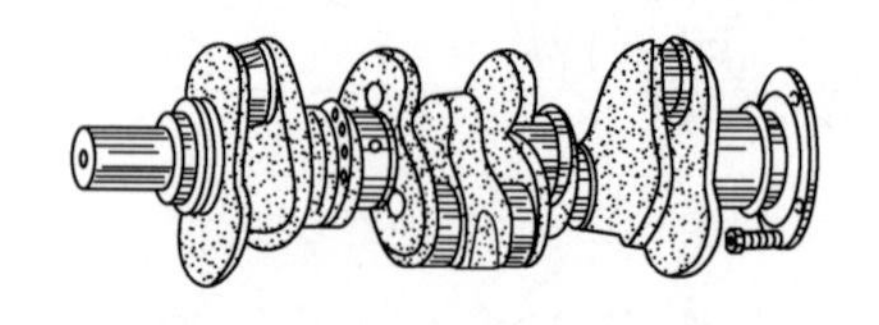
图 9-31　六缸非全支撑曲轴

(3)认识支架百分表。

如图 9-32 所示,支架百分表由支架和百分表所组成,百分表固定在支架上,检测时百分表的触杆作用在被检测物的表面。

(4)采用径向圆跳动法检测曲轴的弯曲。

①检测全支撑曲轴的弯曲。

如图 9-33 所示,检测时曲轴两端主轴颈放置在 V 形架上。百分表的触杆垂直作用在中间主轴颈弧面的最高位置上(注意避开轴颈油孔的位置)。使百分表有约 1.00mm 的压缩量后将百分表调零。缓慢转动曲轴一周,注意观察百分表指针指示的读数,读取其最大跳动值。

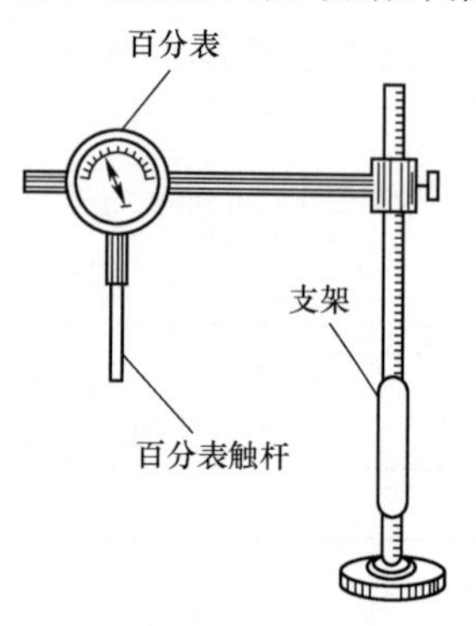

图 9-32　支架百分表

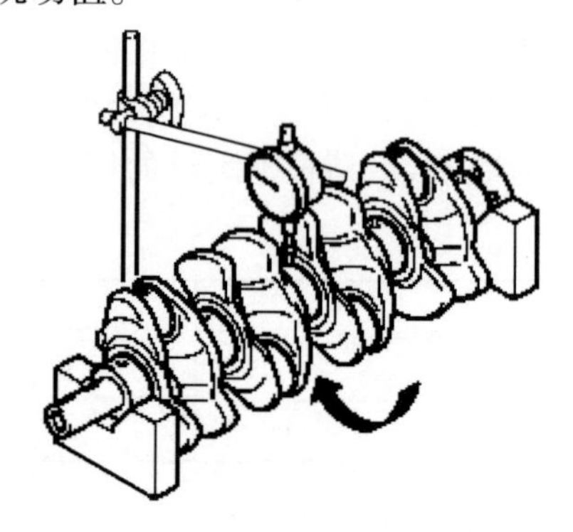
图 9-33　全支撑曲轴弯曲的检测

小提示

检测时应将支架百分表和 V 形块摆放在平规上。

②检测非全支撑曲轴的弯曲。

如图 9-34 所示,检测非全支撑曲轴的弯曲时,利用支架百分表分别检测曲轴中间位置的两个主轴颈,取其最大跳动值为该曲轴弯曲变形的最大跳动值。

请在表 9-12 中记录检测曲轴弯曲的数据。

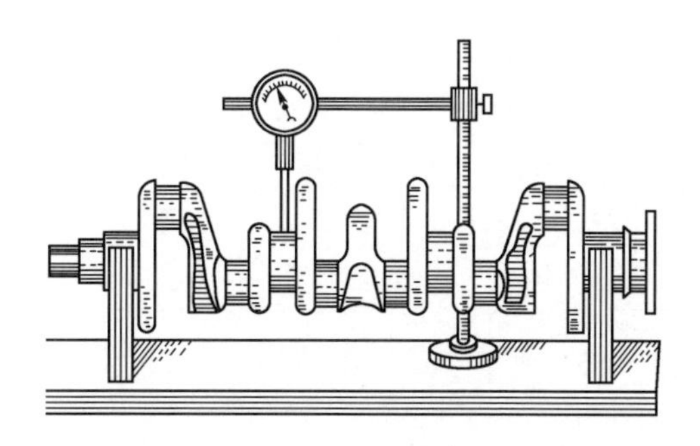

图 9-34 非全支撑曲轴弯曲的检测

曲轴弯曲的检测数据

表 9-12

被测曲轴的支撑形式：________________		
位置 1(mm)	位置 2(mm)	曲轴转动一周，百分表最大的跳动值是 ________ mm。

(5)冷压校正曲轴。如图 9-35 所示，用 V 形架支撑曲轴两端的主轴颈，然后向其弯曲的反方向施加压力进行校正，在加压之前先把百分表调零。为了消除撤销压力后曲轴发生弹性变形，其校正时曲轴加压变形量应是弯曲量的 10 ~ 15 倍，加压时间持续 2 ~ 4min 后，可基本校正。对弯曲变形较大的曲轴应多次校正。

校正后的曲轴应进行时效处理。时效处理分自然时效和人工时效。自然时效是将校正后的曲轴搁置 10 ~ 15 天，然后再重新检验。人工时效是将校正后的曲轴加热至 300 ~ 500℃，保温 0.5 ~ 1h，然后自然冷却以消除应力。

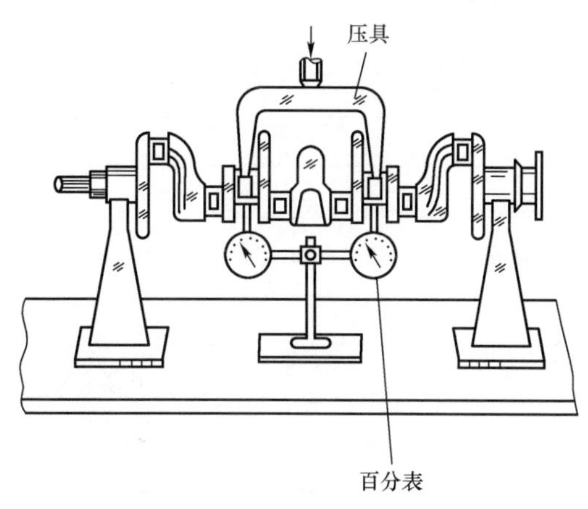

图 9-35 冷压校正曲轴

小提示

从曲轴上拆卸飞轮时要作好装配记号，并避免飞轮滑落伤人。

3)检测曲轴轴颈磨损

如图 9-36 和图 9-37 所示，选用合适的外径千分尺，分别检测每一个主轴颈和连杆轴颈的直径来确定轴颈的磨损程度。检测时，每个轴颈分别检测两个截面，每个截面检测两个直径(垂直与水平)，即每个轴颈要测量四个直径。

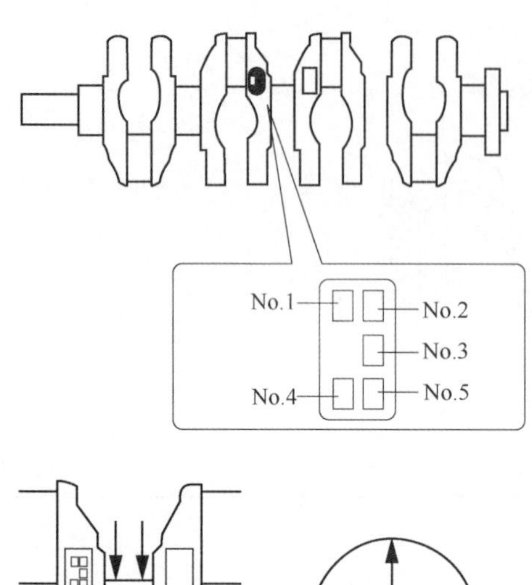

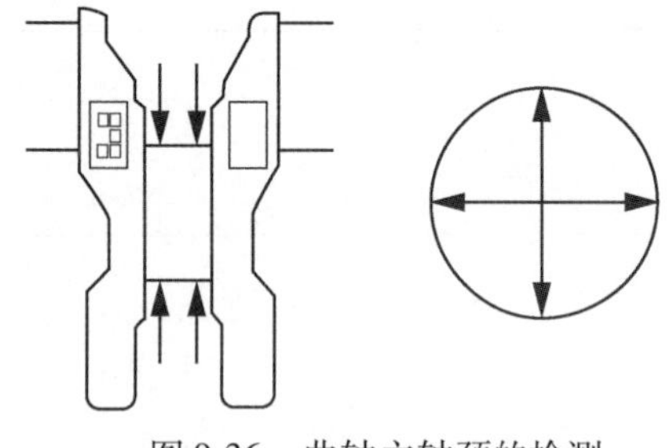

图 9-36　曲轴主轴颈的检测

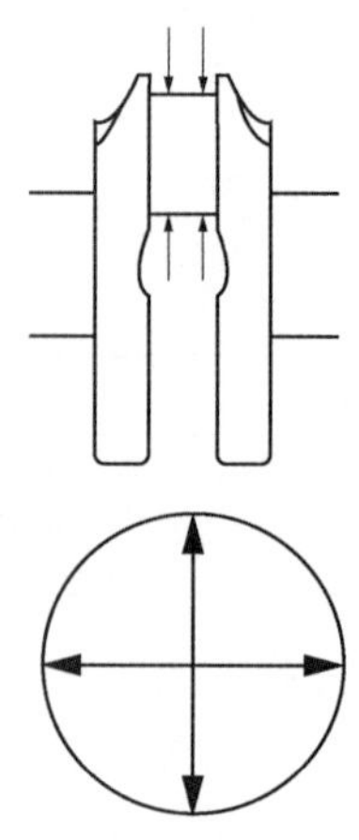

图 9-37　曲轴连杆轴颈的检测

(1)请在表 9-13 中记录连杆轴颈和主轴颈的检测数据(单位:mm)。

连杆轴颈和主轴颈检测数据表　　表 9-13

轴颈直径 \ 连杆轴颈		第一连杆轴颈	第二连杆轴颈	第三连杆轴颈	第四连杆轴颈
第一截面	垂直直径(mm)				
	水平直径(mm)				
第二截面	垂直直径(mm)				
	水平直径(mm)				

主轴颈直径 \ 主轴颈		第一主轴颈	第二主轴颈	第三主轴颈	第四主轴颈	第五主轴颈
第一截面	垂直直径(mm)					
	水平直径(mm)					
第二截面	垂直直径(mm)					
	水平直径(mm)					

(2)请在表 9-14 中填写连杆轴颈和主轴颈磨损最大值。

连杆轴颈和主轴颈磨损最大数据表　　表 9-14

最大磨损的轴颈		第(　　)连杆轴颈	第(　　)主轴颈
第一截面	垂直直径(mm)		
	水平直径(mm)		
第二截面	垂直直径(mm)		
	水平直径(mm)		
计算圆度值($\phi_{max}-\phi_{min}$)/2	(注:同一截面)		
计算圆柱度值($\phi_{max}-\phi_{min}$)/2	(注:整个轴颈)		

(3)请查阅维修手册,制订曲轴磨损的修复方案,并将数据记录在表9-15中。

曲轴轴颈的圆度与圆柱度大于技术要求时,一般情况是更换曲轴和轴承。

曲轴磨损修复计划表　　表9-15

该发动机曲轴轴颈圆度与圆柱度技术要求		请在以下合适选项中打“√”		
圆度值(mm)	圆柱度值(mm)	继续使用	修复	更换
<	<			

曲轴轴颈的加工修复可采用磨削修复法,按照修理等级的尺寸进行磨削轴颈,曲轴修复后要选配与其对应的加大等级同组轴承。

*8. 如何测量曲轴轴颈与轴承之间的油膜间隙大小?

型号不同的发动机对油膜间隙的要求也各有不同,如果轴颈处的间隙加大一倍,将使超过4倍的润滑油从轴承的边缘流出。该间隙应足够以保证润滑油层的建立,同时防止润滑油泄漏过多。

如图9-38所示,将一段塑料间隙规沿轴向放置在主轴颈上,按规定要求安装轴承盖并按照规定力矩拧紧螺栓。然后拆下轴承盖,用规尺测量塑料间隙规的厚度即为曲轴主轴颈的油膜间隙。采用同样方法可测量连杆轴颈油膜间隙。

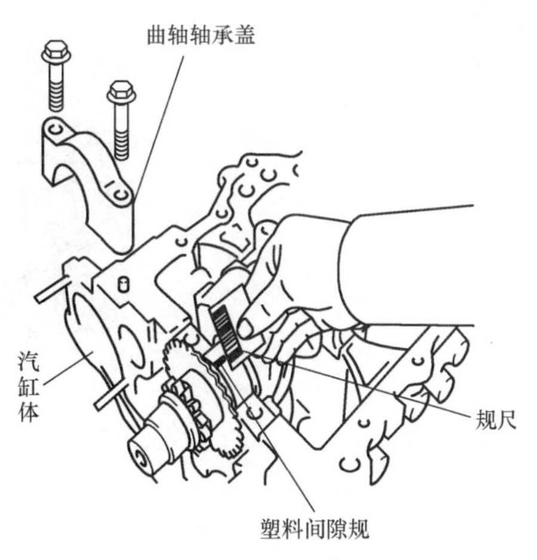

图9-38　检测曲轴主轴颈油膜间隙

请在表9-16中记录曲轴主轴颈和连杆轴颈最大油膜间隙。查阅维修手册,制订修复方案。

曲轴主轴颈和连杆轴颈最大油膜间隙及修复计划　　表9-16

发动机型号	曲轴标准油膜间隙(mm)	曲轴极限油膜间隙(mm)	该发动机曲轴(主轴颈、连杆轴颈)最大油膜间隙(mm)	在以下合适选项中打“√”		
				更换轴瓦	更换曲轴	油膜间隙正常
	主轴颈:	主轴颈:	主轴颈:			
	连杆轴颈:	连杆轴颈:	连杆轴颈:			

如果曲轴各项参数都符合要求但油膜间隙过小或过大,可采取更换轴承来解决。轴承的更换是按照曲轴的尺寸等级来选配。通过查阅维修手册,确定轴承选配的标号。

*9. 轴向间隙是保证发动机正常工作的重要参数之一,如何检测曲轴的轴向间隙?

在发动机工作时,由于温度的升高曲轴发生膨胀,如果没有轴向间隙,会导致曲轴发生变形。可在拆卸曲轴前进行此项检测。

1)用百分表检测曲轴轴向间隙

如图 9-39 所示,检测前将百分表触杆作用在曲轴的一端,并有 1.00 ~ 2.00mm 的压缩量。用螺丝刀把曲轴往百分表反方向撬动。然后将百分表调零,再把曲轴往百分表的方向撬动,此时指针所指读数便是曲轴的轴向间隙。

小提示

检测时百分表触杆应与曲轴前端面保持垂直,且螺丝刀的头部垫上布块进行撬动。

2)用厚薄规检测曲轴轴向间隙

如图 9-40 所示,检测前用螺丝刀把曲轴撬往一端,然后将厚薄规放入曲柄与主轴承座之间。厚薄规的厚度便是曲轴的轴向间隙。轴向间隙若不符合要求,应更换止推垫片。

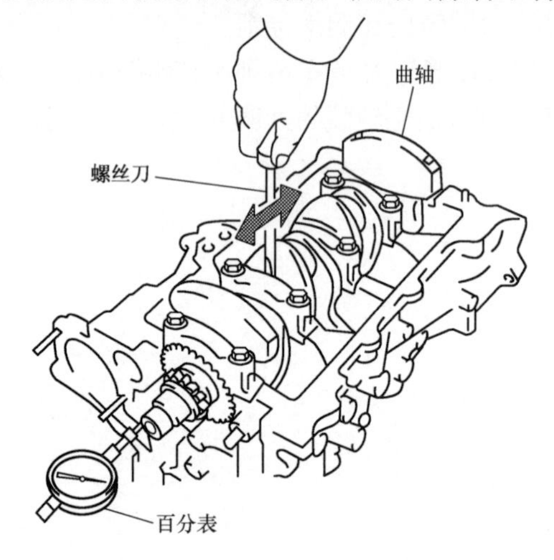

图 9-39　曲轴轴向间隙的检测

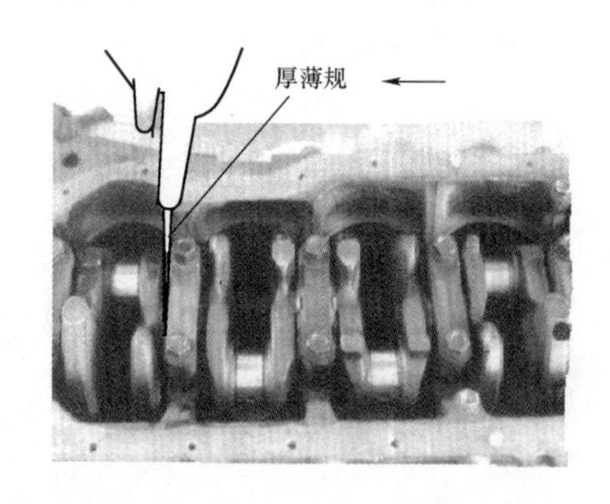

图 9-40　用厚薄规检测曲轴轴向间隙

请在表 9-17 中记录曲轴轴向间隙测量值。

曲轴轴向间隙测量值及修复计划　　表 9-17

发动机型号	标准轴向间隙(mm)	允许最大轴向间隙(mm)	该曲轴的轴向间隙(mm)	在以下合适的选项打"√"	
				更换止推垫片	符合技术要求

*10. 如何安装曲轴并将活塞连杆组装入汽缸中?

请查阅维修手册,确定该发动机曲轴轴承盖螺栓及连杆轴承盖螺栓力矩技术参数,并将其记录在表 9-18 中。

发动机曲轴轴承盖及连杆轴承盖螺栓力矩技术参数　　表 9-18

发动机类型	曲轴主轴承盖螺栓安装力矩(N·m)	连杆盖螺栓安装力矩(N·m)

1)安装曲轴

如图9-41所示,在轴承座与轴承盖上装上轴承,涂上机油,同时也在主轴颈涂上机油,把曲轴放在轴承上,盖上轴承盖,按照规定力矩从中间到两边的顺序拧紧固定螺栓。

2)安装活塞连杆组

活塞连杆组装进汽缸前先在汽缸壁、活塞环、活塞销、连杆轴承等处涂上机油,安装时注意不要损坏汽缸内壁。活塞连杆组件装进汽缸时应“对号入座”,并且在连杆螺栓上套入胶管。

检测活塞环端口位置是否正确,用活塞环压缩器压缩活塞环,然后用手锤柄把活塞轻轻敲进汽缸中,如图9-42所示。

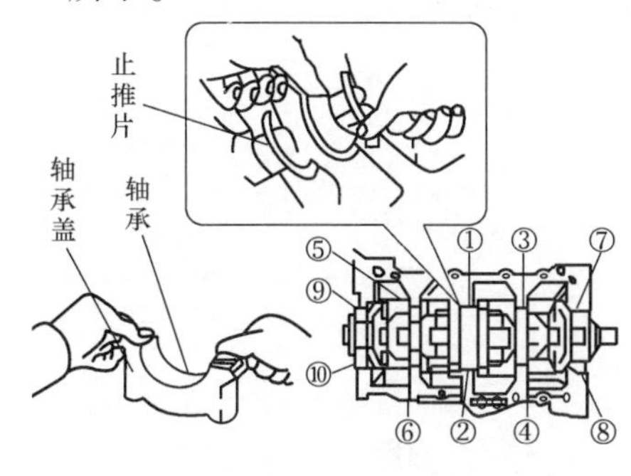

图9-41　安装曲轴

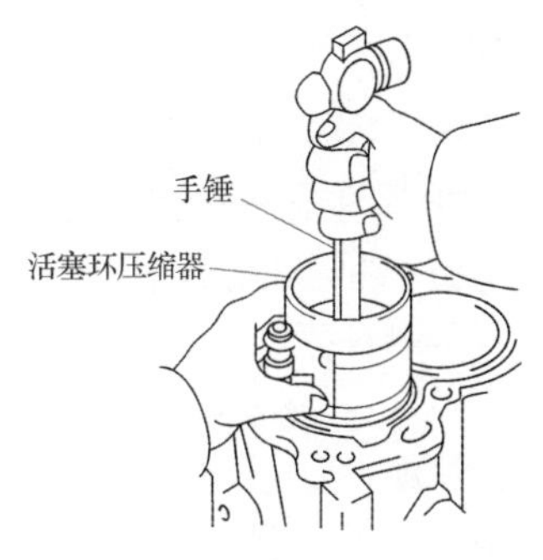

图9-42　安装活塞连杆组

3)安装连杆盖螺栓

如图9-43所示,按修理手册要求,使用扭力扳手和套筒拧紧连杆盖螺栓。

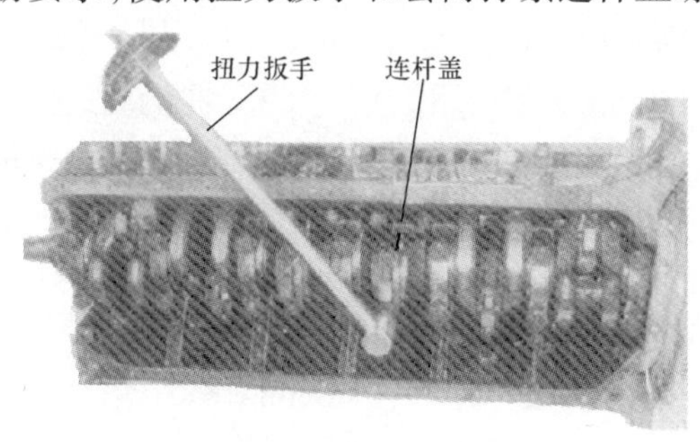

图9-43　紧固连杆盖螺栓

三、评价反馈

1. 案例分析

故障症状:一辆皇冠2.8L轿车发动机加速无力且有轻微抖动症状。

故障排除:经断缸试验,确认该发动机第一缸不做功(或不明显),然后进行如下检测与判断:

(1)取下第一缸高压线对发动机缸体作跳火试验,火花呈蓝白色,拆下第一缸火花塞再进行跳火试验,火花强烈且无异常,说明点火系统工作正常。

(2)使用听诊器检查喷油器的工作状态。发现喷油器工作良好,将一、二缸喷油器互换试验,仍然是第一缸不做功,说明该故障与油路无关。

(3)检查与第一缸进气歧管的连接情况,无异常。

(4)拆下第一缸火花塞,接上汽缸压力表,检测汽缸压力为381kPa,说明第一缸有泄漏。从火花塞孔注入少量机油进行湿汽缸压缩压力测试,发现汽缸压缩压力明显增加。

打开气门室盖,检查气门与挺柱配合情况良好。拆下汽缸盖,检查发现汽缸垫正常;拆卸活塞连杆组,发现第一缸活塞环磨损异常。测量第一缸汽缸缸径,符合技术要求。更换活塞环后故障排除。

(1)为什么进行湿汽缸压缩压力测试,汽缸压缩压力明显增加?

(2)请查阅维修手册制订更换活塞环的工作计划。

2. 学习自测题

(1)为了能有效防止连杆弯曲变形,通常把连杆横截面加工成什么形状?(　　)

A. 圆形　　B. 工字形　　C. 长方形　　D. 柱形

(2)为了控制活塞受热膨胀,通常将活塞裙部设计成什么形状?(　　)

A. 椭圆形　　B. 不规则形　　C. 梯形　　D. 三角形

(3)曲柄连杆机构由哪些部件组成?(　　)

A. 机体组　　B. 活塞连杆组　　C. 曲柄组　　D. 曲轴飞轮组

(4)曲轴是发动机上所受应力较集中的零件,发动机转速每增加一倍,曲轴所承受的应力将增加原来的(　　)。

A. 2 倍　　B. 4 倍　　C. 6 倍　　D. 8 倍

(5)四缸发动机每隔(　　)度曲轴转角就有一缸点火。

A. 90　　B. 120　　C. 180　　D. 270

3. 维修信息获取练习

(1)请查阅维修资料解释如何确保活塞、活塞销、活塞环、连杆、轴承和轴承盖等与汽缸的对应关系;安装活塞、连杆和轴承盖时,如何确保其正确的安装方向?

(2)请叙述曲柄连杆机构的检测、选配和安装等环节中,哪些重要环节影响汽缸的密封性?

4. 学习目标达成度的自我检查(表9-19)

自 我 检 查 表　　表9-19

序号	学 习 目 标	达成情况(在相应的选项后打"√")		
		能	不能	如果不能,是什么原因
1	叙述曲柄连杆机构各零部件的名称、安装位置及作用			
2	按照技术要求检查活塞连杆组与曲轴飞轮组			
3	按照技术要求装配曲柄连杆机构			
4	安全规范地诊断发动机曲柄连杆机构的故障			

5. 日常表现性评价(由小组长或者组内成员评价)

(1)工作页填写情况。(　　)

A. 填写完整　　B. 缺失0~20%

C. 缺失20%~40%　　D. 缺失40%以上

(2)工作着装是否规范?(　　)

A. 穿着校服(工作服),佩戴胸卡　　B. 校服或胸卡缺失一项

C. 偶尔会既不穿校服又不戴胸卡　　D. 始终未穿校服、佩戴胸卡

(3)能否主动参与工作现场5S工作?(　　)

A. 积极主动参与5S工作　　B. 在组长的要求下能参与5S工作

C. 在组长的要求下能参与5S工作,但效果差　　D. 不愿意参与5S工作

(4)使用活塞环扩张器拆卸与安装活塞环时,是否按照正确的方法进行操作。(　　)

A. 严格按照规范操作　　B. 没有按照规范操作

(5)学习该任务是否达到全勤?(　　)

A. 全勤　　B. 缺勤0~20%(有请假)

C. 缺勤0~20%(旷课)　　D. 缺勤20%以上

(6)总体评价该同学。(　　)

A. 非常优秀　　B. 比较优秀　　C. 有待改进　　D. 急需改进

(7)其他建议:

小组长签名:________________　______年______月______日

6. 教师总体评价

(1)对该同学所在小组整体印象评价。

A. 组长负责,组内学习气氛好

B. 组长能组织组员按要求完成学习任务,个别组员不能达到学习目标

C. 组内有30%以上的学员不能达到学习目标

D. 组内大部分学员不能达到学习目标

(2)对该同学整体印象评价:

教师签名:________________　______年______月______日

学习任务10　发动机动力不足的机械故障诊断

学习目标

完成本学习任务后，你应当能：

1. 叙述发动机机械故障影响发动机动力性的因素有哪些；
2. 根据发动机动力不足的机械故障诊断任务选择合适的诊断设备和工具；
3. 借助汽车维修手册，确定发动机机械故障的诊断方案；
5. 自主发现、分析和解决汽车发动机机械故障方面的能力。

建议完成本学习任务为8学时

学习内容的结构

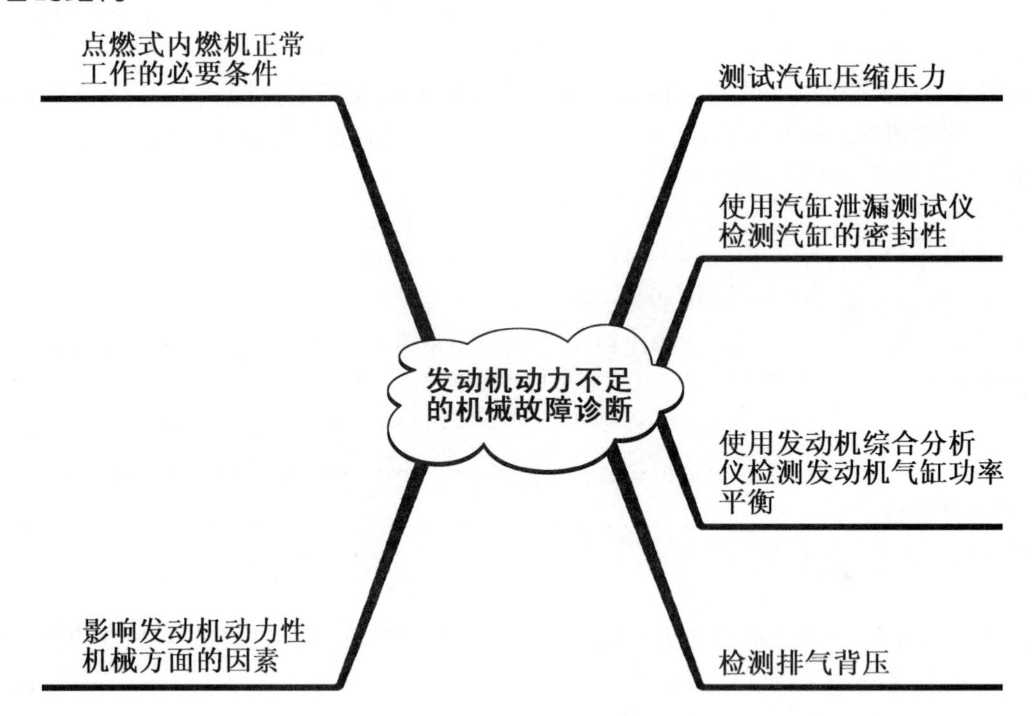

学习任务描述

一位客户反映其汽车发动机动力不足。经检查,发动机燃油供给系统和点火系统工作正常,初步判断为发动机机械部分存在故障导致发动机动力不足,需要检查发动机机械部件,确诊发动机哪些部件损坏。

如果发动机出现故障,故障源可能来自许多零部件。发动机很多故障不一定是由发动机的机械问题所引起,因此在检查发动机的机械故障之前需要先对发动机燃油供给系统和点火系统进行彻底的检查,然后根据故障现象推测故障原因,再进行分析、验证后找出故障的真正原因。

典型的发动机故障有:

(1)发动机动力不足;

(2)发动机机油消耗过大;

(3)发动机缺火;

(4)发动机排气管冒烟;

(5)发动机噪声过大。

一、学习准备

***1. 汽车的动力性指是汽车使用性能中最基本的和最重要的性能。哪些发动机机械方面的因素会影响发动机动力性?**

1)点燃式内燃机正常工作的三个必要条件

(1)混合气的浓度和数量要适应发动机工况要求;

(2)点火正时和点火能量要适应发动机工况要求;

(3)汽缸压缩压力足够且各缸之间压缩压力差异较小。

经检查发现发动机燃油供给系统与点火系统工作正常,所以重点检查发动机机械方面的原因,特别是汽缸的密封性能,如图10-1所示。

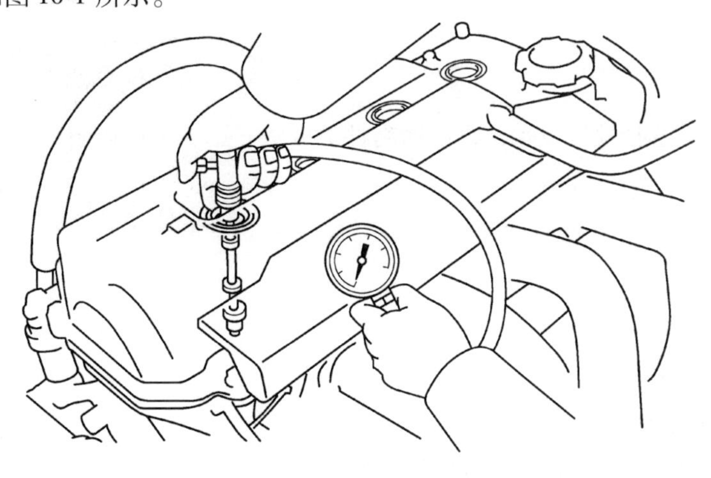

图10-1　检查汽缸密封性

2)影响发动机动力性的因素

(1)汽缸的密封性是否会影响发动机的动力性、经济性和尾气排放性能？如何影响？

(2)汽缸内混合气被压缩时有可能从哪些部位泄漏？

(3)发动机工作后,汽缸内的压缩压力比发动机盘车时的压缩压力要小得多,为什么？

(4)发动机的排气阻力对发动机动力性能有无影响,为什么？

(5)请列举影响发动机动力性发动机机械方面的其他因素。

(6)请在下述选项中选择检测发动机汽缸密封性的方法。(请在正确的□选项内打“√”)

□ 检测汽缸压缩压力法;
□ 检测汽缸泄漏法;
□ 检测汽缸功率平衡法;
□ 水压法;
□ 真空测试法;
□ 检测曲轴箱窜气量法;
□ 检测发动机数据流法。

为了正确诊断汽车发动机动力不足的机械故障,需要根据发动机技术状况的变化规律对发动机汽缸密封性进行检测,检测汽缸密封性是否良好。若汽缸密封性不良,应检查汽缸泄漏的位置,进而确定维修方案。

二、计划与实施

工具和材料：
干净的抹布，常用工具，汽缸压缩压力表，发动机综合分析仪，汽缸泄漏测试仪，维修手册。
保护性衣物：
标准作业着装。
汽车相关信息的填写：
生产年份____________；车牌号码____________；车型及行驶里程____________；汽车识别码（VIN）____________；发动机型号和排量____________。

***2. 如何通过测试汽缸压缩压力来检测汽缸的密封性？**

（1）请解释汽缸压缩压力表的作用。

（2）请回忆检测汽缸压缩压力的操作步骤。

（3）请叙述汽缸压缩压力测试有哪些优缺点？

（4）小组确认汽缸压缩压力的操作步骤并实施。

①请按照小组合作的方式实施检测汽缸压缩压力，并在表10-1中记录汽缸压缩压力测试值，然后查阅维修手册确认是否正常。

汽缸压缩压力测试值 表10-1

缸别	1	2	3	4	5	6
最高压缩压力(kPa)						
是否高于最低压缩压力要求						

不同汽缸压缩压力最大差异________%。是否超出厂家规定的标准?________。

②如果以上一个汽缸压缩压力低于规定值或比其他汽缸压缩压力低很多,可进行湿汽缸压缩压力测试,进一步判断汽缸的泄漏部位。请写出湿汽缸压缩压力测试的操作步骤。

小提示

进行湿汽缸压缩压力测试时,往汽缸内加注的机油不能过多,避免损坏活塞连杆组。

③请按照小组合作的方式确认湿汽缸压缩压力的操作步骤,并组织实施检测。

重新进行压力测试,并观察结果。如果添加机油后汽缸压力明显提高,说明活塞、活塞环、汽缸壁之间密封不良。如果汽缸压力升高很小或根本就不升高,那么导致压力低的原因通常是气门故障。

*3. 如何通过汽缸泄漏测试仪检测汽缸的密封性?

1)汽缸泄漏测试仪的工作原理

汽缸漏气分析仪是用于检测汽车发动机的汽缸密封性是否在允许漏气量范围以内,如图10-2所示。同时还可以根据故障现象,分析判断其原因,以便采取措施排除故障。测试前每次向一个汽缸内压入压缩空气,压缩空气通过安装在火花塞孔的汽缸泄漏测试仪压入汽缸,根据空气泄漏量与泄漏位置可以判断发动机的工作状态。如果能听见空气从机油加注口漏出,那么活塞环磨损或损坏;如果能观察到空气从散热器漏出,可能是汽缸垫损坏或汽缸有裂纹;如果能听见空气从排气管泄漏,那么排气门出现故障。

图10-2 汽缸泄漏测试仪

2）使用汽缸泄漏测试仪检测汽缸的密封性

（1）检测汽缸密封性的操作步骤。

①起动发动机至正常工作温度；

②将进行测试的汽缸调整到压缩上止点位置；

③向测试汽缸压入压缩空气；

④对测试结果进行评估；

⑤检查泄漏位置。

小提示

如果泄漏量过大需要再次进行测试，确保操作过程正确，且测试汽缸的活塞处于压缩上止点位置。

（2）请根据空气漏出的部位完成表10-2，并分析泄漏的原因。

汽缸泄漏检测及原因分析　　表10-2

缸号	诊断（气流从何处漏出）	原　因
1		
2		
3		
4		
5		

（3）请在表10-3中记录汽缸泄漏测试结果，并分析原因。

汽缸泄漏测试结果　　表10-3

缸号	损失（%）	原因（可能损坏的零部件）
1		
2		
3		
4		
5		
6		

各缸之间压力损失最大差异为____________%。

标准参数：

汽缸压力损失小于10%，说明发动机状况良好；

汽缸压力损失小于20%，说明发动机状况可以接受。

最大额定汽缸压力损失为20%。

不同汽缸之间压力损失最大差异应小于10%。

3）将汽缸泄漏数据与汽缸压缩压力测试结果进行比较分析

（1）请在表10-4中记录测试数据，并对比分析。

汽缸压缩压力与泄漏损失对比分析　　表 10-4

缸号	汽缸压缩压力(kPa)	汽缸泄漏损失(%)	对比分析
1			
2			
3			
4			
5			
6			

(2)根据以上所检测的汽缸压缩压力和汽缸泄漏情况,请查阅维修手册并制订修复方案。

***4. 如何通过发动机综合分析仪来检测发动机汽缸功率平衡?**

1)使用发动机综合分析仪检测发动机汽缸功率平衡

功率平衡试验是用来检查发动机各缸是否都发出相同功率。理想情况下,所有汽缸发出功率是相同的。这样可使发动机运行时损失功率最少,并运转平稳。大多数发动机综合分析仪都能进行发动机功率平衡试验,如图 10-3 所示。发动机综合分析仪是通过传感器采集信号,经前端预处理器处理后,输入计算机进行处理,以不同的形式输出,可以直观、方便地对发动机进行故障检测、分析与诊断的仪器。它还可以和检测线主机以不同方式进行数据通信交换信息,以便对车辆及用户信息和检测数据进行集中监控与管理。

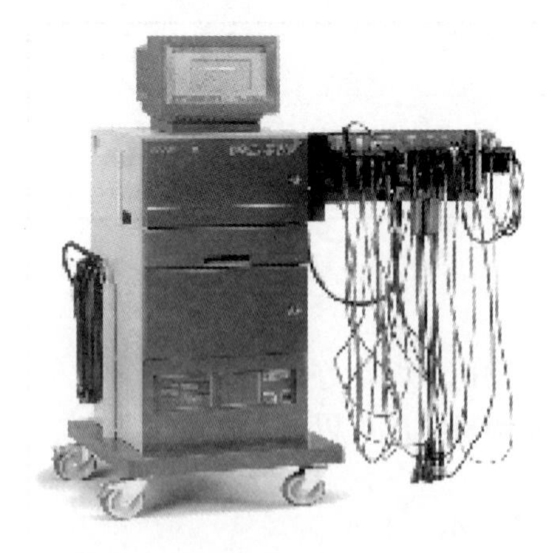

图 10-3　发动机综合分析仪

试验时每次使一个汽缸的高压线(次级线圈)搭铁,检测发动机转速的下降程度。如果将某一缸搭铁后,发动机的转速没有下降或者下降的比其他汽缸要低,那么这个汽缸的工作能力要逊色些。

2)记录数据

(1)请将发动机综合分析仪所检测的数据记录在表10-5中。

发动机转速降低的检测数据　表10-5

缸数 转速	1	2	3	4	5	6
不点火时降低的转速 (r/min)						

(2)根据发动机综合分析仪所检测的数据进行分析总结。

***5. 为什么排气背压过大会影响发动机的动力性?如何检测发动机的排气阻力?**

1)排气背压

排气背压就是指排气阻力,也指在发动机排气口的相对压力。排气背压增大将导致发动机燃料燃烧效率下降,经济性变差;同时发动机动力性下降,排放也变差。所以,现代的发动机采用多气门技术改善燃烧、提高发动机动力性。多进气门可增加进气量,多排气门可增大排气流通面积,减小排气背压,使排气阻力小,因此能提高转矩,增加发动机动力性。

发动机在低转速工况下,如果排气背压很低,活塞达到下止点前,仍具有一定压力的燃气通过过于通畅的排气门排掉,损失了一部分功率。因此低转速时保持一定的排气背压可以提高低速时的转矩。

2)请分析排气背压过大的原因

3)检测排气背压

进行检测排气背压之前,应当首先确认点火正时和配气相位正确、气门间隙正确、进气系统无泄漏和堵塞现象。

（1）利用气压表检测排气背压，如图10-4所示。

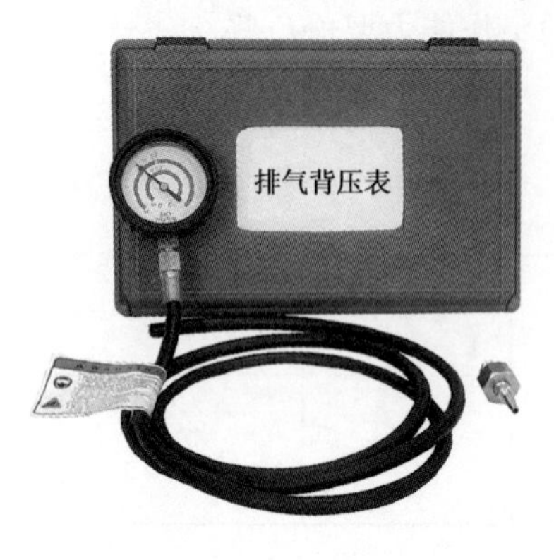

图10-4　排气背压表

①拆下氧传感器；

②接上气压表，起动发动机，并使发动机温度达到85℃以上；

③将发动机加速到2500r/min；

④读取气压表的读数，即为排气管的背压。

（2）利用废气分析仪检测排气背压。

首先将废气分析仪的探头插入排气管口，读取废气中的HC值。然后将发动机加速到2500r/min，再次读取HC值，若HC值升高，则表示排气阻力过大。

（3）检测进气歧管的真空度。

在正常情况下，发动机怠速运转时，若拔下进气管的真空管，应该感觉吸力很大，若吸力很小，则排气系统可能有堵塞。

为了准确测量，可以将真空表软管连接到进气歧管的检测口。起动发动机，待转速稳定后，观察真空表的读数。怠速时真空表的读数一般为57～71kPa。然后缓慢加速，若转速达到2000～2500r/min时数值很低甚至下降为零，说明排气系统有阻流现象。可以拆下排气管再进行检测，若真空度恢复正常，即可确定排气管堵塞。

三、评价反馈

1. 学习自测题

（1）检测发动机汽缸密封性的方法有哪些？（　　）

A. 检测汽缸泄漏法　　B. 检测汽缸功率平衡法

C. 真空测试法　　D. 检测曲轴箱窜气量法

（2）汽缸漏气分析仪是用于检测汽车发动机的（　　）是否在允许范围以内。

A. 动力性　　B. 汽缸密封性　　C. 经济性　　D. 功率

（3）发动机综合分析仪可以开展以下哪些工作？（　　）

A. 检查发动机功率　　B. 读取发动机故障码

C. 检测发动机进气歧管真空度　　D. 检测汽缸密封性

（4）发动机排气背压过大的危害有哪些？（　　）

A. 燃料燃烧效率下降　　B. 动力性下降

C. 排放不达标　　D. 经济性上升

（5）进行检测排气背压之前的准备工作有哪些？（　　）

A. 确认点火正时和配气相位正确　　B. 检查气门间隙

C. 确认进气系统无泄漏　　D. 确认进气系统无堵塞

2. 维修信息获取练习

（1）请查阅维修资料解释装配发动机总成时，影响汽缸压缩压力的装配环节有哪些？如何正确操作？

(2)请叙述汽车发动机动力不足的机械故障的常见诊断程序和汽缸压缩压力测试的操作步骤。

3. 学习目标达成度的自我检查(表 10-6)

自我检查表　　表 10-6

序号	学习目标	达成情况(在相应的选项后打"√")		
		能	不能	如果不能,是什么原因
1	叙述发动机机械故障影响发动机动力性的因素			
2	根据发动机动力不足的机械故障诊断任务选择合适的诊断设备和工具			
3	借助汽车维修手册,确定发动机机械故障的诊断方案			
4	自主发现、分析和解决汽车发动机机械故障方面的能力			

4. 日常表现性评价(由小组长或者组内成员评价)

(1)工作页填写情况。(　　)

A. 填写完整　B. 缺失 0~20%　C. 缺失 20%~40%　D. 缺失 40%以上

(2)工作着装是否规范?(　　)

A. 穿着校服(工作服),佩戴胸卡　B. 校服或胸卡缺失一项

C. 偶尔会既不穿校服又不戴胸卡　D. 始终未穿校服、佩戴胸卡

(3)能否主动参与工作现场 5S 工作?(　　)

A. 积极主动参与 5S 工作　B. 在组长的要求下能参与 5S 工作

C. 在组长的要求下能参与 5S 工作,但效果差　D. 不愿意参与 5S 工作

(4)使用发动机综合分析仪时,是否按照正确的方法进行操作。(　　)

A. 严格按照规范操作　B. 没有按照规范操作

(5)学习该任务是否达到全勤?(　　)

A. 全勤　B. 缺勤 0~20%(有请假)

C. 缺勤 0~20%(旷课)　D. 缺勤 20%以上

(6)总体评价该同学。(　　)

A. 非常优秀　B. 比较优秀　C. 有待改进　D. 急需改进

(7)其他建议:

小组长签名:____________　______年______月______日

5. 教师总体评价

(1)对该同学所在小组整体印象评价。

A. 组长负责,组内学习气氛好

B. 组长能组织组员按要求完成学习任务,个别组员不能达到学习目标

C. 组内有30%以上的学员不能达到学习目标

D. 组内大部分学员不能达到学习目标

(2)对该同学整体印象评价:

教师签名:____________________　　______年______月______日

附　　件

附件 1　　关于工作页

工作页（也称为作业单或任务单）是现代企业培训中常用的学习媒体，主要内容是专业信息和作业。

新课程的工作页是现代职业教育中学生的主要学习材料，是帮助学生实现有效学习的重要工具，其核心任务是帮助学生学会如何工作。工作页呈现源于典型工作任务的学习任务，通过体系化的引导问题，指导学生在完整的工作过程中进行理论实践一体化的学习，在培养专业能力的同时，获得工作过程知识，促进关键能力和综合素质的提高。

本套新课程教学用书的工作页由首页和正文两部分构成。

首页包括学习任务、学习目标、建议课时和内容结构，主要内容是提示学习要点，具体说明如下：

学习任务：源于生产实际的典型工作任务，具备学习价值。

学习目标：完成本学习任务后，预期学生应当能够达到的行为程度，包括所希望行为的条件、行为的结果和行为实现的技术标准。

建议课时：建议完成本学习任务的教学学时数。

内容结构：用图式化表示学习与工作内容的要点。

工作页正文由学习任务描述、学习准备、计划与实施和评价反馈四部分组成，由引导问题贯穿全文，同时还设置一些小栏目，如学习拓展、小词典和小提示等，具体说明如下：

学习任务描述：简要描述学习任务。

学习准备：明确工作任务，获取完成工作任务所需的概括性信息，包括理论知识、通用或专用工具、安全要求和注意事项等，均是为“计划与实施”做准备。

计划与实施：学习制订工作计划、实施并进行质量控制，在行动中学习与完成任务联系紧密的工作过程知识（包括必要的学科性知识）和技能。

评价反馈：对学习过程和结果的质量进行评价和总结，包含专业能力和关键能力，讨论今后完成类似工作任务时的注意事项与改善意见。

引导问题：提出学习问题，引导学生有目标地在学习资源中查找到所需的专业知识，思考并解决专业问题。

学习拓展：针对学习内容进一步学习与工作相关的内容。

小词典：简要解释专业名词或技术术语。

小提示：针对工作安全与质量问题的提示，包括学生在工作过程中应注意的操作规范、维修技巧、注意事项，以及需要提醒客户的要点和注意事项等。

编　者

2013 年 8 月

附件 2　　致　教　师

各位老师：你们好！

感谢您选择《中等职业学校汽车运用与维修专业新课程教学用书》工作页系列教材。这是一套强调学生学习的主动性和有效性的新教材，它的特点是在学习与工作一体化的情境下，引领学生完成一个职业的典型工作任务，经历完整的学习与工作过程，在培养专业能力的同时，促进关键能力和提高综合素质，从而发展学生的综合职业能力。

为对您的教学有所帮助，关于本书，我们有以下建议：

教师作用与有效教学

新课程的实施有以下要求：在教学组织与实施方面，需要您去组建教学团队，构建和改善教学环境，以实现工作过程系统化的教学；在指导学生的学习时，请您尽量改善学生的学习环境，为学生提供更多的学习资源，充分调动学生学习的主动性，让学生在小组合作与交流的氛围中，尽可能通过亲身实践来学习，并加强学习过程的质量控制，使学习更为有效。

学习目标与学业评价

学习目标反映学生完成学习任务后预期达到的能力水平，含专业能力与关键能力，既有针对本学习任务的过程和结果的质量要求，也有对今后完成类似工作任务的要求。每个学习目标都要落实到具体的学习活动中，对学生的学业评价要在学习过程中体现，如工作页的填写情况和过程的质量控制等。您可以通过学生的自评、小组同学的互评及您的检查与评价来实现学生的学业评价。

学习内容与活动设计

新课程学习内容是一体化的学习任务。在教学时，要建立任务完成与知识学习之间的内在联系，将完成工作任务的整个过程分解为一系列可以让学生独立学习和工作的相对完整的教学活动，这些活动可依据实际教学情况来设计。在实施时，要充分相信学生并发挥学生的作用，与他们共同进行活动过程的质量控制。

教学方法与组织形式

新课程倡导行动导向的教学，通过学习引导问题，促使学生进行主动的思考和学习。请您根据学习任务所需的工作要求，组建学生学习小组。学生在合作中共同学习完成工作任务。分组时请注意兼顾学生的学习能力、性格、态度等个体差异，以自愿为原则。

学习资源与教学环境

新课程为学生提供了主要的学习材料——工作页。此外，还建议准备适量其他公开出版的汽车运用与维修专业教材、常见典型车型的维修手册、企业通用的培训教材、车主的使用说明书及多媒体课件和互联网络等学习资源。

建议配备理论实践一体化的学习工作站、整车工作场地、仓库保管室（包括全套工具、试验设备

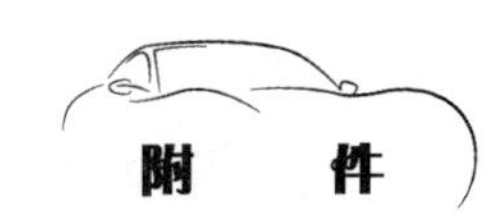

和仪器仪表）等教学环境。建议您加强对教学环境的管理，如工作规程的要求，工作安全与健康保护相应的预防措施，经济地使用各种工作材料，合理处理废弃物和养成环保意识等。

可能的问题与教学建议

新课程的目标是促进学生的综合职业能力发展，它所设计的学习任务是针对某一职业的典型工作任务的综合性任务，与企业生产中经常出现的实际工作任务，特别是那些重复性的任务并不完全吻合。在企业实践学习的环节中，可以适度加强这一方面的训练，特别是企业常见的基础性任务。

新课程强调培养学生自主学习的能力。随着学习的深入，工作页提供的学习资料将逐步减少，而让学生主动学习与实践的机会逐步增多，学习拓展的范围也会适当增大。您需引导学生适应这种要求的变化，并控制可能出现的学习效果两极分化的现象。

新课程的学习方式是针对理想状态设计的，它强调学生的自主学习。考虑到学校实际、教师和学生的具体情况，如果学生开始不太适应，建议您灵活应用渐进式的过渡方法来解决。

选择学习车型时，新课程比较强调新的技术。您可以根据当地的常见车型与学校的实际条件做适当调整，并通过企业实践学习的环节来做适当的补充，从而加强教学的针对性。

教学组织实施时，新课程的教学单元需要相对完整的连续教学时间（如4课时），特别是整车实训时学生需在规定时间内的分批工作。希望您能适应由此带来的高教学强度。由于采取分组学习的形式，课堂教学管理的难度会增大，请您与学校的教学管理部门做好及时沟通。另外，还请您备有驾驶证，以便处理应急情况。

职业院校的核心任务是让学生学会工作，这要通过您的努力来实现，创新性的建构教学是我们对您的期待。同时，也希望您能够将教学感受反馈给我们，以便能更好地为您服务。

预祝您的教学更为有效！

编　者

2013年8月

参考文献

[1] 汤定国. 汽车发动机构造与维修[M]. 北京:人民交通出版社,2005.
[2] 董铁军. 汽车构造(发动机)[M]. 北京:人民交通出版社,2005.
[3] 崔选盟. 汽车故障诊断技术[M]. 北京:人民交通出版社,2005.
[4] 王大伟,董训武. 捷达电喷系列轿车维修手册[M]. 北京:机械工业出版社,2007.
[5] 刘仲国. 现代汽车检测与诊断[M]. 北京:机械工业出版社,2001.
[6] 詹姆斯·D·霍尔德曼,小蔡斯·D·米切尔. 汽车发动机理论与维修[M]. 北京:中国劳动社会保障出版社,2006.
[7] 李世杰. 当代轿车维修实用技能手册——发动机[M]. 南京:江苏科学技术出版社,2004.
[8] 凌凯汽车资料编写组. 汽车发动机维修图典(3、4)[M]. 北京:北京邮电大学出版社,2005.
[9] 龙纪文,涂光伟. 汽车发动机检修[M]. 北京:中国劳动社会保障出版社,2006.